Françoise Hardy

Étoile distante

DE LA MÊME AUTRICE
AUX ÉDITIONS J'AI LU

Saint Laurent, mauvais garçon

Brigitte Bardot, plein la vue

Chanel & Co

Gainsbourg sans filtre

Le N° 5 de Chanel, biographie non autorisée

MARIE-DOMINIQUE LELIÈVRE

Françoise Hardy

Étoile distante

J'AI LU

Il ne reste que le plaisir d'être triste,
Cette vaine habitude qui me fait pencher
Vers le sud, vers une certaine porte,
vers un certain coin de rue.

Jorge Luis BORGES

Musique de chambre

Maison à vendre. Devant la façade en brique crème, un agent immobilier attend en fixant les volets ouverts. Il ignore que ce lieu ne m'est pas inconnu. Françoise Hardy m'y a reçue il y a quelques années dans le salon. Une longue pièce aux murs noirs, canapé et fauteuils de cuir noir, étagères noires, cage d'escalier peinte en noir mat. Du noir, du noir, du noir. La chanteuse vivait en recluse, sa notoriété restreignant ses mouvements, m'avait-elle dit. « J'ai peur de la foule, je n'aime pas me montrer et sortir dans la rue. » La célébrité lui fournissait peut-être une bonne excuse. Avec un peu d'adresse, elle aurait pu passer incognito. Même Paul McCartney, au plus fort de la beatlemania, a séjourné en France sans se faire remarquer. J'avais insisté. Elle allait bien de temps en temps se promener, boire un verre, faire une course ? Jamais. Un simple café en terrasse aurait déclenché un attroupement. La maison de Françoise Hardy est située dans un environnement un peu terne qui n'invite guère à la flânerie, il est vrai. Un coin de Paris populaire encore, le quartier du

Petit-Montrouge, sur l'ancienne commune de Montrouge[1]. Ce n'est pas une construction luxueuse ou imposante, plutôt un pavillon comme on en trouve en banlieue, dans le sud de Paris[2]. Que faisait-elle de ses journées ? « Je vis au-dessus, dans ma chambre. » Je n'avais pas osé demander à visiter son refuge.

L'agent immobilier sonne à la porte. J'espère que Françoise Hardy est absente, comme l'est généralement le propriétaire lorsqu'on visite son bien. Si elle me reconnaît, elle me traitera en paparazzi, mais c'est peu probable. Aux yeux d'un interviewé, l'intervieweur n'est souvent qu'un miroir réfléchissant son image, il est transparent. Elle ouvre, ne me reconnaît pas et se fond comme une apparition dans les profondeurs de la maison.

Si murs et plafonds sont noirs, comme ceux de la rue de Verneuil, chez Serge Gainsbourg, l'atmosphère Hardy dégage quelque chose de plus chaleureux, de plus habité. Elle y vit avec son mari et leur fils. L'appartement de Gainsbourg est un dispositif de prestidigitation destiné à abuser et envoûter le visiteur, un lieu d'apparat, un outil de promotion, un autoportrait avantageux. La maison de la rue Hallé n'est qu'un foyer confortable, sans excès de décorum. Qui a lancé la mode des murs noirs, dans les années soixante-dix, reprenant une idée née après la guerre de 1914 ? Les Anglais, je pense.

L'agent immobilier me précède dans l'escalier. Chaque niveau de la maison est dédié à un de ses occupants, dit-il. Le premier est le fief de Françoise Hardy, dont je connais l'emploi du temps depuis notre première rencontre.

Le matin, elle prépare dans sa chambre des chroniques astrologiques sur un ordinateur. L'après-midi, elle y lit ou y écoute de la musique.

La porte de la chambre s'ouvre. Un lit très simple, une modeste table en bois portant un ordinateur et des livres d'astrologie. Un poste de radio. L'aménagement est si frugal qu'on pourrait croire que l'occupant est de passage. Cellule et atelier, cet ermitage secret est un lieu de retraite ou de repli. Françoise Hardy s'est réservé « une chambre à soi », un refuge intime pour vivre sur sa fréquence. Dans ce sanctuaire dépouillé, elle entre en relation avec le je-ne-sais-quoi qui engendre son chant indéfinissable. Immergée dans sa propre mélopée, elle habite un monde parallèle.

La salle de bains accentue cette impression d'absence : shampoing Dop, savon Palmolive, dentifrice Signal, des produits d'hygiène de nonne sur le rebord de la baignoire. Au monastère où Dieu est tout, la sobriété est admirable, la richesse est intérieure. Dans la chambre d'une star, l'ascèse déroute. Je ne m'attendais pas à trouver ici peignes d'or et brosses d'ivoire, cristal de roche ou lait d'ânesse, mais un attirail aussi prosaïque, ça ne colle pas. Des décennies après ses débuts, Françoise Hardy fait toujours la couverture de *Paris Match*. Elle est une superstar au firmament de son pays. La chanteuse préférée des Français. Une figure de mode internationale. Elle vit comme une moniale.

Étoile mélancolique de mon ciel d'enfance, Hardy a été une manière d'aînée rêveuse et stylée. À huit ans, je l'adorais. Ses chansons, son image magnétique et intemporelle me captivaient. Feuilletant les magazines parlant d'elle, je les accumulais avec soin dans ma réserve d'objets prestigieux. Si les journaux écornés ont perdu de leur magie, les chansons, elles, conservent leur radioactivité.

Françoise Hardy n'est pas seulement une voix. Sa beauté époustouflante lui confère un super-pouvoir. Sa photogénie, sa collaboration avec des couturiers, son élégance en font un personnage sophistiqué. Le terne alvéole que je découvre rue Hallé ne colle pas avec mes songeries glamours. Une égérie de mode ne se parfume pas à l'eau de Cologne du Mont-Saint-Michel ni même à l'Eau de Cologne fût-elle Impériale et signée Guerlain. Son indifférence au confort, à la coquetterie et plus généralement à la vie terrestre me trouble.

Les maisons sont un second moi, elles disent comment leur occupant habite le monde. Elles ne mentent pas. Elles dévoilent nos habitudes et révèlent ce que nous voulons paraître mais aussi ce que nous sommes. Françoise Hardy a vécu dans ce lieu près d'un quart de siècle. Elle y a laissé son empreinte. J'ai visité la maison de tous les personnages dont j'ai fait le portrait, Gainsbourg, Saint Laurent, Bardot, Chanel. Sans cette composante déterminante, mes livres seraient différents.

L'agent immobilier me trouve bien silencieuse. « Il y a des travaux, bien sûr. Mais cette maison a du potentiel. » Au second étage réside un être plus incarné, qui a dû s'enfuir peu avant notre arrivée car les effluves chauds et épicés d'un cigare cubain flottent encore. Ouvert aux amis, l'étage masculin offre une petite salle de projection. « Jacques Dutronc a installé un studio d'enregistrement dans la cave », dit mon guide.

Sous les toits, l'espace lacté du fils tranche avec le reste de la maison. Peint de blanc, avec un tapis végétal couvrant le sol, on y respire un oxygène frais. Je me détends sous l'œil amusé de l'agent immobilier, sûr de son effet. « Une bulle d'air, n'est-ce pas ? » Il ouvre les fenêtres sur le jardin, au sud, et nous redescendons.

Trois habitants, trois étages, trois mondes séparés. La mère, une cellule monastique. Le père, un club house. Le fils, une page blanche. La cuisine, au rez-de-chaussée, réunit la trinité. La maison est plein nord.

Esprit positif, l'agent se retourne vers les fenêtres opacifiées donnant sur le jardin. « Nous sommes plein sud. Les vitres sont polarisées. » Comme les verres optiques chers à Jacques Dutronc, elles filtrent les rayons UV, atténuent la chaleur et arrêtent le regard des curieux. Désignant le petit jardin en fouillis sur lequel s'ouvre la cuisine : « Une pièce supplémentaire ? »

Mon regard incrédule ne voit plus rien. La porte de la maison se referme sur une impression aride. L'atmosphère de la pièce spartiate me hante. Dans un espace vide lévitent des objets dépourvus de gravité, une chaise, une table, une chanson d'amour. Des feuilles blanches tombent comme des flocons.

Cette existence en chambre serre le cœur.

Sage comme une image

Une autre chambre, des années plus tôt, dont un jeune photographe hésite à franchir le seuil. Lui aussi se sent un intrus, lui aussi travaille pour un magazine, lui aussi a le cœur serré. Il craint de profaner un domaine réservé, un petit coin privé émouvant et dérisoire[1]. Et puis il manque d'assurance ; photographe débutant, il apprend son métier en autodidacte. Il reste silencieux tandis que son regard balaie les humbles objets. Dans un angle, un secrétaire en désordre. Des livres de poche, une poupée folklorique sous vitrine, des photos punaisées au mur. Brigitte Bardot. Brenda Lee. Un lit étroit avec un couvre-lit en satin. Son regard revient vers la fille. Dix-huit ans, silencieuse, digne. Très belle. Vêtue sans recherche, pull, pantalon, petites ballerines pointues. Trop grand, le pull. Pas terribles, les chaussures. Une prolo, une vraie, se dit-il. Belle, donc. Elle ne le sait pas, ce qui la rend plus attirante encore. Lui, l'enfant gâté, est fasciné. Elle habite un beau quartier, pourtant. Au cœur de la Nouvelle Athènes, la rue d'Aumale est rythmée par une harmonie d'immeubles élégants, façades Restauration, néo-Renaissance ou haussmanniennes, comme celle du numéro 24 où demeure la famille Hardy. Qu'elle loge dans un des plus écrasants et bourgeois de la rue l'a surpris : les jeunes chanteurs appartiennent souvent à des milieux modestes. Il s'apprêtait à gravir les marches du grand escalier couvertes d'un épais tapis rouge lorsque le concierge lui a désigné des escaliers au fond de la cour. « Quatrième étage, porte gauche. » Une cour pavée sur laquelle a résonné son pas, un escalier de bois étroit, sombre et raide, un palier de service. Une très grande femme au visage austère a ouvert la porte. Derrière elle, l'apparition merveilleuse d'une fille n'ayant aucune conscience de sa grâce[2]. Elle vient de faire parler d'elle en passant deux ou trois fois à la télévision et sa chanson *Tous les garçons et les filles* est programmée régulièrement sur Europe 1. Au fond, dans la cuisine, il a aperçu une autre jeune fille, debout devant le four de la cuisinière, ouvert, pour réchauffer la maison, comprendra-t-il plus tard. Michèle, la sœur.

Quarante-cinq mètres carrés, pas plus, l'appartement. Pas très lumineux. Le salon donne sur un mur et la cuisine sur l'escalier de secours[3]. Les trois femmes vivent en vase clos, retranchées dans une coquille à l'atmosphère étouffante et tiède évoquant un roman de Simenon. Il a demandé à photographier la fille dans sa chambre et elles ont paru soulagées. Pour gagner du temps, il sort son appareil photo de la sacoche, enclenche un rouleau. Il n'est pas sûr de lui. Il réfléchit à une mise en scène. La jeune chanteuse dans son univers d'adolescente.

Les photos sont destinées à *Salut les Copains* (*SLC*), un nouveau journal inspiré des magazines américains pour *teenagers* : à travers eux, la publicité peut s'adresser aux baby-boomers de 12-18 ans sans passer par leurs parents. Lancé par Daniel Filipacchi en juillet 1962 avec Johnny Hallyday en couverture, *Salut les Copains* est consacré au rock et à la variété yéyé. Au centre du premier numéro, un poster détachable en couleur – il suffit de dégrafer la double page – de la chanteuse Sylvie Vartan photographiée par Jean-Marie Périer. Sylvie est la petite amie de Daniel. Sans concurrents, le mensuel marche formidablement bien, il est presque l'unique source d'information et d'images sur les vedettes entendues à la radio. Depuis trois ans, Filipacchi anime une émission musicale du même nom sur Europe 1, la jeune station privée qui émet depuis la Sarre[4]. Lancée par le directeur des programmes, Lucien Morisse, et confiée à Daniel Filipacchi et Frank Ténot, cette émission quotidienne bat des records d'écoute. Elle est diffusée chaque jour après les cours, de 17 heures à 17 h 30. Pour fabriquer un tube, la station multidiffuse un titre, sur le modèle des radios américaines. Les photos de Françoise Hardy sont destinées au cinquième numéro de *SLC* publié en décembre 1962 avec Petula Clark en couverture. « Débrouille-toi pour faire des photos qui déplaisent aux parents », a dit Filipacchi à Jean-Marie, son jeune photographe. Ses magazines privilégient une photographie documentaire qui doit instruire et distraire. Le photoreporter a donc suggéré à la jeune chanteuse de garder ses chaussures, histoire de choquer les grandes personnes. Ça a marché instantanément : pour ne pas salir le couvre-lit satiné, la mère l'a protégé avec un tissu. Un traversin, dont on devine la forme, sert d'oreiller. « Elle n'en a même pas un vrai », songe le photographe. Comme tous les timides, la fille est intimidante. Elle dérobe son regard. Les yeux baissés, elle fixe les cordes de la guitare. Quelque chose en elle tient à distance.

Des années plus tard, lorsqu'on lui demande d'évoquer un moment qui l'émeut aux larmes, le photographe revoit Françoise Hardy devant l'étagère qui résumait sa vie, quelques livres de poche, un ou deux dictionnaires, un atlas[5]. L'image est poignante. Dans un décor d'une nudité saisissante tapissé d'un terne papier peint, une jeune fille pose, semi-allongée sur un lit étroit. Le buste tourné vers le spectateur, elle gratte les cordes d'une guitare. La figure est légèrement penchée, comme sur les gravures du Moyen Âge figurant l'acédie, l'accablement de l'âme, la mélancolie, le poids du passé. Jusqu'à la caricature, cette image représente le spleen éternel de l'adolescence, expression même de ce que doit être un jeune aux yeux… des adultes. Maussade mais pas abattu. Triste mais pas brisé. Du reste, Françoise Hardy plaît aux parents comme aux enfants.

La posture contrainte dénonce la mise en scène. C'est lui, le photographe, qui a choisi la pose très Madame Récamier sur sa méridienne. « Déjà, elle voyageait dans sa tête », dira-t-il, en examinant les détails de sa photo. Une poignée de livres et d'objets résument son univers. « Alors que je vivais dans un hôtel particulier où le monde entier défilait, elle, elle n'était jamais allée au cinéma. » À la fin des années cinquante, le cinéma est un petit luxe. Grandir sans jamais y être allé ou même avoir regardé la télévision n'est pas rare, comme ne posséder que peu d'objets : cela ne manque pas puisque les autres n'en ont pas davantage. L'ombre de la guerre obscurcit cette période ; l'Holocauste, Hiroshima et Nagasaki, la guerre froide et le spectre nucléaire menacent l'avenir. Les tickets de rationnement viennent à peine d'être supprimés, le pays manque de tout. Paris est alors la ville des photos de Doisneau, murs très noirs, immeubles sordides, terrains vagues. « L'après-guerre n'a pas eu lieu », écrit l'historien Jean-François Sirinelli, pour lequel la modernité débute en 1965, date de la première élection présidentielle au suffrage universel et du triomphe des Stones avec *Satisfaction :* la culture s'internationalise.

Le photographe, Françoise Hardy le voit à peine. Consciente seulement de ses défauts physiques, soupçonnant que ses vêtements ne sont pas à la hauteur, elle est mal à l'aise. Jean-Marie Périer se trompe, pourtant. La jeune fille et sa sœur vont au cinéma une fois par an, à Noël. Avec leur père, elles ont vu *Bambi*, et avec leur mère, des films avec le beau Robert Hossein. Au théâtre des Champs-Élysées, elles ont même assisté au spectacle de Georges Guétary, le chanteur d'opérette en vogue. Transportées par ses roucoulades, elles l'ont écouté interpréter *La Valse des regrets* et *Mon bel amour au bois dormant*.

Françoise Hardy n'est pas une « prolo », comme le croit le photographe. Par son père, elle est issue de la grande bourgeoisie catholique de Blois, et par sa mère qui l'élève, de la petite bourgeoisie parisienne. Elle a fait ses études dans une école privée située à deux pas de la rue d'Aumale, au sein d'un hôtel particulier qui a disparu depuis, l'institution religieuse La Bruyère, à l'angle de la rue La Bruyère et de la rue Léonie – devenue rue Henner. Son père, Étienne Dillard, a voulu pour ses deux filles une éducation chez les religieuses trinitaires, même s'il ne la finance qu'avec réticence (et des retards humiliants)[6]. Sa mère l'a inscrite à Sciences Po – une mention « Bien » au bac la dispensait du concours d'entrée. Au bout de quelques semaines, elle a abandonné. Son petit imper en popeline bleu ciel, ses souliers jaunes lui ont semblé incompatibles avec la rue Saint-Guillaume. En outre, une émotivité incontrôlable lui interdit les exposés. Françoise Hardy appartient donc à la petite bourgeoisie parisienne, espèce sociale que Jean-Marie Périer n'a guère côtoyée durant son enfance privilégiée. Le photographe est le fils du célèbre acteur François Périer, et par sa mère, Jacqueline Porel, l'arrière-petit-fils d'une fameuse vedette de la Belle Époque, Réjane[7]. Son père a joué dans *Hôtel du Nord*, avec Arletty et Louis Jouvet. Après les spectacles, tout le cinéma et le théâtre français venaient souper dans l'hôtel familial de Neuilly – Orson Welles, Pierre Brasseur, Sacha Guitry, Jean Cocteau... Jean-Marie a même rencontré Fellini sur le tournage des *Nuits de Cabiria*. Sa naissance lui a offert des facilités parfois un brin farfelues : lorsqu'il a été enrôlé pour faire la guerre d'Algérie, François Périer a glissé dans sa musette une boîte de caviar d'un kilo.

Au retour d'Algérie, Daniel Filipacchi, un ex-paparazzo de *Paris Match*, proche de l'acteur, a offert à Jean-Marie son premier appareil photo, un Leica. Propriétaire de journaux, il l'a pris sous son aile et l'a fait travailler pour *Jazz Magazine* d'abord, puis *Salut les Copains*.

« Quand j'ai entendu Daniel Filipacchi prononcer mon nom sur Europe 1, puis *Tous les garçons et les filles* à la radio, je n'en croyais pas mes oreilles. J'ai été submergée d'une joie indicible ! J'avais décroché la lune. » Françoise Hardy confie à Jean-Marie qu'elle s'est rendue rue François Ier pour rencontrer les programmateurs de l'émission. Un métier conforme à ses rêves, qu'elle a envisagé pour elle-même, lui dit-elle. Écouter des disques toute la journée, elle adorerait. À la radio ou ailleurs, il sait qu'il la reverra. Tandis qu'il redescend la rue d'Aumale, l'indicatif de *Salut les Copains* résonne dans sa tête. Chouette, cette fille.

Radioactivity

Fille de Madeleine Hardy et de Radio Luxembourg, Françoise Hardy est une enfant des (grandes) ondes. Durant cette assommante attente que la vraie vie commence, elle vogue à bord de 208 Your Station of the Stars, la navette musicale du Grand-Duché du Luxembourg, principauté enchantée de la jeunesse européenne. 208 m/1 440 kHz, la fréquence de Radio Luxembourg, elle l'a découverte par hasard en triturant le bouton du poste de TSF, gros appareil de bakélite installé dans la cuisine acquis par sa mère au début des années soixante. Une porte s'ouvre, offrant une échappée. Jusque-là, la jeune fille a vécu en vase clos. Outre Georges Guétary écouté avec sa mère, elle connaît tous les grands noms de la chanson des années cinquante, Georges Brassens, Charles Aznavour, Léo Ferré, Jean Ferrat, Barbara. La chanson américaine, c'est autre chose. Ça n'appartient qu'à elle. Les satellites dans l'espace. À la une des journaux, Youri Gagarine effectuant le tour de la Terre le 14 avril 1961 sur le vaisseau *Vostok*. Les vols long-courriers sur

Pan American Airlines, TWA ou Air France. La construction de l'autoroute du Sud, de l'aéroport d'Orly et du paquebot *France*. Les Français ont besoin de dépaysement. Your Station of the Stars repousse les murs de la rue d'Aumale. Françoise Hardy s'envole. Les chansons sont des tapis volants, des vaisseaux spatiaux. Elles sont composées pour elle, par des gens de son âge, des gens qui la comprennent et parlent d'elle, presque des copains. Pour la première fois, une musique s'adresse uniquement à elle, libérant une énergie qui euphorise l'appartement familial. « La musique est dans l'air, on la respire, elle vous pénètre », a dit Berlioz. Au même moment, d'autres adolescents en quête d'« autre chose » écoutent les mêmes programmes. Comme le déclare alors Mick Jagger : « Les jeunes veulent autre chose que la routine de leurs parents. »

Ce nouvel environnement engendre des affinités et fédère une communauté imaginaire, les jeunes. Toutes les futures stars du rock anglais sont passées par cette école. Issus comme Hardy de la petite classe moyenne, leur culture musicale a été forgée par la station. Radio Luxembourg est un programme Erasmus avant l'heure, l'université du rock et de la pop européenne, le liquide amniotique dont est issue une génération de popstars européennes.

Station privée s'affranchissant des législations nationales qui prohibent la publicité, Radio Luxembourg en langue anglaise diffuse toute la journée du rock anglo-saxon sponsorisé par des annonceurs. En France comme en Grande-Bretagne où la radio est un monopole d'État, la publicité est interdite. Afin de sauver ses ressources publicitaires face à la nouvelle concurrence de la télévision, Radio Luxembourg s'est réinventée en ciblant le jeune public[1]. Objet de toutes les attentions, l'adolescence est en train de se transformer en période fondatrice. « Jusqu'en 1950, on passait de l'enfance à l'âge adulte. Cette frontière floue qu'on appelle l'adolescence n'existait pas encore », selon Jean-Marie Périer[2]. La radio, les magazines sont en train de l'inventer. Une longue étape qui va parfois s'étirer sur toute une vie. Les disques absorbant l'argent de poche des adolescents, les radios et les nouveaux magazines s'arrachent une nouvelle génération de consommateurs.

Sur Radio Luxembourg, chaque programme est présenté par un DJ parrainé par une maison de disques. La station diffuse les catalogues des labels américains et lance les nouveautés. Le plus célèbre des présentateurs, Jimmy Savile, invente le protocole informel et cool qui est encore la marque des DJ. Commandité par des labels de disques, il lance la plupart des hits de la station, comme, en cette année 1960, *Cathy's Clown*, des Everly Brothers, mais aussi *True Love Ways*, de Buddy Holly[3], *Me and My Shadows*, de l'anglais Cliff Richard[4], et tout ce que l'Amérique offre de country-rock et de blues. « Des mélodies sublimes, des voix exceptionnelles, et des réalisations magiques », dit Françoise Hardy.

Si l'empire de l'Amérique sur la musique est à son sommet, la concurrence se prépare. Keith Richards, qui a le même âge que Françoise à un mois près, entend pour la première fois Elvis Presley chanter *Heartbreak Hotel* sur Radio Luxembourg, la nuit, sur un petit poste pourvu d'une antenne qu'il règle en permanence au-dessus de ses couvertures pour ne pas perdre le signal. Il a quinze ans et Elvis est le roi du rock. « Ce son cramé, dépouillé, nu, cru, sincère... Le lendemain matin, quand je me suis réveillé, j'étais quelqu'un d'autre[5]. » Keith Richards s'intéresse aux musiciens, aux harmonies, aux séquences d'accords, Françoise Hardy aux textes et aux chanteurs. Elle aussi devient quelqu'un d'autre grâce à la musique, ou tout simplement quelqu'un. Son favori, c'est Paul Anka, un bébé crooner canadien, une sorte de pré-Justin Bieber qui collectionne les hits romantiques, *Diana*, *Lonely Boy*, *Put Your Head on My Shoulder* ou... *Les Filles de Paris sont les plus jolies du monde*. Un précurseur : il a composé et écrit les paroles de son premier hit à quinze ans...

Au 58 bis, rue de la Chaussée-d'Antin, Le Domaine du disque[6] occupe le fond de la cour[7]. À travers les grandes vitrines du disquaire, Françoise Hardy aperçoit les passants qui se pressent sous la pluie et s'engouffrent dans les Galeries Lafayette après avoir refermé leurs parapluies. La variété et le jazz sont installés à l'avant du magasin. La musique classique est au fond. Le quartier ne manque pas de disquaires, notamment Le Discobole à l'intérieur de la gare Saint-Lazare ou un rayon entier au premier étage du Printemps, mais Le Domaine du Disque est le plus branché. En entrant, Françoise jette d'abord un œil sur le mur où les nouveautés sont exposées sur des présentoirs, au-dessus des bacs. Lorsqu'elle trouve l'objet de son choix, elle le tend à un employé en blouse qui lui désigne une cabine libre. Elle lui demande *Oh ! Carol*, le tube rafraîchissant de Neil Sedaka, découvert dans le hit-parade de Radio Luxembourg, en ce mois de mars 1960. Elle n'achète pas souvent de disques[8], elle vient surtout pour écouter les nouveautés.

— Oh Quoi ?

Elle parle trop bas, cette gosse. Quel âge peut-elle avoir ? Avec régularité, elle pousse la porte dans l'espoir de trouver le titre euphorisant entendu à la radio.

— *Oh ! Carol*, sans e, le prénom.

Elle ne le regarde pas dans les yeux.

— Connais pas. De qui ?

Il l'observe. Elle s'enhardit. On voit bien qu'elle est embarrassée, mais elle a du cran.

— Neil Sedaka. Un Américain.

Cette fois, elle l'a regardé brièvement. Elle semble ravie de lui damer le pion.

— Je vois pas. C'est bien ?

On dirait qu'elle s'amuse à lui poser des colles avec ses demandes de choses rares. Rudement mignonne, la petite habituée. Petite, c'est une façon de parler. Pas bien grosse, mais des jambes épatantes.

— Oh ! Oui. Une chanson extra. Il chante bien, et puis les paroles sont bien, sa petite amie le traite mal, il est idiot mais il l'aime, elle lui fait du mal, mais il l'aime, elle l'a fait pleurer mais, si elle le quittait, il mourrait. Vous ne connaissez pas, vraiment ?

L'ignorance du disquaire met en valeur son érudition musicale grandissante, ce qui l'exalte.

— Sorti chez qui ?

— RCA.

— Un import… On ne l'a pas encore. Revenez jeudi prochain.

Évidemment. Ces gamins écoutent tous la même station, Radio Luxembourg. Le faux nez de l'industrie du disque américaine. Depuis la fin de la guerre, les Américains écoulent toute leur pacotille en Europe. C'est une invasion de films, de livres et de gadgets vantant plus ou moins discrètement les prestiges inéluctables de l'*American way of life*. En France, rien d'équivalent, excepté Henri Salvador qui chante une parodie de rock'n'roll.

Le jeudi suivant, il lui fait signe lorsqu'elle entre dans le magasin.

— Vous m'avez donné envie de l'écouter. Vous avez bon goût. Grâce à vous, l'autre jour, j'ai découvert *I'm Sorry*, je n'avais jamais écouté cette Brenda Lee. De la dynamite !

Cette fois-ci, il l'a, son *Oh ! Carol*. Elle a examiné la pochette du 45 tours, quatre titres, photo en noir et blanc du chanteur devant un micro en studio, typographie noire et rose. Elle s'est engouffrée dans la cabine tapissée de liège sans même déboutonner son imper. Casque sur les oreilles, elle a écouté la face A six fois d'affilée, et une fois la face B. Sous la borne d'écoute fixée au mur, ses escarpins battaient la mesure en douce.

— Vous voulez que je le passe sur la platine du magasin ?

— C'est pas la peine.

Elle préfère l'écoute solo, ce qui ne surprend pas le disquaire, qui emballe un exemplaire des sonates de Chopin par la toute jeune Martha Argerich : elle veut éviter les remarques des autres clients. Dans le magasin, un petit groupe a entamé une discussion de connaisseurs, certains commentent les choix des autres, avec suffisance parfois. Elle écoute, plusieurs fois, elle achète ou non, elle file. Elle ne traîne pas.

Le disquaire doit l'interrompre, un petit gars du square de la Trinité, qu'il tient à l'œil parce que lui et ses copains cravatent des 45 tours, attend pour écouter Cliff Richard. Un binoclard chétif, qui le regarde toujours en se marrant. Le Domaine du disque est un point de ralliement des gamins du quartier. Ils découvrent les morceaux à la radio ou sur les juke-box des cafés du coin, et le jeudi, les fauchent à la Chaussée-d'Antin. Dans les surprises-parties, ils se volent même entre eux.

Extirpant d'un minuscule porte-monnaie un billet plié en quatre pour régler son achat, la jeune fille tend au disquaire le vinyle convoité, qu'il glisse dans une pochette en papier. Il jette un œil vers la cabine d'écoute, vérifiant que le petit gars se tient tranquille. Casque sur la tête, celui-ci opine du chef en observant la jeune cliente derrière d'épaisses lunettes de myope. Elle a regardé la pochette restée sur le comptoir : Cliff Richard and the Shadows, *Living Doll*. Elle connaît, bien sûr, et elle adore. Les Shadows, on dirait qu'ils jouent leurs mélodies véloces en faisant résonner des cordes flambant neuves à l'intérieur d'un cabanon en bois bien sec. Le son est clair et soigné, l'écho d'une netteté parfaite, avec une sorte de retenue, de contrôle émotionnel qui va à Françoise comme un gant. Au Domaine du disque, les Shadows sont les chouchous de tous les guitaristes en herbe. Pour reproduire les « ouin ouin » de la Stratocaster du guitariste anglais Hank Marvin, le jeune binoclard prétend glisser une cuillère à soupe sous le chevalet de sa guitare sèche.

En sortant, Françoise est allègre. « Je connaissais des choses géniales qu'ils ne connaissaient pas… Et je sortais de là très fière[9]. » Sa culture musicale s'étoffe, elle fait découvrir des artistes au disquaire ! Au Domaine du disque, elle vérifie sa propre existence.

So Sad, elle ne l'a jamais oublié. « C'est exactement le genre de mélodie et de texte qui m'inspire. » Outre une inclination (prévisible) pour le spleen, ses goûts indiquent une prédilection pour le minimalisme[10]. Sur *So Sad*, par exemple, les riffs de Don Everly, ces brèves phrases musicales à la guitare, sont répétés avec une délicate économie. Avec ce groupe, Françoise Hardy puise à la source séminale du rock[11]. Nés dans le Kentucky d'un père musicien de country, les Everly Brothers insufflent à la musique de cow-boy le jaillissement électrique du rockabilly, sa force vitale. Foudroyé par la structure rythmique d'un morceau ultra-rythmé de Bo Diddley, découvert à la télévision dans le *Ed Sullivan Show*[12], l'aîné des frères tente de l'imiter. Pour la première fois dans une émission de grande écoute américaine, un musicien noir interprète un blues de haute intensité. Cette musique nouvelle ne porte pas encore de nom : le présentateur introduit Diddley comme un chanteur… folk. Lunettes d'écaille et fine moustache, l'artiste apparaît dans un costume informe accompagné de trois musiciens. Et là, surprise. Au lieu d'interpréter sagement la chanson qui avait été convenue, il balance son morceau sauvage dont le titre est tout simplement… *Bo Diddley*. 2'38. Immédiat, primitif, sophistiqué. Une gemme brute. Le morceau anticipe de loin ce qui va se faire dans la pop anglosaxonne des décennies suivantes. Diddley est un boxeur, le ring ne lui fait pas peur. Le rythme obsédant, la guitare réinventée, le hochet soyeux des maracas, son chant rauque, son jeu de jambes font trembler la terre comme un gang de tam-tam à la saison des moissons. « Il y avait quelque chose d'africain là-dedans », a dit Keith Richards.

C'est rare, inventer un rythme. On l'a baptisé « Diddley beat ». Pendant la séquence au *Ed Sullivan Show*, on voit ses jambes entrer en reptation. Elles lui échappent. Avec une indifférence polie, elles se désolidarisent du tronc en souplesse et se débinent comme des cobras en transe chamanique. Mieux qu'un sex-symbol, Bo a la grâce. Le type n'a pas répété devant le miroir, son corps et sa musique procèdent des mêmes systoles. Cet Immortel compose, danse, chante et joue de la guitare comme personne avant lui et fabrique lui-même ses instruments[13].

Sans Bo Diddley, pas de *So Sad*, la chanson favorite de Françoise. Les Everly Brothers l'enregistrent à Nashville, la Mecque de la country music[14]. Par jeu, en essayant de se rapprocher du balancement de Bo Diddley avec sa guitare acoustique, Don Everly donne à l'héritage country une frénésie inédite et précipite l'éclosion du rock en 1955. Il y a des moments de pure sorcellerie où les dieux de la musique dispersent et mêlent les partitions d'un coup de vent. La sève noire insuffle à la ballade country son fluide, lui ouvrant un ciel neuf qui transporte Françoise Hardy. La saveur improvisée et naïve de *So Sad* n'a pas perdu sa fraîcheur. Les conditions rudimentaires des studios d'alors exigent que chaque titre soit capturé en une seule prise. Cela donne aux enregistrements de la spontanéité. Si un membre du groupe se plante, l'enregistrement est repris à zéro. Un unique micro recueille la voix des deux frères et la guitare de l'un. Lorsque Don Everly veut faire un riff, il se contente simplement de tenir sa guitare plus haut… Il y a là tout ce qu'aime la jeune fille, des voix romantiques, le sex-appeal de la basse, la consolation des paroles chagrines. « Nous devons tout à ces gars-là, a dit Bob Dylan à propos des Everly Brothers. Ils ont été les premiers. » Les premiers Blancs à chouraver un tempo noir. Françoise Hardy exprime, elle aussi, de la gratitude envers *So Sad :* « J'ai toujours essayé de faire cette chanson-là. » Et bien sûr, elle en a fait autre chose.

Tambour battant

Chanter, Françoise Hardy n'a plus pensé qu'à cela. « Rien de plus simple. Contacte des maisons de disques. Mais vas-y toi-même... », a dit sa mère[1]. Aussitôt dit, aussitôt fait. Ne connaissant personne dans l'industrie musicale, Françoise a pris l'annuaire et appelé les principales maisons de disques. À seize ans, elle avait ses deux bacs. Trop jeune pour savoir que faire d'elle-même, elle a laissé sa mère l'envoyer à Sciences Po, s'est enfuie, s'est inscrite en licence d'allemand à la Sorbonne. Peut-être serait-elle devenue enseignante. La jolie prof d'allemand avec ses vêtements dans le vent. Dans ses rêves, elle se voyait programmatrice de radio. Chanteuse. Aucun autre métier ne scintillait dans son imagination. Comme récompense pour le bac, sa mère a obtenu que son père lui fasse un cadeau. Françoise a hésité entre une guitare et un transistor, elle préférait le second, elle a demandé la première... Toutes les maisons de disques cherchaient de la nouveauté. Avec sa guitare, elle a composé des chansons. Sa mère a repéré une annonce dans *France-Soir :* Pathé-Marconi auditionnait de jeunes talents[2]. Françoise s'est présentée, on ne l'a pas jugée assez moderne. À l'issue de l'audition, on lui a fait écouter sa voix, qui ne lui a pas déplu. On lui a conseillé de prendre des cours de chant. Mais où ? Sur le téléviseur de ses grands-parents, elle avait découvert *Le Petit Conservatoire de la chanson*[3], l'émission de Mireille, qui formait de jeunes interprètes, des paroliers et des compositeurs. La participation à la classe était gratuite et ouverte à tous, à condition de réussir un oral.

« Quand elle est entrée dans la classe, qu'elle a auditionné, je ne savais pas ce qu'elle faisait, si elle chantait, si elle jouait de la guitare, je l'ai simplement regardée. J'ai eu l'impression qu'il y avait une étincelle, quelque chose qui s'illuminait. On s'est regardées toutes les deux et depuis on ne s'est plus quittées », dira plus tard Mireille[4].

Pédagogue rigoureuse, elle s'exprime d'une petite voix flûtée propre à apprivoiser une sauvageonne comme Françoise. « Elle m'a prise tout de suite, alors qu'elle était sélective. » Mireille Hartuch, dite Mireille, le rossignol de la chanson *Chourinette* (1933), n'a elle-même pas un timbre inoubliable, ce qui ne l'a pas empêché de signer quelques tubes des années trente et de se produire à Broadway. « Au moins, Mireille n'est pas desservie pas une grande voix », écrivait Sacha Guitry le 2 mars 1954 dans *L'Officiel des spectacles*.

Durant près de deux ans, Françoise Hardy prend des cours à Auteuil au Petit Conservatoire de Mireille[5]. Elles deviennent si proches que la jeune fille tient parfois compagnie à l'écrivain Emmanuel Berl, le mari de Mireille, alité et reclus dans leur ermitage du Palais-Royal. À la même époque, Patrick Modiano joue lui aussi le garde-malade auprès de Berl, mais il ne deviendra l'ami de Françoise Hardy que quelques années plus tard.

Poursuivant ses investigations auprès des maisons de disques, la jeune fille a contacté Vogue. En 1960, le label a signé Johnny Hallyday, un jeune Belge devenu français qui rêve d'une Amérique où il n'a jamais mis les pieds. Elle connaît ses chansons, *Souvenir souvenir* ou *Bien trop timide*. Un ersatz d'Elvis Presley. Il chante mal, les orchestrations ne sont pas terribles, elle en a conclu que Vogue est une maison moins exigeante que les autres, et qu'elle y a sa chance. Au téléphone, l'ingénieur du son, André Bernot, lui apprend que le label cherche l'équivalent féminin de Johnny, et donc les compositions le plus rock possible. La maison veut adapter un tube rockabilly de l'Américain Bobby Lee Trammell datant de 1958, *Uh-Oh*, qu'elle destinait à Johnny Hallyday, parti chez Philips[6]. Françoise Hardy a davantage le sens de la mélodie que celui du rythme, mais elle relève le défi. Rue d'Aumale, elle a travaillé sa voix dans la cuisine dont les parois de céramique créent un effet de réverbération[7]. Une philharmonique de poche, en somme.

De façon surprenante, cette jeune fille inhibée fait preuve d'un rare culot dès qu'il s'agit de chanson. Au printemps 1961, elle se rend à Villetaneuse rencontrer Bernot qui lui a demandé d'apprendre deux chansons de Johnny, *24 000 baisers*, « yéyéyéyé, j'aime assez ça quand tu m'enlaceuuuuuu, yéyéyéah, je prends des paris à la rondeuuuu[8] », adaptation d'un tube de l'Italien Adriano Celentano, *24 000 baci*, et *Oui mon cher*, une adaptation de *I want that*, tube de Billy Crash Craddock. À la fin d'une séance de Jean-Claude Pelletier et son orchestre, elle enregistre les deux titres. Une chose est de s'entraîner dans une cuisine, une autre de chanter en mesure, d'autant qu'elle ne sait pas lire une partition. Elle est incapable de chanter avec une formation.

On la renvoie chez elle en lui conseillant de poursuivre les études d'allemand qu'elle suit distraitement. À la rentrée 1961, Bernot la rappelle et offre de lui donner des leçons de solfège afin qu'elle passe une seconde audition : sa voix n'a pas laissé indifférent chez Vogue. « Elle chantait juste et avait une plastique à la Garbo. Je me disais que cela ferait une belle pochette de disque », a dit Bernot[9]. Garbo. La tristesse. La distance. La froideur. Le retrait. « Une sorte d'idée platonicienne de la créature », selon Barthes dans ses *Mythologies*. Un costume qui convient bien au type de Françoise Hardy. Minérale, iridescente, peu incarnée, elle suscite le fantasme comme Garbo avant elle. Mais si Garbo est pourvue d'une voix grave, celle de Hardy est peu sexuée, angélique.

En tout cas, la longue herbe ne laisse pas Bernot indifférent. Il lui donne des cours dans la loge de concierge de sa mère, avenue de l'Opéra. Comme le résumera plus tard Jacques Wolfsohn, directeur artistique du label Vogue, « il avait envie de se la taper ». Une fois prête, la jeune fille passe une seconde audition, cette fois avec Jacques Wolfsohn au 54, rue d'Hauteville, dans un hôtel particulier Napoléon III proche de la gare du Nord, siège de la maison de disques. Tête à la Beethoven, œil vif, le directeur artistique la dévisage.

— Quel âge t'as ?

— Dix-sept ans.

— C'est ton vrai nom, Françoise Hardy ?

— Oui, monsieur.

— Toi au moins, on n'aura pas besoin de te chercher un pseudo.

Ce n'est ni un pseudonyme ni un surnom, mais le nom de sa mère, Madeleine Hardy. Celui qui figure sur son état civil, qu'elle a reçu au baptême. Un beau nom, songe-t-il, synonyme de vaillance et de courage. Le prénom, aussi, sonne bien : Françoise, franche, française…

— Non, monsieur.

Petite et ronde légende du show-business français des années soixante, Wolfsohn a lancé Johnny Hallyday en 1959. Né à Paris dans une famille judéo-polonaise mâtinée d'estonien, il a passé la guerre dans une ferme à Bagnères-de-Bigorre, dans les Hautes-Pyrénées. « Les meilleures années de ma vie », dit-il[10]. Si cette période l'a laissé détaché et narquois, son ironie cache une vraie finesse. Entré chez Vogue en 1952, il est considéré comme un emmerdeur à l'ego démesuré, mais il a l'oreille absolue[11]. Ancien photographe comme Daniel Filipacchi, il est son ami, ce qui lui donne un accès direct à la rédaction de *Salut les Copains*.

Musicalement, Françoise Hardy est née sous une bonne étoile. Illico les bonnes rencontres. « Elle est tombée sur un type génial et cinglé. Qu'ils arrivent à se comprendre me fascine », dit Jean-Marie Périer[12]. Wolfsohn la tutoie, elle le vouvoie. « Il m'a tout de suite subjuguée par sa fantaisie et son regard vert pâle extraordinairement perçant[13]. » Il la pousse dans un cagibi et l'écoute chantonner un morceau en s'accompagnant sur sa petite guitare, et sans attendre qu'elle termine, il lui demande son âge.

— Donne-moi l'adresse de tes parents, je vais te signer un contrat[14].

Comme dans *Le Magicien d'Oz*, quand Dorothy en une fraction de seconde quitte la réalité pour le monde d'Oz, la chanteuse est téléportée dans la minute enchantée du rêve réalisé. Elle n'y croyait guère mais elle a voulu tenter sa chance jusqu'au bout. Ne rien regretter. Et d'une pichenette, voilà le contrat… « Un des plus beaux jours de ma vie. Je me revois sortant dans la rue d'Hauteville, j'aurais embrassé tous les passants[15]. »

L'âme en peine

Bien sûr, j'ai conscience qu'une chanson comme Tous les garçons et les filles *a marqué son époque, mais c'est aussi parce qu'elle est marquée par l'époque qu'elle a ainsi traversé les décennies.*

Françoise HARDY,
Revue *Magic*

Françoise Hardy est tout de suite Françoise Hardy. Le timbre de la voix juste, velouté. La grâce, dès la première chanson. La simplicité lumineuse des paroles. Elle chante comme elle peut, comme elle est, sans effet prétentieux.

Enfant, *Tous les garçons et les filles* était pour moi une source de réconfort et de joie. Dès la première écoute, on est enjôlé. Le détachement de la voix, la simplicité, le naturel. Quelque chose de duveteux, de familier, de rassurant. Le spleen et l'espérance. Une résonance profonde. Sur un électrophone portatif à piles, j'écoutais ce phrasé pénétrant en enfant-moine bouddhiste assimilant sans fin une psalmodie. Le 45 tours était mon petit compagnon.

Il avait un cœur. Cette voix me consolait, je n'étais plus esseulée. Le disque est sous mes yeux. EPL 7967. Un format carré, 18 × 18 cm, qu'illustre une photo en noir et blanc de Françoise Hardy détourée avec maladresse sur un fond blanc. La typo est frappée en rouge et noir. À l'arrière, une étiquette Inno-France, le magasin où le disque a été acheté. Celui de la rue de Passy, à Paris. Mon exemplaire est un peu corné mais en bon état. Il m'a suivie dans mes déménagements. On n'abandonne pas ses amis. Et son cœur bat toujours, même si je ne l'écoute plus avec la même dévotion.

Tous les garçons et les filles a des antécédents. Si Françoise Hardy a revendiqué l'influence de *So Sad*, la ballade des Everly Brothers enregistrée à Nashville, on retrouve aussi, dans les paroles, l'influence du *Lonely Boy*, de Paul Anka, l'idole de la fin des années cinquante.

Je suis juste un garçon solitaire
Solitaire et mélancolique
Je suis tout seul
[...]
J'aimerais entendre
Quelqu'un me dire
Je vais te donner mon amour
Chaque nuit et jour[1]

« Je me suis contentée de dire la même chose que lui dans *Tous les garçons et les filles* », dit Hardy[2]. Ses paroles expriment l'attente rêveuse, l'inaccompli, l'insatisfaction inquiète, la perte, la solitude aussi. Elle est seule au monde comme on peut l'être à cet âge. Une écriture concise, des mots familiers qui épousent la mélodie pour dire le vague à l'âme de l'adolescence et le manque. Elle chante en sourdine la mélancolie. La magie de Hardy, c'est qu'il n'y a pas de magie. Son chant est d'une précision achevée. Seule, chez elle, elle travaille inlassablement sa voix. Elle improvise, elle cherche à tâtons son chemin, elle invente avec sa frêle boîte sonore. Elle teste les paroles en répétant la chanson, fait sonner les voyelles, descend un peu dans les graves, elle est son propre chef d'orchestre. Elle s'exerce. À l'oreille, elle cherche l'harmonie. Elle rectifie les incorrections rythmiques[3]. Quand elle se pose derrière le micro, elle connaît la route.

Elle est l'anti-Édith Piaf. La voix de Piaf, c'est les montagnes russes, ça monte et ça descend, ça zigzague entre la flambée lyrique et l'effondrement, on en sort barbouillé. Un fricfrac émotionnel, Piaf, les « R » rrrrrroulés à mort, j'en ai frrrrroid dans le cœœurrrrr, l'exhibitionnisme, le mélodrame. L'amourrrr ça fait pleurrrrrer. Piaf ouvre la bouche, on voit ses tripes. Lorsqu'elle sourit, Françoise Hardy place délicatement sa main devant la sienne, comme une geisha. Chez Piaf, tout est trop. Chez Françoise Hardy, *less is more*. La goualante expressionniste de l'une, le presque-parlé impressionniste de l'autre. L'adolescente n'est pas une voix. Plus qu'une chanteuse, elle est la messagère d'une émotion et son chant se rapproche de la voix parlée. « Avec sa diction égale, on a l'impression qu'elle parle, dit son amie la chanteuse Armande Altaï. Une voix intérieure, transparente, comme la pensée[4]. » Sa signature sonore colle avec son physique de grande fille esseulée.

L'air du temps

Lorsque je lui ai parlé de *Tous les garçons et les filles,* Françoise Hardy a fait la moue. Dans ses mémoires elle souligne « la médiocrité des orchestrations et des musiciens ». La séance d'enregistrement l'a déçue. « Qu'elle rende l'argent ! C'est le seul titre qui en ait gagné », s'agaçait Jacques Wolfsohn[1]. Elle rêvait du rythme des Shadows, du vibrato de la Fender Stratocaster rouge de Hank Marvin et de sa chambre d'écho sur *Apache,* elle dut se contenter d'un orchestre ringard que lui avait imposé Jacques Wolfsohn. « Le 25 avril 1962, j'ai enregistré quatre chansons en trois heures[2]. » La chanson américaine destinée à Johnny, devenue *Oh, oh, chéri*[3], et trois autres morceaux dont elle a composé paroles et musique. Parmi elles, *Tous les garçons et les filles*. Il s'en est vendu 1,7 million d'exemplaires dans le monde. Certes, l'orchestre de Roger Samyn l'accompagne sans passion. On peut aussi pinailler sur l'interprétation de Françoise Hardy elle-même, qui n'est pas parfaite : elle chante avec précipitation, sans reprendre son souffle, comme si elle avait peur. Mais le charme opère et continue d'opérer.

Dans son répertoire, les arrangements sont secondaires : on n'écoute que sa voix. Ce n'est pas une grande voix. Sa voix, c'est presque rien. De ce « presque », elle tire de subtiles nuances. Avec ses limites, elle fait des choses étonnantes. À petites touches, les tons varient à l'intérieur de sa gamme. Elle module sa matière sonore avec tact. On pense au peintre Morandi qui n'emploie que quelques teintes sourdes, gris bleuté, vert, beige, ocre pâle, pour peindre des huiles méditatives d'une admirable sobriété. Si l'on écoute distraitement le chant de Françoise Hardy, on passe à côté de ces nuances. Dans les aigus, sa voix sombre dans une faille. Limitée mais riche. Même quand elle chante faux, elle chante vrai.

Un an et demi après son audition chez Mireille, le 5 juin 1962, elle présente fièrement son premier 45 tours au « Petit Conservatoire ». Service public oblige, le ton est compassé. Elle est vêtue d'une robe très formelle. Un cardigan est jeté sur ses épaules. Sur ses genoux, une boîte contenant la maquette du 45 tours. La pochette n'est pas prête. Mireille lui demande si elle est satisfaite de l'arrangement, elle acquiesce poliment. Avoir composé musique et paroles de trois des chansons, dont *Tous les garçons et les filles*, c'est pourtant pas mal. Mais elle est contrariée. Il y a de quoi.

Le 6 mars 1961, elle a demandé à adhérer à la Sacem[4] en tant qu'auteur. Elle a passé l'examen d'entrée le 27 avril 1961. On lui demande de composer les paroles d'une chanson comportant deux couplets et un refrain. Elle rend un texte parfaitement hardyesque, *J'aime ta voix*, dont la Sacem conserve le manuscrit. Les paroles de *Tous les garçons et les filles* ont fait l'objet d'un dépôt provisoire le 26 octobre 1961[5]. Reste à déposer la musique. Pour obtenir son admission à la SDRM, la société pour l'administration du droit de reproduction mécanique, en tant qu'auteur-mélodiste, elle doit passer un second examen comportant une dictée musicale. Elle ne sait pas lire la musique. Ses trois chansons sont enregistrées, le disque va sortir. Le 27 juin 1962, au moment du dépôt définitif de son œuvre à la Sacem, elle doit laisser son chef d'orchestre, sociétaire de la Sacem, co-signer la musique avec elle. Dans les archives de la Sacem, j'ai trouvé le bulletin de déclaration de la chanson portant la signature d'Albert Samyn, accompagné d'une partition remplie à la main. Le 11 septembre 1962, puis le 31 janvier 1963, elle s'inscrit à l'examen d'auteur-compositeur. Trop tard. Elle va devoir partager ses droits d'auteur avec un homme qui n'a pas écrit une ligne de la composition. On peut comprendre qu'elle ait éprouvé un ressentiment durable envers le chef d'orchestre.

Durant l'automne 1962, délaissant les bancs de la Sorbonne, Françoise Hardy entre avec sérieux dans son nouveau rôle. Le 21 septembre, elle interprète en direct *Tous les garçons et les filles* en s'accompagnant à la guitare au « Petit Conservatoire ». Elle est filmée. « Mademoiselle Hardy, pour bien l'entendre, on est obligé de l'écouter », dit Mireille, en soulignant la douceur de la voix de son élève. Merveilleusement photogénique, la jeune chanteuse possède un visage captivant : pommettes hautes, bouche sensuelle parfaitement ourlée, regard limpide[6]. Sa chanson *Tous les garçons et les filles* est désormais matraquée sur Europe 1, la station de radio la plus écoutée du jeune public.

Quel est le secret du succès ? Pourquoi un artiste plutôt qu'un autre ? Telle chanson et pas telle autre ? Dans le cas de Françoise Hardy, la chance mène la danse. Ou le hasard. Ou un instinct terre à terre qui pousse vers les bons choix. Tout est allé très vite. Le bac, une guitare en cadeau, Sciences Po puis la Sorbonne, la composition des premières chansons sur le nouvel instrument. Avec une détermination rare, elle a enregistré sa préférée. Une affaire menée tambour battant.

1962, une année favorable pour apparaître. Née sous une bonne étoile musicale, Hardy surgit au bon moment dans un pays reconfiguré. Amputée de son empire colonial, la France se réduit aux dimensions de l'Hexagone. La guerre d'Algérie s'achève, l'indépendance a été proclamée le 3 juillet, le général de Gaulle a échappé à un attentat le 22 août, en octobre il a proposé d'élire le président de la République au suffrage universel. Les Français veulent-ils un monarque, un souverain élu ? a demandé le socialiste Guy Mollet, résumant la position hostile de l'ensemble de la classe politique. OUI, ont répondu 61 % des Français. Ce dimanche 28 octobre, ils ont donc élu un roi, le général de Gaulle, et une jeune souveraine, Françoise Hardy. De son trône, elle n'est plus jamais descendue.

Alors que le nombre de téléviseurs va croissant[7] – un quart des foyers français sont équipés en 1962 –, la chanteuse profite de la complicité indirecte du Général. Ce dimanche d'automne, de nombreux Français sont rassemblés devant les postes de télévision pour la soirée électorale, dans l'attente des résultats du référendum constitutionnel.

Sur l'écran se succèdent de gris visages de politiciens ou de journalistes. Des cravates, des lunettes. Des hommes, vieux. Des bureaux de vote à Paris et en province. Des gros plans sur les bulletins de vote, OUI, NON. Des paysannes tavelées en fichu, des bourgeoises à chapeau, des vieillards à béret. Dans la mairie de Colombey-les-Deux-Églises, le Général sort de l'isoloir en écartant un rideau à fleurs. Sous la pluie, aux Champs-Élysées, des badauds attendent les résultats le regard levé vers un écran. Soudain, une surprise. Une jeune inconnue enveloppée d'un ciré noir déambule entre des réverbères en chantant *Tous les garçons et les filles*[8]. Cheveux mi-longs, frange épaisse, trait de khôl sur la paupière. Jeune, si jeune. Un visage d'image pieuse. Une jolie jeune fille discrète et douce. Rafraîchissante. Envoûtante. « Un visage à foule », commente Maurice Chevalier, subjugué par une photogénie que sublime le noir et blanc du petit écran. « Une Électre », décrète le peintre Bernard Buffet, qui suit la soirée électorale chez lui. Électre ou électromagnétique ? « Aucune chanteuse de son âge n'a autant de présence à l'écran », renchérit l'écrivain Emmanuel Berl, le mari de Mireille.

Ce jour-là, la débutante a bénéficié d'un spectaculaire coup de chance. La chance ? Pas seulement. Cette séquence avait été enregistrée et diffusée au début du mois dans une émission de variétés. Françoise avait insisté pour interpréter *Tous les garçons et les filles*, en dépit des réticences de Jacques Wolfsohn. Elle doit aussi son triomphe à son discernement.

Cette fois, le coup de foudre est national. Françoise Hardy plaît aux filles et aux garçons, pour d'autres raisons, sans déplaire aux parents, banquiers de leurs enfants. Le disque est alors la principale source de dépense des 15-20 ans. Son 45 tours s'écoule à une vitesse si vertigineuse – deux cent mille exemplaires en trois mois – que la chanteuse devient un petit phénomène de société. « Une voix fraîche, juste, moderne, composant elle-même ses chansons, Françoise Hardy vous plaira », dit la pochette du 45 tours EPL 7967 des disques Vogue, qui semble plus écrite pour les parents que pour des collégiens. « En entendant Françoise Hardy, on entend la jeunesse et ses problèmes amoureux. Vous serez transporté dans un autre monde de gentillesse, de rythme et de jouvence. » Malgré l'insistance de Françoise Hardy, *Tous les garçons et les filles* n'est pas mis en avant. Fidèle à son idée, Wolfsohn a misé sur *Oh, oh, chéri*, dont il avait acheté les droits à Bobby Lee Trammell. Perdu. C'est Hardy qui va l'emporter. De même que le général de Gaulle a été l'un des premiers hommes politiques lancés par la radio, Françoise Hardy est l'une des premières stars françaises fabriquées par la télévision.

La petite silencieuse

— Quand elle a pris la décision de tenter sa chance, l'avez-vous encouragée ?
— Oh, d'autant plus volontiers que je la comprends. J'ai toujours aimé chanter ! Et puis je trouve intéressant que les enfants révèlent des tendances précises et il faut les laisser prendre leurs responsabilités…

Madeleine HARDY,
Femme d'aujourd'hui, 1963

Elles s'emboîtent comme des poupées russes. L'une derrière l'autre, les deux femmes fixent l'objectif. La fille et la mère qui la domine et l'enveloppe comme une ombre. Elles émergent de pulls à col roulé découpant leur seul visage, l'une en pull clair, l'autre en pull sombre. La fille irradie. Traits d'une grande douceur, regard pur et profond. Figure de madone du Haut Moyen-Âge. L'éclairage coupe le visage en deux zones ; l'une lumineuse et lisse, l'autre dans l'ombre. Le photographe souligne la dualité de ce dyptique et son énigme envoûtante. Derrière se profile sa mère, probe et sévère moine-soldat :

lèvres étroites où s'ébauche un sourire indéfinissable, petits yeux aigus, menton volontaire. Jeanne d'Arc sans âge, c'est un être d'autorité, sans nul doute : Giovanni Arnolfini ou le chancelier Rolin peints par van Eyck. Une femme qui se maîtrise à la perfection. Une lucidité tranchante, une sécheresse, une raideur émanent d'elle.

Cette photo est troublante. Qui est Françoise Hardy ? Est-elle elle-même, ou seulement le reflet de sa mère ? Une jeune fille autonome ou une illusion ? Un être indépendant ou un avatar façonné par le goût d'une autre ? En une seule image, cette photo est une métaphore de rapports filiaux fondés sur des malentendus. Convaincue du génie de sa fille, Madeleine lui a fait sauter une classe au cours La Bruyère, amplifiant le manque d'assurance de cette fillette trop grande, trop jeune, pourvue de parents embarrassants : une mère aide-comptable, qui travaille au lieu de s'occuper de ses enfants – la honte en 1955 –, et un père mythifié et négligent. Si un cours de grec lui permet d'éviter la leçon de musique l'exposant à chanter devant la classe, Françoise opte pour les langues mortes. Tout pour échapper à l'humiliation. Nouveau malentendu : sa mère y voit la confirmation de l'excellence de son enfant prodige. Aucune enseignante pour détromper Madeleine et sauver sa fille de ses idéalisations. Aux récréations, Françoise se réfugie dans la chapelle de l'école afin de fuir ses camarades dont la compagnie l'effraie. Les religieuses se méprennent sur sa piété et lui préparent un avenir au couvent. Entre future sainte et surdouée, Hardy grandit dans la solitude des incompris.

Lorsque je l'ai rencontrée pour la première fois, sa mère Madeleine était morte depuis cinq ans. Sans doute avait-elle eu le temps de réévaluer leur relation et de prendre ses distances parce que, lorsque j'ai abordé ce sujet, elle en a parlé sans difficulté et même avec volubilité. Hardy est née le 17 janvier 1944, à 21 h 23, à la clinique Marie-Louise, Cité Malesherbes, à Paris, comme Johnny Hallyday[1]. En haut de la rue des Martyrs, la maternité existe encore. Françoise naît sous un ciel d'alerte. La guerre fait rage entre les Alliés et les Allemands. Trois jours après sa naissance, le 66e convoi de déportation quitte Drancy pour Auschwitz en emportant 1 155 personnes. Le 26 janvier, les Américains débarquent à Anzio, près de Rome. Les 6 et 9 août 1945, les Américains lancent deux bombes atomiques sur Hiroshima et Nagasaki.

L'histoire qu'elle me raconte lors de notre premier rendez-vous est singulière. « Ma mère Madeleine avait un physique époustouflant. Je la voyais très belle, et elle l'était. » Madeleine Hardy était grande, très grande : 1,78 mètre selon sa fille, qu'elle dépassait. « Mon père l'a rencontrée dans la rue et il l'a suivie. Elle l'a fait marcher de la gare Saint-Lazare à la gare du Nord. » Marié deux fois, Étienne Dillard a le double de son âge[2]. J'imaginais ces deux êtres remontant la rue de Châteaudun, dépassant l'église et le square de la Trinité, continuant par la rue de Maubeuge, une promenade d'une bonne trentaine de minutes. L'homme est subjugué par la stature imposante de la femme qui marche devant lui. « Mon père était fou d'amour. Elle, non. Mon père venait d'une grande famille, elle a été éblouie par son milieu plus que par lui. Elle en a été pour ses frais, il n'a pas été beaucoup là[3]. »

D'origine modeste, Madeleine s'éprend d'un monde auquel elle aspire. Né dans la haute bourgeoisie catholique, Étienne Dillard a grandi dans les hôtels d'Amboise et d'Épernon, 22, place du Château, à Blois. Deux demeures édifiées au XVIe siècle et classées à l'inventaire des monuments historiques. Comme tous les enfants de sa famille, Étienne a été éduqué dans des collèges catholiques. Son père, le Normand Adrien Dillard, fait commerce en gros de rouennerie, la toile de coton peinte à Rouen[4]. Étienne est le neuvième enfant d'une famille de dix. Parmi ses sept frères, le plus remarquable est Victor, authentique héros de la Résistance, de deux ans plus âgé que lui. Prêtre de la Compagnie de Jésus, c'est un prédicateur-vedette qui a dénoncé le statut des juifs à Vichy[5]. Dissimulant son état religieux, il s'est engagé volontairement dans le STO, le Service du travail obligatoire, pour accompagner en Allemagne les jeunes Français qui y étaient soumis et leur offrir un soutien spirituel.

Parlant parfaitement allemand, il travaillait en Westphalie comme électricien lorsqu'il a été trahi. Déporté à Dachau pour son apostolat illégal, Victor Dillard est mort à l'infirmerie du camp, le 13 janvier 1945[6]. Un an après la naissance de Françoise. Au Panthéon, le nom de Victor Dillard figure sur la liste des écrivains morts pour la France. Il a en effet publié plusieurs ouvrages, dont une méditation sur l'Esprit Saint[7] qu'il réhabilite en lui rendant sa place aux côtés du Père et du Fils.

Outre une belle âme en attente de béatification, Victor Dillard disposait d'un physique sensationnel. « Il y avait en lui quelque chose de racé et de princier », a écrit Jean Guitton. Regard gris-bleu, taille élancée, Victor était aussi élégant que beau, comme je l'ai vérifié sur une photo prise durant la guerre de 14-18 où il s'était engagé à dix-sept ans. Dans ses mémoires, il regrette d'ailleurs de ne pas être « mort en beauté » sur le champ de bataille, la vie civile offrant peu d'occasions de se dépasser, selon lui. Une chose est sûre, il a vécu en beauté.

Plusieurs frères d'Étienne Dillard sont de l'étoffe des héros. La moitié d'entre eux se couvrent de gloire durant la Grande Guerre, quatre reçoivent la Légion d'honneur, alors une récompense prestigieuse et rare.

L'un d'eux, Pierre, enseigne de vaisseau, est tombé glorieusement aux Dardanelles en 1915, après « avoir lutté jusqu'au bout ». « Dites à mon commandant que je suis fier de mourir pour la France et que ma dernière pensée va à ma fiancée », déclare-t-il avant de perdre la vie. Son aîné, Robert, polytechnicien (la fratrie en compte deux) a été un contre-amiral de la flotte française. Ni polytechnicien ni grand soldat, le soupirant de Madeleine est un commerçant comme son père : Étienne Dillard est « dépositaire » des machines à écrire américaines Remington.

Est-il un don Juan ? Lorsqu'il piste la jeune et belle Madeleine, il est l'époux de Renée de Bacounine, épousée cinq ou six ans auparavant[8]. Il installe Madeleine dans un deux-pièces au 24, rue d'Aumale, à Paris. Elle le tient à distance : selon Françoise Hardy, jamais sa mère n'a passé une nuit complète avec lui, ni avec aucun homme. Elle m'a raconté que, pendant l'Occupation, sa mère avait même laissé Étienne dehors après le couvre-feu alors qu'il frappait à sa porte. En dépit du danger, elle avait refusé de lui ouvrir. Enfermée dans son propre monde, Madeleine n'écoutait qu'elle-même.

De cet homme exclu avec dureté, elle convoite tout de même les gamètes. Possédait-il la séduction de son frère Victor ? Ce n'est pas impossible. Plaire à Madeleine devait exiger de sérieux atouts. Une chose est sûre, Françoise Hardy est fille et nièce de personnes au physique exceptionnel. Son superpouvoir, dont elle a touché les dividendes dès ses premiers succès, est un héritage.

Madeleine a vingt-trois ans à la naissance de Françoise[9]. Quatre ans après le début de leur liaison, elle découvre qu'Étienne la trompe. Par vengeance, elle confronte sa rivale avec une photo de ses filles : dix-huit mois après la naissance de Françoise, elle a accouché d'un second enfant, Michèle[10]. Étienne Dillard rompt avec Madeleine. Seule, elle doit les élever à une époque où l'expression « famille monoparentale » n'existe pas.

« Mon père, qui n'était pas un père, mais qui était un père biologique car je n'en ai pas eu d'autre », ainsi Françoise Hardy définit-elle son géniteur. Ses filles, Dillard ne peut les reconnaître. Jusqu'en 1972, un homme marié ne pouvait reconnaître ses enfants adultérins. De plus, il les annule avec cruauté, exigeant qu'elles soient invisibles. Elles ne le rencontrent jamais chez lui, mais dans des lieux publics, chez leur mère avant la brouille du couple, ou chez leurs grands-parents, à l'occasion des vacances scolaires. « Il venait au moment des fêtes, à Pâques ou à Noël. Personne ne devait savoir qu'il était notre père. Si nous lui écrivions, nos lettres devaient être cachetées[11]. » Elles ont pour consigne de ne pas inscrire leur nom au dos de l'enveloppe. Il leur assigne une place : nulle part. Il leur impose l'anonymat. Sans nom, un être humain n'est rien. « Je me sentais nulle », dira Françoise Hardy. Une plaie vive qui la rend gauche en société. À l'école, ce n'est pas mieux. Elle croit ses parents divorcés, ce qui la distingue des autres. « J'étais assez honteuse de cette situation, et cette honte m'isolait. » À vingt ans, dans sa première autobiographie publiée en 1964, elle indique seulement que ses parents sont « séparés » depuis de nombreuses années[12]. C'est peut-être ce qu'elle croit alors, sa mère lui ayant caché la vérité.

Étrangement, le nom du père figure sur l'acte de naissance de Françoise car c'est lui, Étienne Dillard, quarante-quatre ans, négociant, qui est allé la déclarer à la mairie du IXe arrondissement le lendemain de sa naissance, comme l'atteste l'acte enregistré ce jour-là par le service d'état civil. Le document précise qu'il a assisté à l'accouchement, non qu'il est le père. Il a donné son adresse : 15, rue de Ravignan, à Montmartre[13].

Selon une mention marginale portée sur son acte de naissance, Françoise Hardy a été reconnue en mairie le 7 mars 1944 par Madeleine Jeanne Hardy, soit près de deux mois après sa naissance le 17 janvier. Une autre mention marginale, plus tardive, indique que Pierre Marie Étienne Dillard l'a reconnue devant notaire le 5 février 1977[14]. Selon Françoise Hardy, il aurait eu une autre fille, plus âgée qu'elle, dont elle n'a jamais retrouvé la trace[15].

En dissimulant son existence, Étienne Dillard lui inflige une terrible humiliation. Il l'a comme privée de passeport, la condamnant à être une sorte de passagère clandestine dans l'existence. Le mot « passeport », contraction de passer la porte. Françoise Hardy n'a pas été re-connue par son père. Celui-ci ne s'est pas investi, il ne l'a pas investie.

Sa passion pour la chanson construit peu à peu la jeune fille qui se forge une identité. Son brillant parcours musical la sort de l'anonymat. « Quand j'ai été connue, mon père s'est vanté d'être mon père. » Il lui refusait une place, elle s'en est fait une. Sa juste place. Auteur-compositrice de sa propre vie, la fille sans patronyme s'est fait un nom.

Anonyme

Pourquoi cette vieille femme était-elle aussi méchante ? La première fois que j'ai rencontré Françoise Hardy, elle a parlé longuement du regard maléfique de Jeanne Hardy, sa grand-mère. « Elle pointait du doigt tous mes défauts. » Les humiliations étaient quotidiennes. « Je me voyais avec un avenir de nonne. »[1]

Le samedi, Madeleine dépose ses filles chez ses parents, tous deux employés de banque, à Aulnay-sous-Bois, rue du Tilleul, et ne revient que le dimanche soir pour les ramener à Paris. Courte matrone charnue, Louise Jeanne Milot-Hardy[2] mène le ménage. Pour lui échapper, le grand-père[3] esquive les brimades au fond d'un jardin potager qu'il entretient avec passion. Ce déserteur réfugié dans le mutisme livre Françoise à sa terrifiante épouse. Durant les vacances, sa sœur et elle séjournent à Aulnay. « Un cauchemar absolu. » La vieille femme lui impose un agenda névrotique rempli de tâches ménagères sordides et de règles d'hygiène indiscrètes. Seule consolation, la visite de son père qui vient déjeuner une fois à chaque petite vacance, avec la hantise de croiser Madeleine. « Un jour, pour l'éviter, il a sauté par la fenêtre de la chambre de mes grands-parents[4]. » Ses visites sont un baume : alors que la grand-mère cultive une complicité avec Michèle, Étienne Dillard a une préférence pour sa fille aînée.

À l'adolescence, le sadisme de la grand-mère aggrave son mal-être. Forçant la porte du cabinet de toilette, elle critique le corps de la toute jeune fille. Pourquoi cette femme au physique ingrat s'acharne-t-elle sur cette pouliche blonde, comme la nommera l'écrivain Paul Guth ?

Françoise Hardy a toujours été jolie, elle n'est pas de ces anciennes laides qui ont embelli avec l'âge. Persuadée d'être moche, la fillette se déprécie. Parfois, elle semble avoir avalé un corset. « Je me suis réfugiée dans l'imaginaire. » Après l'enregistrement de son premier disque, elle ne mettra plus jamais les pieds à Aulnay-sous-Bois.

Madeleine n'a probablement aimé qu'un seul être, sa fille aînée, qui en retour lui voue une véritable adoration. Mère célibataire sans relations ni amis, elle ne voit personne. Ses amants sont rares et épisodiques. « Elle était frigide et assez castratrice », dit Hardy. Dans leur monde claustral, nulle place pour autrui. « Ma mère n'avait ni amis ni argent[5]. » Durement désinvesti, l'homme reste sur le seuil : le masculin n'a pas sa place. Il ne donne même pas son patronyme à son enfant. La mère pourvoit à tout, même au nom. L'enfant est sa chose. Sa fille est tout pour elle. Tout son univers, son passé et son avenir, l'unique objet de son dévouement.

Le premier mois de sa vie, Françoise pleure chaque nuit, seule dans son berceau. Inflexible, Madeleine laisse le nouveau-né hurler. Pas de bras rassurants, de caresses, de biberon, de berceuse chantonnée, de paroles murmurées (ou de menaces), rien pour consoler, calmer, apaiser le bébé. Les principes avant les sentiments. Au bout d'un mois, se vantait Madeleine Hardy, fière de n'avoir pas cédé à ce qu'elle prenait pour un caprice, l'enfant avait compris et ne pleurait plus. Pas de tendresse, du dressage. Adieu tiédeur du monde intra-utérin. Froideur et indifférence au berceau. Une mutilation, en somme. Le nouveau-né est réduit au silence, on lui coupe la langue à la naissance. À l'âge le plus précoce, Hardy fait l'expérience du désespoir : exprimer un besoin, comprendre que personne ne va le satisfaire. Demeurer seule avec une tristesse sans fond, la terreur, l'anxiété. Un conditionnement inoubliable : la douleur s'affronte à mains nues.

Ce souvenir inaugural, elle le rapporte à la première page de ses mémoires. L'enfant avait compris... Quoi au juste ? « Que plus vous appelez, moins on vient, qu'il faut ravaler ses larmes et ne rien demander à personne[6]. »

Dans sa première « autobiographie » publiée en 1964, la chanteuse dépeignait une enfance choyée et une mère aimante. Protégeait-elle Madeleine ? « Un psychanalyste me demanderait si, à l'âge de six mois, je ne me suis pas vu refuser un biberon et si je n'en ai pas conçu un complexe d'abandon ! Maman a, au contraire, veillé sur mon éclosion sentimentale avec une tendresse qui ne s'est jamais démentie[7]. »

À la radio, j'ai entendu une archive saisissante : un extrait d'une interview de Madeleine Hardy dans la loge de sa fille à l'Olympia en 1963[8].

— Madame, quel genre d'enfant était Françoise ?

— Très sage. Aucun problème. Très sage, studieuse, elle ne posait aucun problème. D'ailleurs ça a toujours été un de mes principes, elles doivent prendre leurs responsabilités.

Un ton d'adjudant-chef, tranchant à faire peur. « Ma mère inspirait la peur à beaucoup de monde[9]. » À Françoise aussi, elle faisait peur. Pourquoi une telle sécheresse ? Était-ce d'avoir à élever seule ses enfants ? Était-ce l'isolement ? La dureté de l'existence pour une femme pauvre ? Fière de ses décrets, cette femme impérieuse n'en mesurait peut-être pas les conséquences. Valorisant l'indépendance et l'autonomie précoce et solitaire de l'enfant, certains spécialistes de la puériculture ont prôné des méthodes archaïques, ignorant que le néocortex d'un bébé n'étant pas formé avant l'âge de cinq ans, l'exposer à la détresse affecte durablement son système nerveux central.

Mise à distance dès la naissance, Hardy est donc seule responsable de sa solitude. Faute de sécurité suffisante, un enfant dressé s'accroche à sa mère. Chaque séparation devient une épreuve. Éprise de Madeleine, elle ne s'éloigne guère de l'unique amour de son enfance. « Lorsqu'on n'a qu'une personne à aimer, on a des sentiments exclusifs, exacerbés par la peur de la perdre. » Les vacances la privent de celle dont l'absence la met au désespoir. L'été, celle-ci envoie ses filles dans une famille autrichienne pour apprendre l'allemand. « Lorsqu'elle nous mettait dans l'Orient-Express et rentrait sans nous, c'était pire que tout. » Suspendue à l'arrivée d'une lettre, l'adolescente guette le facteur dès le réveil. « Un seul être vous manque, et tout est dépeuplé », dit-elle souvent en évoquant cette époque. Pour tromper l'absence, elle lui écrit. D'Autriche, elle lui envoie son premier poème. Elle a alors neuf ans.

Il prie dans son berceau
Sans prêter attention au tout petit ruisseau
Qui coule comme un murmure
Entre deux arbrisseaux...[10]

Durant l'année, Madeleine et ses filles vivent recluses rue d'Aumale, privées de contact avec le monde extérieur. Si Françoise est accrochée à sa mère, Madeleine est tout aussi dépendante. Elle vit pour sa fille aînée et lui consacre ses efforts. Michèle, sacrifiée à leur passion, est éloignée chez la grand-mère. Rejetée par ses deux parents, elle est annulée. Madeleine, avouera-t-elle à sa sœur aînée, ne lui a inspiré qu'un sentiment : la peur. Dramatique, lorsqu'on connaît le destin de Michèle Hardy qui sombrera dans la folie.

Pour éduquer Françoise, Madeleine ne travaille qu'à mi-temps. Elle surveille ses études avec succès puisque l'adolescente a obtenu ses deux bacs à seize ans[11]. Madeleine fait aussi le lien avec le père. Elle demande à Étienne Dillard de récompenser sa réussite scolaire en lui offrant une guitare. Elle montre à sa fille la fameuse petite annonce dans *France-Soir* qui lui servira de sésame[12]. Après le premier échec chez Pathé-Marconi, elle l'encourage à persévérer : « C'est bien simple : ou tu as vraiment envie d'enregistrer un disque, ou tu ne l'as pas. Si tu ne l'as pas, tu laisses tomber. Sinon, tu ne t'arrêtes pas à un échec : tu essaies dans une autre maison[13]. » Mentor directif, elle a aussi le don d'affermir sa détermination. De sa fille, qui n'a guère de vie intime à ses yeux, elle sait tout. Ainsi, lorsque Françoise couche pour la première fois avec un garçon, elle raconte gaiement à sa mère la séance sexuelle de l'après-midi : enfin on l'a regardée ! Khelil, un étudiant tunisien rencontré à la Sorbonne, l'a emmenée à l'hôtel, elle s'est laissé faire sans éprouver la moindre sensation, heureuse d'avoir enfin, elle aussi, un soupirant. Rapidement, un généraliste pose un stérilet à la jeune fille. Madeleine Hardy sait tout, contrôle tout, organise tout.

Cette femme étonnante possède le mental d'un coach. De sa fille, elle a fait son lendemain qui chante.[14]

Premier amour

Un léger mouvement du pied gauche représentait le point culminant de son jeu de scène, un peu l'équivalent de la course de chars dans Ben Hur, *si vous voulez.*

Jean-Marie PÉRIER[1]

Ça s'est fait simplement. Il lui a pris la main dans son adorable voiture romantique. *Hurt*, le tube ultra-sentimental de Timi Yuro, passait sur l'autoradio. Chaude et puissante, la voix les a enveloppés de son écharpe d'or. Entre eux, il y a eu des échanges de regards, des moments sans paroles : ils sont attirés l'un par l'autre. Lui, un sourire irrésistible. Elle, farouche, sérieuse. Dans le velours de cette voix de chanteuse noire (même si Timi Yuro est une Elvis Presley fille, une Blanche qui chante de la soul), ils ont fondu. Le texte, des plus cafardeux, déplorait la souffrance causée par une rupture.

I'm so hurt
That you lie to me […]

You said your love was true[...]
Now you want someone new[2]

L'attachée de presse des disques Vogue a joué les entremetteuses, révélant à Françoise que Jean-Marie en pinçait pour elle : la jeune fille en a été stupéfaite. Elle le trouvait beaucoup plus séduisant qu'elle, et irrésistible avec ses deux petites parenthèses encadrant son sourire[3].

À la fin du mois de janvier 1963, ils se retrouvent à Marseille. Elle est en tournée avec le chanteur Richard Anthony, dont elle assure la première partie au théâtre du Gymnase. Ce sont ses premiers concerts publics. Jacques Wolfsohn l'a confiée à Charley Marouani, le promoteur influent du Gala des Étoiles, tournée nationale patronnée par l'émission *Salut les Copains* et Europe 1, dont l'affiche comporte plus d'une demi-douzaine d'artistes[4]. Menées par les porte-drapeaux des *teenagers*, Johnny-Sylvie et Richard-Françoise, les tournées de Marouani se déploient en province.

Avant sa rencontre avec l'impresario, elle tournait seule, avec pour unique partenaire le pianiste Marcel Hendrix. Ce dernier, né dans une famille d'artistes – ses deux frères sont musiciens –, regarde la jeune vedette comme une curiosité. Descendant dans les mêmes hôtels, voyageant de gala en gala dans la voiture du pianiste, ils partagent une certaine intimité. « Elle dort la plupart du temps, ne se levant que pour chanter, et quand nous arrivons dans une nouvelle ville, elle ne fait jamais un pas pour aller à sa découverte », dit-il dans une interview du 3 mars 1965. Même en tournée, Françoise Hardy vit en chambre. « Le truc avec les prisons qu'on bâtit soi-même, c'est que la plupart sont portatives et peuvent être transbahutées n'importe où », selon l'écrivain Eve Babitz[5]. La chanteuse ne quitte sa cellule que le soir pour monter sur scène.

Dès la fin de l'année 1962, à la demande de Charley Marouani, elle est accompagnée par un orchestre de cinq musiciens[6] réunis par la maison de disques et dirigé par Marcel Hendrix. Un renfort indispensable : la nuit du réveillon, ils ont enchaîné quatre galas, au Casino municipal de Saint-Raphaël, au Palm Beach à Cannes, puis au Negresco à Nice avant de terminer à cinq heures du matin au Casino municipal de Menton. Elle gagne alors trois cents francs par gala, environ cinq cents euros.

À Marseille, le jour où Jean-Marie la retrouve, des jeunes fans l'attendent sur le quai de la gare Saint-Charles : en chandail rouge d'étudiante, elle vient de faire la une de *Paris Match* accompagnée du titre « Millionnaires à 18 ans[7] ». À l'intérieur du magazine, des photos en noir et blanc d'elle et de Sylvie Vartan, l'autre jeune chanteuse en vogue.

Une photo[8] la montre à Marseille, encerclée par des curieux se pressant autour d'elle. Des lycéennes en jupe plissée, de jeunes garçons en duffle-coat. Des visages rieurs lui tendent des papiers à signer. Ils écoutent les chansons de Françoise Hardy dans l'émission *Salut les Copains*, dans les surboums ou sur les juke-box des bars autour de la préfecture. Beaucoup ont reçu le dernier disque à Noël. Au premier plan, épaule contre épaule, le visage extatique d'une lycéenne dans un imper clair, dont la jeune chanteuse dédicace le cahier. En quelques mois, elle est passée du giron maternel de la rue d'Aumale à l'affolement des bains de foule. Après avoir distribué quelques photos sorties de son sac, elle s'extrait sans un sourire, déconcertant le chroniqueur de *Marseille Magazine* qui lui trouve une banale allure de collégienne. Comme son pianiste, l'attitude de Françoise Hardy intrigue les journalistes, qui ne soupçonnent pas la gosse effrayée sous le masque impassible. « J'étais une bête curieuse. Ça intéressait plus les gens de me voir que de m'entendre », confiera-t-elle des années plus tard[9].

Une chanteuse qui se désintéresse de la scène, Marcel Hendrix n'en a encore jamais rencontré. Dans la loge, la mallette en cuir noir dont elle ne se sépare pas est posée à ses pieds. Elle semble contenir toute sa vie : mouchoirs, pommes, peluches, livres, trousse de maquillage, brosse à cheveux, foulard, lunettes, transistor, magnétophone… Une housse contient une jupe en cuir, un pull, une robe de scène noire avec des manches en mousseline de soie griffée Marie-Martine, 85, rue des Saints-Pères. Une maison de prêt-à-porter de luxe où travaille la belle-mère de Marcel Hendrix[10] et qui habille Brigitte Bardot.

Françoise se maquille seule et peu. Trait d'eye-liner allongeant le regard, un peu de poudre. À l'aide d'un bâton à lèvres de couleur chair, elle gomme ses lèvres qu'elle juge trop rouges, trop pulpeuses. Ongles limés court. Cheveux brillants, toujours propres. Elle n'aime guère son image. À force de lui répéter qu'elle était laide, sa sorcière de grand-mère l'a privée de sa séduction. Fascinée par sa routine minimaliste, une journaliste qui l'a suivie en tournée remarque qu'en dépit de ce maquillage succinct, elle est d'une admirable beauté.

Pour tuer le temps entre les quatre murs nus de la loge, au Gymnase, elle consulte son horoscope dans un quotidien tandis qu'un photographe local se déhanche en quête d'un angle flatteur. Avant les concerts, elle panique. Pour apprivoiser son trac, Hendrix lui fait parfois danser le twist. C'est un grand blond au regard clair, un beau garçon qui ressemble à un acteur américain. Lorsqu'il lui a demandé pourquoi elle l'avait choisi, lui, elle a parlé… de sa stature : on lui avait recommandé de sélectionner un accompagnateur plus grand qu'elle, a-t-elle dit, franche comme le fil d'un rasoir[11]. Le pianiste n'est pas au bout de ses surprises. Ce soir, il recourt à une autre astuce pour la détendre : « Françoise, ne rentre pas, nous enlevons nos pantalons. » Elle accourt et éclate de rire devant le spectacle de l'orchestre en slip et chaussettes[12].

Faire face au public est une épreuve. La salle est plongée dans l'obscurité, elle ne distingue aucun visage. La force muette possède le pouvoir d'un fauve dans les ténèbres. Cette eau noire, glaçante, elle doit la traverser sans savoir nager. L'artiste n'a pas le droit à l'erreur. Craignant d'oublier le texte d'une chanson, elle l'a recopié au stylo à bille dans le creux de sa main. Elle redoute l'extinction de voix. Dans un casino, un soir, le micro est tombé en panne alors qu'elle chantait. Solitaire devant la savane bruissante, papier qu'on froisse, frôlement d'étoffe, elle a affronté quelques secondes la menace avec effroi. Dans une toux, elle a cru déceler des atomes de malveillance. Elle a détalé dans la coulisse en larmes. Un cauchemar, un guet-apens. Comme chercher la sortie dans la cohue de la gare Saint-Lazare un soir de coupure de courant. Incapable d'improviser ou de jouer avec l'imprévu, elle a sangloté dans sa loge. Puis elle est revenue.

En scène il faut s'autoriser à se lâcher, jouer, renouer avec la liberté de l'enfance, mais la petite silencieuse a-t-elle eu une enfance ? Dressée au contrôle de soi dès le berceau, elle ne connaît rien d'autre. En scène, son corps est muet. Il se refuse. Si la jambe gauche trémule un brin, le buste affecte la raideur d'un pied de micro. Seul un éclat mat distingue le noir de sa robe de la nuit du plateau. Timide et audacieuse, elle est capable de monter sur scène devant une audience pour chanter des paroles par elle-même écrites, mais refuse de se donner en spectacle. Pas de mise en scène, pas de jeux d'éclairage, pas de rôle fictif, ni d'émotions simulées (colère, tristesse, gaieté, joie), pas de transe non plus, de mimiques expressives, de frénésie : aucun artifice. Ses musiciens jugent leur chanteuse terriblement complexée. En boîte de nuit, elle se dérobe, s'engloutit dans un fauteuil de crainte qu'on ne l'invite à danser. Elle n'a jamais su entrer dans le rythme, partager la piste avec d'autres. « Sur scène, elle était empêchée. Elle ne savait pas bouger », dit son bassiste Ermes Alesi[13]. Hardy n'a appris ni à placer son corps, ni à composer un personnage. Elle envie à des artistes comme Sylvie Vartan leur aisance scénique, sans parvenir à les imiter. L'assurance est le fruit d'un apprentissage : Sylvie Vartan fait du cinéma depuis l'âge de sept ans, Johnny Hallyday est un enfant de la balle. Leurs pavanes sont longuement usinées avant chaque spectacle. Des showmen accomplis. Et puis le répertoire de Hardy, composé de ballades, ne se prête guère au spectacle. Sobre et lointain, son jeu de scène est un non-jeu de scène. Une forme d'absence. Refusant le factice, elle offre « un "je" sans jeu ». « Quelque chose » s'offre à la lumière, une présence mécanique pareille à celle d'un non-acteur dans un film de Robert Bresson. Elle ne paraît pas, elle est. « Le vrai est inimitable », a écrit Bresson[14].

Le public, lui, aime cette absence de geste ou de danse. Sa non-présence possède un vif pouvoir de suggestion dont chacun s'empare, subjugué par le visage hypnotique d'une clarté inexplicable, le timbre vocal non truqué. Elle semble parler à un seul, offrant sa conversation calme qui parle d'amour, de chagrin. Sa fragilité, la grâce ténue de ses apparitions bouleversent. Suspendus à son jeu au fil du rasoir, certains redoutent la chute. Ou peut-être la désirent. Des décennies plus tard, des spectateurs décrivent une vive émotion en sa présence[15]. Dans la pénombre, elle a noué avec chacun une relation personnelle. « Une carapace me condamne à une économie de gestes qui m'est bénéfique, m'obligeant à extérioriser mes sentiments avec ma seule voix, mes yeux seuls, mon visage. Je suis une statue immobile qui chante », dit-elle[16].

Sur scène, Françoise Hardy possède l'élégance retenue du funambule. Ce qu'elle montre importe moins que ce qu'elle... cache. Le public sent qu'elle est intègre, entière. Invité à la rêverie, il est captivé par la dormeuse éveillée qui lui murmure des bribes intimes d'une voix distanciée. Elle possède un de ces visages impassibles, surface idéale pour projeter tout ce que chacun a envie d'y voir.

La posture de Hardy, qui parle d'amour et apaise, est d'une essence très chrétienne, au fond. Son refus de tricher et de mentir, et même une certaine pureté, son courage, sa patience, sa quête d'excellence, tout dans sa manière d'être respire l'enseignement chrétien. Sa droiture, sa rigueur, sa sobriété presque austère, son intransigeance la rapprochent même du jansénisme. Sans compter sa vision doloriste, la mélancolie, le côté « la vie est une vallée de larmes ». Rétive et sérieuse, elle délivre son tour de chant en automate pressé d'en finir. Huit titres, ceux des deux premiers 45 tours enregistrés en 1962 : *Tous les garçons et les filles*, *J'suis d'accord*, *Oh, oh, chéri*, *Le Temps de l'amour*... À chaque chanson, elle est ovationnée. À la dernière, elle se retire, ignorant les rappels. Le public peut exploser, conspuer le présentateur venu introduire le numéro suivant, elle ne reviendra pas : elle est déjà dehors[17]. Le retrait est sa manière.

Ce soir de janvier 1963, Jean-Marie Périer l'emmène dîner. Françoise adore sa compagnie. Le photographe est séduisant, son univers la fait rêver, il jouit du prestige de ses parents célèbres, François Périer et Jacqueline Porel. Il connaît tout le monde, il a voyagé, il a reçu une éducation privilégiée, il est sociable. Il a toujours plein d'histoires à raconter, en particulier sur les autres chanteurs qu'il photographie. Le séduisant Daniel Filipacchi a rompu avec la jolie Sylvie Vartan, la jeune chanteuse d'origine bulgare. Leur liaison clandestine était compliquée car Filipacchi était marié avec une journaliste. Daniel a fait enregistrer à Sylvie son premier disque chez Decca, où il était directeur artistique[18]. Sylvie est la petite sœur d'Eddie Vartan, auteur de l'indicatif de l'émission *Salut les Copains* et compositeur aussi de ses chansons, ce qui fait rêver Françoise car il est talentueux. Jean-Marie lui raconte la relation de Johnny avec l'actrice Patricia Viterbo, un mannequin de Christian Dior un peu plus âgée que lui. Et puis il fait rire Françoise. Les fines rides qui encadrent sa bouche se creusent à chaque sourire, lui donnant quelque chose d'enfantin. Sa gaieté est contagieuse, d'autant qu'elle-même peut être très drôle. Françoise est la personne avec laquelle il a le plus ri dans sa vie. Un vrai clown, parfois. Il apprécie sa forme d'humour : elle se moque d'elle-même. Championne de l'autodérision, elle le fait rire aux larmes en raillant ses faiblesses, ses erreurs, ses gaffes. Françoise qui rit, Françoise qui pleure. Hendrix observe la métamorphose. « Avant l'arrivée de son fiancé, elle était indifférente à tout. Mais il la fait rire et, pour elle, c'est important, essentiel : elle aime ceux qui la font rire, de même qu'elle adore les histoires un peu "lestes" », dit-il... Si une photo d'alors montre une Françoise Hardy rieuse, c'est que Jean-Marie n'est pas loin.

Lui, il aime tout chez elle, sa grâce, sa gaucherie émouvante. Il admire aussi son audace, inscrite dans son nom : hardie, cette fille désarmée qui a frappé seule aux portes des maisons de disques, sans le moindre appui. Sa détermination l'impressionne. Résolue et courageuse, elle habite son nom[19]. Il aime sa conversation, elle utilise toujours le chemin le plus court entre la parole et la pensée. « Elle est rare, elle ne ressemble à personne d'autre[20]. »

Est-ce ce soir-là qu'il lui raconte le secret de ses origines ? L'année de ses seize ans, un amant de sa mère lui a brutalement révélé les circonstances de sa conception. Brandissant un disque sous son nez, il lui a dit : « Ton père, c'est pas ton père. Ton père, c'est lui. » Sur la pochette, un musicien noir entouré de guitares. Henri Salvador, un type dont il ignorait même l'existence. « Imagine le choc. » Jusqu'à cet instant, l'adolescent se savait le fils de François Périer, ignorant ne pas être son enfant biologique. Comment l'aurait-il soupçonné ? Lorsque Jacqueline Porel a quitté François Périer, les enfants sont restés chez lui. Jean-Marie, Jean-Pierre et Anne-Marie, tous ont été élevés par l'acteur. « L'expression "le ciel me tombe sur la tête" me semble un peu courte pour décrire mon état », relate Jean-Marie[21]. Lui qui se destinait à une carrière de musicien de jazz arrête aussitôt la musique. « Depuis, j'improvise. »

Bouleversée, Françoise Hardy, minée par les mêmes fêlures, tombe amoureuse. Tous deux sont des enfants adultérins, des bâtards comme on dit alors.

Après le dîner, Jean-Marie la raccompagne au Grand Hôtel de Noailles, un vieux palace de la Canebière, où les maisons de disques logent les vedettes en tournée. Ils traversent le hall jusqu'à l'ascenseur. Ils se regardent. Elle entre sans un mot, il suit sans réfléchir. L'ascenseur monte. Elle ouvre la porte de sa chambre, la laisse ouverte. Il lui emboîte le pas. Elle jette sa cape à carreaux écossais sur un fauteuil. C'est fait. Ils sont ensemble. Sans l'avoir vraiment décidé, dira-t-il[22]. C'est leur première vraie rencontre amoureuse : elle vient d'avoir dix-neuf ans, il en a vingt-trois. Le lendemain, un journaliste lui demande ce qu'elle a fait la veille, à Marseille, après le spectacle. Mangé quinze crêpes à la confiture, répond-elle.

Le 1er février 1963, l'émission *Cinq colonnes à la une*, le magazine d'information de l'ORTF, diffuse un reportage tourné rue d'Aumale. La petite chambre d'étudiante est devenue un haut lieu de folklore adolescent, la grotte de Massabielle du yéyé hexagonal. La caméra s'attarde sur le secrétaire, meuble-pupitre apparu dans les années cinquante dans les appartements exigus en même temps que l'allongement des études. Livres et fournitures scolaires y sont rangés. Équipée d'une clé permettant de cacher des secrets, la tablette à rabat offre un gain de place. Souvent, le secrétaire est le seul lieu privé d'un adolescent, une maison dans la maison, un refuge. Au mur, quelques photos de vedette punaisées (Jacques Perrin, Elvis Presley, ce jour-là). Toujours dans une vitrine, la poupée flamenco. Françoise Hardy chante *L'amour s'en va* en s'accompagnant à la guitare, de sa voix sans maquillage, qui va au plus simple pour dire ce qu'elle ressent.

— C'est pas très gai, dites-moi.

— J'aime les chansons tristes.

— Ça veut dire que vous êtes triste ?

— Non, beaucoup de gens me trouvent très gaie.

— Bon alors, la chanson… Y a d'autres choses que vous aimez, dans la vie ?

— Oh (on entend un minuscule « o », comme un petit soupir). Il n'y a que ça qui me plaise pour le moment. Et puis j'ai pas le temps pour autre chose.

— Une qualité qui vous plaît ?

— La bonté.

— C'est une qualité chrétienne, la bonté. Vous êtes chrétienne ?

— Oui.

— Vous croyez en Dieu ?

— Oui.

— Vous pratiquez ?

— Je pratiquais, oui, moins en ce moment car je chante le samedi soir. Je pratiquais un peu par habitude mais comme je trouvais qu'il s'agit d'une bonne habitude, je voulais la conserver.

À chaque question, elle marque un temps d'arrêt, réfléchit, répond avec une lenteur précise.

— On dit que vous symbolisez une génération. Vous avez l'impression que vous symbolisez une génération ?

Elle se rétracte, faon piqué par un insecte.

— Ah ça alors, je déteste les grands mots.

Rare, son honnêteté scrupuleuse, même dans ces années-là. « La probité exacte, souveraine, nette comme l'or[23]. » Cette sincérité fière et inflexible, elle l'a gardée toute sa vie.

Deux ans plus tard, deux millions et demi de disques se sont écoulés.

La fiancée du photographe

C'est la nouvelle esthétique : visage pâle, yeux tristes, dos voûté, bras et jambes longs et maigres, buste plat[1].

Dans un livre de photos, le critique Michel Cressole s'interroge sur l'essence des stars. Qu'ont-elles de plus que nous ? se demande-t-il. Sa réponse est élémentaire : elles sont plus photographiées. Des images, un débordement d'images. Françoise Hardy a été très photographiée. Sans sa photogénie, elle ne serait pas devenue une star internationale.

De quatre ans son aîné, son fiancé photographe l'a servie avec générosité. L'accumulation de photos a fait sa renommée. « C'est mon travers. Je n'ai jamais pu m'empêcher de "pygmalionner". Ce qui m'a toujours procuré un sentiment étrange de préparer celle que j'aime pour un autre[2]. » C'est pour le public que Jean-Marie a préparé Hardy. Certes, avant même de le rencontrer, loin d'être « une fille comme tant d'autres », elle possède une beauté, un magnétisme qui n'appartiennent qu'à elle et a séduit les téléspectateurs dès sa première apparition. À cette fille compliquée, il a permis d'entrer en complicité avec le public.

Jean-Marie Périer l'a épaulée toute sa vie. Dans ses mémoires, Françoise Hardy reconnaît une partie de sa dette. Le jeune homme lui a ouvert l'esprit, dit-elle. Il lui a fait découvrir le cinéma. Il lui a appris l'importance de l'esthétique. Il lui a montré comment se tenir, échanger avec les autres : il a arrondi – un peu – ses manières. Il a façonné ses décors. Si elle n'a pas suivi toutes ses leçons de savoir-vivre, elle l'a écouté lorsqu'il la conseillait sur sa carrière. Il l'a poussée à faire du cinéma, à accepter des tournées... Jean-Marie Périer a certainement fait tout cela, et plus encore. Il l'a imposée sans relâche dans les pages de *SLC* et de *Mademoiselle Âge Tendre*, dirigé par sa sœur Anne-Marie, magazines dont le tirage allait jusqu'au million d'exemplaires pour l'un et cinq cent mille pour l'autre. Son protecteur, Daniel Filipacchi, propriétaire des deux titres, laissait carte blanche à son protégé. Puis d'autres photographes lui ont emboîté le pas, fabriquant la riche iconographie qui assure à une vedette une longue existence.

Tomber amoureuse d'un photographe, c'est un peu s'éprendre de sa propre image. Une bonne idée, en tout cas, lorsqu'on entame une carrière dans la célébrité au début des années soixante. D'autres ravissantes de l'époque ont fait le même choix, comme Jean Shrimpton, surnommée la Shrimp (la crevette), reine des beautés du Swinging London liée au photographe de mode

David Bailey. Modèle du Thomas de *Blow-Up*, ce Vadim cockney sera aussi le compagnon de Catherine Deneuve et de Penelope Tree, dont il a lancé la carrière de mannequin. Durant sa liaison avec Jean Shrimpton[3], Bailey élabore son image dans les pages du *Vogue* anglais en inventant un genre de beauté presque austère. Le cinéma de la Nouvelle Vague et les films précurseurs, *Un été avec Monika,* chef-d'œuvre d'Ingmar Bergman avec Harriet Andersson, *Et Dieu… créa la femme,* le film de Vadim avec Brigitte Bardot, ou *À bout de souffle,* de Jean-Luc Godard, avec Jean Seberg, tournés en décors naturels et inventant des actrices spontanées, décoiffées, à peine maquillées sont sa source d'inspiration. Ainsi Bailey photographie-t-il la Shrimp dans les rues de New York sans coiffure ni maquillage, ou un maquillage plus allégé et une coiffure plus naturelle que ceux de ses prédécesseurs mannequins.

Quelqu'un a dit que son appareil photo, Bailey l'avait arraché des mains manucurées de Cecil Beaton pour le soumettre à ses propres exigences arrogantes et dédaigneuses. Féroce et sûr de lui-même, ce jeune talent a des origines plébéiennes. Né dans une famille aisée, Beaton photographiait les aristocrates et la famille royale britannique. Bailey, issu de la classe ouvrière de l'East End, s'intéresse aux gosses de prolo en quête de célébrité[4]. Lorsqu'il l'a rencontrée, Jean Shrimpton apprenait la sténo dans un cours de secrétariat. À la sophistication hiératique de Beaton (qu'il admire), Bailey préfère la spontanéité du geste et la photogénie des artères urbaines. Cadrage serré, fond blanc, pose minimale, Bailey a façonné l'image du Swinging London des années soixante, ou du moins celle qui en reste. Publiées en 1962, les images de Jean Shrimpton à New York vont faire école.

Quarante ans plus tard, examinant ses photos et celles de Kate Moss, Bailey a dit qu'il n'avait jamais compris pourquoi les gens les aimaient tant. « Il y a beaucoup de filles plus belles. Mais elles avaient ce charme démocratique, universel. C'est comme Dietrich et Garbo dans les films, elles ont juste un je-ne-sais-quoi qui les distingue. »

Comme David Bailey l'a dit de Jean Shrimpton, Jean-Marie Périer a affirmé qu'on ne ratait jamais une photo de Françoise Hardy. Pour la photographier dans les rues de Londres en 1966, il s'inspire de son confrère anglais, substituant l'exotisme du Swinging London à celui de New York. Sur des photos en petit format, on peut même confondre leurs deux modèles. Jean-Marie Périer a inventé l'image de Françoise Hardy.

Lorsqu'il la rencontre, pareille aux gens de son âge, elle s'habille comme un adulte de vêtements sombres, respectables, rassurants. En arrivant à Londres en mars 1963 pour participer au concours de l'Eurovision, elle est affreusement fagotée : lourd manteau de laine fermé par un col en faux astrakan, sac de dame grand comme une mallette de médecin. Elle semble avoir emprunté les vêtements de Madeleine.

Sous le regard de son amoureux, elle se découvre photogénique. Il lui apprend à se servir de son corps longiligne, à s'habiller, à se maquiller, à se coiffer. « Jean-Marie s'intéressait à ce que je faisais. J'avais toujours envie de dire non. Il avait une intégrité, un côté pygmalion. Il était mon aîné. Il venait d'une grande famille, il avait côtoyé tous les acteurs et les artistes, et m'impressionnait beaucoup. » Bienveillant et tendre, il sait dompter ses réticences. Elle suit ses conseils. Le jeune homme l'idéalise.

Dès 1963, elle lui exprime sa gratitude dans une chanson, *L'Amour d'un garçon*. Une reprise de *The Love of a Boy*, tube soul de Burt Bacharach créé en 1963 par l'Américaine Timi Yuro.

En adaptant les paroles en français, Hardy leur fait subir un glissement très révélateur de sa personnalité. De nombreux artistes ont interprété ce standard, dont Dionne Warwick qui, avec un éclat chaud et sensuel, célèbre la féminité. « The love of a boy can change a girl into a woman », dit le texte original, « l'amour d'un garçon peut transformer une fille en femme ». Dans sa reprise, Hardy lui donne une signification plus évanescente : « Moi qui avais peur de tout et rien, j'ai bien changé (oui, bien changé), tu as fait de moi, je le vois bien, tout autre chose. L'amour d'un garçon peut tout changer[5]. » Le garçon a fait d'elle tout autre chose, pas une femme tout court, comme dans la chanson américaine, mais « autre chose » qu'elle ne peut encore nommer.

L'ode à la sensualité est devenue une célébration de la mue, de la métamorphose.

Youthquake

Des barrières métalliques à chevrons dressées à la hâte contiennent la foule qui se répand comme un liquide. Pour voir le spectacle, les arbres, les auvents ou les marquises des boutiques et des cafés, les balcons, les lampadaires, les capots de voiture, tout devient plateforme sous l'objectif de photographes de presse anticipant les manchettes du lendemain. Sur le cours de Vincennes, des gamins sont même juchés sur l'imposante galerie du cinéma Luna-Nation. Les trois mille policiers en képi appelés en renfort se sentent dépassés.

Autant de jeunes dans les rues de la capitale, du jamais-vu. Aux abords de la place de la Nation, il y en a partout. Des garçons et des filles, des lycéens, des étudiants, des employés, des ouvriers. Une fête gratuite en plein Paris, un samedi soir, dans les années de Gaulle, personne ne voudrait manquer ça.

Les filles, c'est du souci,
Même quand c'est très gentil,
Yeah Yeah[1]

Au rythme enivrant de guitares Fender Stratocaster qui peinent à se faire entendre, quelques jeunes spectateurs détruisent les trop rares chaises mises à leur disposition à droite de la scène. Mal sonorisées, les paroles de la chanson des Chats Sauvages, elles, sont inaudibles[2].

Allons reviens danser
Allons reviens twister
Tu en auras des filles[3] !

Rien n'a été prévu pour permettre aux artistes d'accéder au podium dressé entre les colonnes du Trône. Dépêché en première ligne pour contenir le public, un escadron de gardiens de la paix tente d'ouvrir une brèche vers la scène aux cars de police où sont cachées les vedettes. Les organisateurs sont dépassés par leur propre succès. Le 22 juin 1963, pour célébrer le premier anniversaire du magazine *Salut les Copains*, Daniel Filipacchi et Frank Ténot donnent un concert en plein air.

« Venez tous samedi, place de la Nation, à 9 heures. Il y aura Johnny, Sylvie et Richard. Ce sera formidable. »

Par cette invitation laconique lancée durant l'émission sur Europe 1, Daniel Filipacchi a convoqué les jeunes auditeurs. Le magazine atteint chaque mois le million d'exemplaires, les organisateurs espèrent dix ou quinze mille spectateurs. Au programme du concert, les vedettes les plus populaires, Richard Anthony, Danyel Gérard, Sylvie Vartan, Frank Alamo, les Gam's, Les Chats Sauvages avec Mike Shannon,

Les Chaussettes Noires. Et, pour le final, le plus adulé, Johnny Hallyday. Né dans la même clinique que Françoise Hardy six mois plus tôt qu'elle, il a fêté ses vingt ans le samedi précédent. Élevé dans le monde du show-business, il a fréquenté l'école des enfants du spectacle et l'école de danse de l'Opéra, ce qui explique la fluidité de sa gestuelle[4]. À l'âge de quatorze ans, il dansait le flamenco sur scène avec ses cousins. Il maîtrise le rock, mais aussi le hully gully, le twist, le madison, le mashed potatoes… Johnny tourne depuis quatre ou cinq ans, partout ses concerts déclenchent mouvements de foule et petites émeutes qui accroissent sa notoriété[5]. À dix-huit ans, il a déjà vendu près de deux millions de disques. C'est lui le héros de la fête.

À 21 heures, cent mille spectateurs l'attendent. La nuit est bien entamée lorsqu'il monte enfin sur scène, accueilli par une clameur.

— Est-ce que vous êtes des vrais copains ?

Le public s'enfièvre, crie, applaudit.

— Est-ce que vous savez taper dans vos mains ?

Des paumes gigotent au-dessus des têtes comme une savane de bestioles roses.

— Est-ce que vous aimez le rock ?

La foule scande quelque chose, bientôt on distingue le nom de JOHNNY.

Ce public qui l'adore, Johnny Hallyday l'accueille à bras-le-corps. Derrière lui, jouant les premières notes de *Laissez-nous twister*, son orchestre bouge avec la symétrie machinale des Shadows sur scène. La chorégraphie faussement mécanique contraste avec l'érotisme de Johnny Hallyday, dont le pelvis est secoué de lascives convulsions plus ou moins inspirées du jeu d'Elvis Presley. « Un sexe avec une guitare », a écrit un journaliste[6]. L'étoffe fine du pantalon laisse par éclairs deviner le muscle en fuseau de la cuisse. « Johnny, Johnny », clame le public comme un chœur en liesse. Il répond par une transe du nombril virtuose qui fait ruisseler l'alpaga souple de sa veste, merveille sur-mesure coupée par des doigts d'or chez Jean Raymond Tailleur, boulevard Bonne-Nouvelle[7]. Sur un abribus, des silhouettes ondulent. « Un jour tu finiras dans la poussière et les bras en croix », hurle Johnny dont le visage de loup se creuse. Les cris couvrent sa voix, son groupe est inaudible, qu'importe, un fan entend chaque note, chaque parole dans sa tête. Toutes ses chansons écoutées sur son transistor, il les connaît par cœur. C'est le corps de Johnny qui le transporte, sa présence, son charisme, l'étalage de passion érotisée[8]. Son impact physique déclenche l'hystérie plus que sa musique. Sa longue et souple silhouette maîtrise à la perfection les maniérismes du rock. Lorsqu'il tombe à genoux, cuisses ouvertes, buste droit en malmenant une guitare, la foule transportée par une houle de plaisir se rapproche en renversant les barrières métalliques. Une fille en jupe corolle est évacuée par des secouristes de la Croix-Rouge dont l'un tient à la main une ballerine égarée. Pour faire tomber la pression, Johnny enchaîne sur un slow. Il déboutonne sa veste, dégageant des hanches étroites, des jambes très longues qui oscillent sur place. « Dans la nuit je file tout seul de ville en ville, je ne suis qu'une pierre qui roule toujours[9]... » Ses cheveux sont trempés. La blancheur de la chemise allume une tache phosphorescente dans la nuit tandis que son costume bleu marine se fond dans le bleu nocturne.

Longtemps après la dernière chanson, le public reste cloué sur place. Ceux qui ratent le dernier métro traversent la ville à pied ou se dirigent vers les discothèques de Saint-Michel fermant à 4 heures du matin. Ils attendront ensuite le premier métro dans les bars voisins.

— Tu sais, j'ai eu drôlement peur, raconte Sylvie à Françoise quelques jours plus tard dans le bureau de Daniel Filipacchi.

Le matin du concert, Europe 1 a affrété un avion en Camargue où Johnny et Sylvie tournaient un western[10] pour les ramener à Paris. Françoise, elle, a suivi une partie du concert à la radio. Elle terminait le tournage de *Château en Suède* dans les studios de Boulogne – un soir, au Club Saint-Hilaire, rue de Ponthieu, François Patrice[11], son animateur, lui a présenté le célèbre cinéaste Roger Vadim, ex-mari de Brigitte Bardot, qu'elle adule. Connaissant sa réputation de tombeur, elle est restée sur son quant-à-soi. Lui aussi a gardé ses distances. En fait, il avait un rôle pour elle dans son prochain film, *Château en Suède*, d'après une pièce écrite par Françoise Sagan. Sa romancière favorite ! Vadim lui a offert un rôle de femme-enfant, « une nymphe virginale qui vit recluse dans un château isolé par la neige ». Irrésistible !

Françoise Hardy s'est retrouvée aux studios de Billancourt où elle a tourné jusqu'en juillet.

Françoise et Sylvie ont commencé à chanter à quelques mois d'intervalle, elles ont des carrières parallèles. Tandis que la première partait en tournée avec Richard Anthony, la seconde faisait la première partie de Johnny Hallyday dans le cadre du Gala des Étoiles *SLC*. L'année précédente, c'est Sylvie qui tournait avec Richard Anthony. Entrées très jeune dans le monde du show-business, les deux jeunes filles sont très complices. Bosseuses et exigeantes, s'autodénigrant avec humour, l'une et l'autre parfois mélancoliques ou tourmentées par leurs chagrins amoureux, elles se comprennent. Chacune respecte le personnage de l'autre, si différent du sien. Ravissante Barbie blonde, Sylvie Vartan cultive une ultraféminité, robes de haute couture, talons hauts, coiffures soignées, chorégraphies enlevées. C'est une enfant de la balle. Avec sa chevelure de noyée, Françoise Hardy est une sorte d'Ophélie mutante.

— Et Johnny ?

Après avoir été éprise du séduisant Daniel Filipacchi, Sylvie est devenue la petite amie de Johnny Hallyday. Cela réjouit Françoise : en février, alors qu'elle chantait à l'Olympia, Sylvie dans sa loge s'enfonçait des épingles à chapeau dans le bras[12]. Elle venait d'apercevoir son bien-aimé dans la salle en compagnie de son épouse... Jean-Marie Périer n'avait pu assister au concert de Françoise et consolait Sylvie en larmes.

— Johnny ? Il a adoré !

À la Nation, Sylvie a chanté avant lui en clôture. De la coulisse où elle attendait d'entrer en scène, elle a soudain entendu un son de pluie tambourinante monter de la foule. « Ils crient ton nom », a dit quelqu'un. Sylvie, Sylvie... Des dizaines de milliers de gamins scandaient son prénom sans le moindre égard pour le groupe en train de jouer. Dans sa robe en mousseline à pois, elle a frissonné.

— Entendre son nom clamé par tant de gens, c'est un peu effrayant. Je me suis sentie bien seule.

Le blond platine crée un halo lumineux autour de son visage, hâlé par le séjour dans le Sud. Françoise la trouve beaucoup plus jolie, beaucoup plus féminine qu'elle. Et puis elle s'habille toujours très bien.

— Je me serais enfuie, moi !

— Impossible ! Pour arriver jusqu'à la scène, Johnny et moi avons dû rejoindre un commissariat, les flics nous ont cachés dans un panier à salade qui a traversé la foule !

Françoise Hardy se réjouit d'avoir échappé à ça, elle qui n'a jamais chanté devant plus de cinq cents personnes. Pour Sylvie, c'est différent, elle n'était pas si seule puisqu'elle est toujours accompagnée de l'orchestre d'Eddie, son frère aîné.

La fête de la Nation est un tremblement de terre organisé par des blousons noirs, à croire la presse du lendemain. « Quelle différence entre le twist de Vincennes et le discours d'Hitler au Reichstag ? » n'hésite pas à écrire *Le Figaro*[13].

« Salut les voyous », titre un éditorialiste[14] de *La Lettre de la Nation*, l'organe gaulliste. Des branches cassées, une vitrine de café enfoncée par mégarde, de la tôle froissée, des rétroviseurs arrachés. Pas de bagarre, en réalité, mais une bousculade sans précédent, quelques évanouissements, un peu de casse. Rien de grave, en fait. Le vrai choc est ailleurs. L'élan débridé a surpris les vieux, les croulants : ce moment d'ivresse juvénile, le lyrisme de la surprise-partie géante, le twist dansé dans la rue. Un nouveau rapport de forces culturel entre jeunes et adultes s'est imposé.

« Un grand meeting twisté », selon le sociologue Edgar Morin. Quinze jours après le concert de la Nation, il décrypte le phénomène dans les pages du *Monde*, un brillant article publié sous le titre « Salut les Copains »[15]. Quel nom donner à cette nouvelle catégorie qui représente en France sept millions de personnes ? Pour désigner les 12-20 ans, les Américains, qui ont inventé la jeunesse, utilisent le mot *teenager*, que le sociologue traduit par le peu convaincant « décagénaire ». Dès 1963, Morin a bien compris le sens de ce concept : une nouvelle classe d'âge, de nouveaux modes de consommation. « Les jeunes effectivement, poussés par le rock à la citoyenneté économique, s'équipèrent en tourne-disques, en radios transistors, se fournirent régulièrement et massivement en 45 tours », note-t-il avec une certaine ironie. Croissance économique et mutation sociale vont de pair.

Dans cet article, Françoise Hardy tient une place de choix : la première. « Au premier rang, comme auteur-compositeur-interprète, je mettrais Françoise Hardy, qui mute toute prose en poésie, toute poésie en musique. » Pour dépeindre l'âme de cette génération, il cite ses paroles : « Je sais bien que la vie est brève. Et j'en ai fait le tour », extraits de sa chanson *Comme tant d'autres*, qu'il a entendue sur la face B d'un 45 tours de Françoise Hardy qui vient de sortir. Sur la face A, sans surprise, *L'amour s'en va*... Sur la pochette, elle arbore un chandail gris qu'on dirait tricoté par sa grand-mère. Elle ne s'habille pas, elle se vêt. Une chose a échappé à Edgar Morin. Françoise n'a pas participé au concert de la Nation puisqu'elle était en tournage.

Dans les années soixante, la jeunesse émerge donc comme un groupe social distinct. Dans un éditorial du *Vogue* américain, l'influente rédactrice Diana Vreeland a baptisé ce phénomène le *Youthquake,* un néologisme imagé et intraduisible, quelque chose comme « la secousse sismique de la jeunesse[16] ». Un coup de jeune. Avant la guerre, l'argent gagné par un adolescent allait dans la poche de ses parents et améliorait le budget familial. Après la guerre, l'expansion économique améliorant le revenu des parents, ceux-ci permettent souvent aux jeunes de conserver leurs gains. Étudiants ou lycéens, les jeunes Américains trouvent facilement des petits boulots ou un emploi, la natalité ayant été particulièrement basse après la Grande Dépression. Avec leur argent, ils s'offrent des objets dernier cri, disques, vêtements, radio-réveil, transistor, rasoir électrique, tourne-disque, places de concert ou de cinéma, appareils photo, scooters et même des voitures d'occasion. Pour la première fois, des 16-20 ans jouissent d'un vrai pouvoir d'achat, devenant aussitôt un nouvel enjeu économique. Des produits qui leur sont exclusivement dédiés se développent aux États-Unis, magazines, musique, mode, décoration, sport... Un jeune est construit comme une catégorie distincte de consommateurs par un capitalisme américain qui accroît les performances de son industrie. Le premier numéro de *Seventeen*, un hebdomadaire lu par les 12-18 ans, date de 1944. Conçu pour les annonceurs comme un guide de shopping, ce titre encourage les juniors à consommer en préparant leurs désirs et en façonnant goûts, besoins et aspirations. En juin 1954, *Life Magazine* consacre aux ados une grande enquête : « The luckiest generation ». La génération la plus gâtée. Un nouvel éden commercial surgit. Désormais, les adolescents choisissent leurs vêtements, leurs loisirs, les plats qu'ils aiment, leurs cosmétiques et influencent les choix de leur famille.

La France catholique, terre rurale et puissance coloniale, devient un pays urbanisé, industriel et athée. Privée de ses colonies, elle se laisse coloniser par l'Amérique. La transformation est brutale et excitante. Dans une américanisation forcenée, la France adopte de nouveaux produits comme le rock'n'roll et les magazines pour ados. Elle va suivre le modèle avec un contexte démographique différent. En 1959, dans un ouvrage titré *La Montée des jeunes*, le démographe Alfred Sauvy se réjouit qu'après deux siècles de vieillissement « de jeunes pousses soient apparues sur le vieil arbre ». L'expansion démographique semble de retour – en fait la natalité rebaissera à partir de 1965. Dans le premier numéro de *Salut les Copains*, la consommation fait son entrée avec un mode de traitement spécifique. Ainsi la rubrique « mode » est-elle présentée par une chanteuse. Elle est montrée en noir et blanc, avec une proximité qui se rapproche des photos de *streetstyle* actuelles. Dans le premier numéro, Sylvie Vartan porte un polo Lacoste trouvé au rayon garçonnet et propose trois transformations à partir d'un jean emprunté à son frère : d'abord en effrangeant l'ourlet, ensuite en coupant les jambes pour obtenir un bermuda, enfin en transformant le bermuda en short. Une mode unisexe, déjà.

« Nous avons inventé la jeunesse », a expliqué Jean-Marie Périer[17]. Avant guerre, la jeunesse n'existait pas. Brouillon destiné à la corbeille en attendant la mise au propre de l'âge adulte, elle ne faisait pas l'objet d'égards particuliers.

Hardy les cœurs

La célébrité enferme, surtout lorsqu'elle s'abat sur une tête de dix-huit ans. Elle offre tant de séductions apparentes, la gloire, la fortune, le pouvoir, qu'elle condamne souvent à se parodier. Beaucoup de jeunes vedettes, toute leur vie, composent le genre de chansons ou se figent dans la posture qui les a rendus célèbres. La renommée impressionne et fausse les rapports humains. Après avoir été un baume, elle peut devenir suffocante. Elle offre des compensations narcissiques mais ne répare rien. Autour de Françoise Hardy, elle tisse déjà un cocon isolant. Par nature, les autres la mettent mal à l'aise. Elle ne sait pas aller vers eux, nouer une relation légère. À l'école, elle se sentait trop grande ou trop jeune ou trop différente, à présent l'aura du succès la hisse sur un piédestal. Elle se sent comme une bête curieuse, un animal de cirque. Une Lola Montes en T-shirt. Lorsque des inconnus la submergent de leur enthousiasme louangeur et saugrenu, elle voudrait fuir : elle éprouve un sentiment d'imposture. C'est vrai pour les autres, aussi, Sylvie Vartan, Johnny Hallyday,

Sheila, dont elle est devenue l'amie, ceux que *Salut les Copains* surnomme les « idoles du yéyé », Françoise en a parlé avec eux. Dans une star, chaque fan ne projette rien d'autre que des images tirées de son carrousel de diapositives portatif. Elle n'est qu'une surface de projection, un écran, un mur blanc. Johnny en joue, alimentant sa légende avec des inventions, des « mensonges monstrueux[1] ». Françoise Hardy, elle, vient d'exprimer son malaise avec une chanson, *Une fille comme tant d'autres*, qui pourrait bien s'adresser au fan en face d'elle :

Pourquoi donc vouloir à tout prix que je sois différente ?
Pourquoi me vouloir plus jolie ou plus intéressante ?
Regarde-moi bien !
Ça n'est pas ma faute
Si je ne suis rien
Qu'une fille comme tant d'autres[2].

Ce jour-là, elle ne voit pas comment fuir. Elle a tenté de se dérober, mais Madeleine Hardy a réservé une petite salle de restaurant afin qu'elle rencontre les membres de son fan-club.

— Ça me barbe, répète la jeune chanteuse.

L'ascendant hypnotique qu'elle exerce sur des lycéens la gêne. Qui vénèrent-ils ? Une forme creuse, une chimère, un masque. Un personnage. Leur adoration extatique embarrasse celle qui ne se vit pas comme une vedette. Parce qu'ils écoutent ses chansons, entrent dans son rythme, ils croient la connaître. Elle va se retrouver devant trente personnes énamourées, alors qu'elle n'a rien à faire de leur amour et ne peut se mettre sur le même registre. Mais sa mère, au téléphone, se montre ferme.

— Viens, ils t'attendent avec des cadeaux.

— Oh ! Des cadeaux… Mais je n'ai besoin de rien…

Trente cadeaux, en plus ! Trente sourires crispés à distribuer.

— Ce sont des offrandes… Ils sont si dévoués, fais un effort.

Pour qui souhaite approcher la jeune chanteuse dans les années soixante, Madeleine Hardy est incontournable. Elle détermine, elle guide, elle régente, elle pilote. Rien ni personne n'échappe à sa vigilance. Manageuse, coach, comptable, elle planifie l'emploi du temps, négocie les contrats, administre les tournées, donne son avis sur la moindre décision – sans y être invitée. Françoise soupire mais laisse faire. Madeleine gère les finances de la chanteuse, facturation, impôts. Qui dit comptabilité dit règlement de comptes, songe parfois Françoise. Madeleine garde la main sur elle. Elle vit par procuration la réussite de sa fille, qui place l'argent qu'elle gagne[3].

Devant le succès fulgurant de la chanteuse, les disques Vogue ont recruté un vrai manager, Lionel Roc, ancien assistant de l'impresario Johnny Stark[4], chargé de l'organisation des tournées et des émissions télévisées. Pour répondre à son courrier, il a eu l'idée de faire appel aux fans qui ont fondé l'Association internationale Françoise Hardy (AIFH). En guise de remerciement, il les invite sur les plateaux télé ou dans d'excellents restaurants. Les jeunes fans de Françoise l'adorent. Un seul obstacle, Madeleine Hardy. Elle l'a aussitôt détesté. Avec elle, cet ancien danseur du Lido, grand, beau, bisexuel, se heurte à un iceberg. Un homme entre elle et sa fille ! « Elle ne supportait pas Lionel. C'était une grande dame, avec de la prestance et du charisme. Personne ne trouvait grâce à ses yeux. Elle veillait sur sa fille avec une autorité jalouse. Possessive, elle faisait le vide autour d'elle », dit Jean-Pol Hillard, jeune membre du fan-club[5].

— Ne sois pas fainéante, rejoins-nous.

Prérogative de mère, elle se permet de dire à sa fille ce que personne d'autre n'oserait lui dire.

— De quoi as-tu peur, Françoise ?

Sa fille soupire dans le combiné.

— Je ne comprends pas ce qu'ils me veulent.

— Te voir ! Tu n'as rien à craindre !

— Ça me barbe !

— Ne me déçois pas, Françoise…

Soupirs.

— Bon, j'arrive. Mais je ne me change pas.

Les très jeunes fans l'ont compris, pour entrer en contact avec leur héroïne, amadouer la mère. « Madeleine Hardy ? Le miroir de Françoise. Psychorigide mais gentille », dit l'une d'eux[6]. Ils ne lui posent jamais de questions directes sur la chanteuse, mais par petites touches parviennent peu à peu à connaître sa vie.

— Vous êtes sûre qu'elle va venir ?

Vêtue sans recherche, de vêtements ternes, la chanteuse ouvre la porte du restaurant.

Ils sont une dizaine, debout, à la dévisager. Ouf, il y en a moins que prévu. En dépit du chandail gris d'étudiante, du pantalon poché aux genoux, elle est encore plus belle que sur les photos. À l'idole qui la dépasse d'une tête, une jeune fille tend un paquet enrubanné, accueilli sans un sourire. Elle s'appelle Marie-Hélène Taphorel. À treize ans, elle a vu Françoise Hardy chanter à la télévision *Tous les garçons et les filles*[7] lors de la fameuse nuit du référendum. Coup de foudre[8]. Sa mère lui a offert le disque et un électrophone. Depuis, elle rentre de l'école en courant pour ne pas manquer le début de *Salut les Copains*. Elle est sous le charme. Le charme, a dit le philosophe Jankélévitch, est un rapport, une espèce d'amitié, un cœur qui trouve un écho dans un autre cœur. Marie-Hélène collectionne les 45 tours de Françoise et découpe les articles qui lui sont consacrés pour les coller dans de grands cahiers, recopie les titres du hit-parade. Les chansons intimistes de la chanteuse l'ont introduite dans le monde indéfinissable de ses états d'âme, elle a mis des mots sur ses émotions, comme si elles étaient en secrète correspondance. Puis, grâce à une copine de catéchisme, elle a rejoint le fan-club de Françoise Hardy. Depuis, chaque jeudi à cinq heures, elle rejoint une poignée de jeunes bénévoles dans un appartement parisien pour répondre au courrier – en majorité jeune et féminin – de la chanteuse sous la houlette de Lionel Roc. Marie-Hélène colle des enveloppes après y avoir glissé une photo dédicacée, une carte postale fournie par Vogue[9]. Au début, Françoise Hardy lisait les lettres adressées par des gens de son âge ou plus jeunes, qu'elle recevait par dizaines. Depuis qu'elles arrivent par centaines, elle se sent envahie et elle a renoncé à répondre : si certains demandent une simple photo dédicacée, d'autres s'épanchent, confient leurs déceptions et leurs espoirs.

Marie-Hélène rêvait de rencontrer Françoise Hardy en chair et en os, elle a longuement réfléchi à sa tenue. Pour célébrer l'événement, sa mère lui a offert une mise en plis chez le coiffeur.

— Je vous admire d'écrire des mélodies aussi... belles... vous savez... me... nous... toucher, balbutie-t-elle.

Sur le plateau que lui tend le serveur, la chanteuse choisit un jus d'orange. Recevoir des compliments est simple, lui a dit Madeleine : il suffit de répondre « oh, merci ! » avec un sourire. Hardy reste muette. Alors qu'elle dénoue le bolduc avec une extrême lenteur, le regard de Marie-Hélène se pose sur elle. Les longs doigts défont les nœuds avec minutie. Les ongles ne sont pas manucurés. Elle n'a pas songé à se mettre en valeur, pense Taphorel. On dirait le brouillon de Françoise Hardy. Pourtant sa beauté, la perfection irréelle de sa beauté, emporte tout. Comme son idole, Marie-Hélène a été élevée par des femmes seules, elle aimerait lui parler de garçons, de musique, de livres, de cinéma, de mode, de leurs vies qui se ressemblent... Ou simplement la remercier de tous les bons moments que lui donnent ses chansons. Dans le papier de soie, une lampe :

Françoise Hardy illumine sa vie. Sensible au symbole, la chanteuse comprend le message de ce cadeau qui fait vibrer sa corde sensible. Embarrassée, elle se raidit.

— Il ne fallait pas. J'ai tout ce qu'il me faut, bredouille-t-elle avec un sourire forcé à l'adresse de la jeune fille qui n'a cessé de l'observer.

La joie de recevoir ne va pas de soi. Le déballage en public gêne la chanteuse, elle aimerait, comme une Japonaise, saisir le paquet des deux mains avec une inclination à peine appuyée, et l'ouvrir après le départ du donateur. Elle ne sait pas accueillir un cadeau avec naturel. Comme si elle n'y avait pas droit, elle ne sent qu'une gêne irrépressible. Sa mère lui ôte la lampe des mains, la dépose sur la table avec d'autres présents.

Marie-Hélène ne saura jamais si elle lui a fait plaisir et la regarde faire le tour de ses invités. Ses longs cheveux raides brillent sous l'éclairage, dégageant un parfum chaste et frais d'eau de Cologne. Tous ont fait un effort vestimentaire, comme s'ils se préparaient pour une surprise-partie. Les garçons portent des vestons sur des chemises boutonnées, les filles des robes ou des jupes avec de petits escarpins à talons. Le bas de l'une d'entre elles a filé. Ils bavardent entre eux tandis que leur héroïne dédicace les disques, ouvre les paquets. Une peluche, des mouchoirs brodés, un foulard... Impossible de déterminer ses sentiments. Aucune effusion. L'intérêt passionné qu'ils lui vouent est-il dépourvu de réciprocité ? Oui, répondra Marie-Hélène des années plus tard. Mais pour le moment, elle s'interroge. Que ressent la chanteuse ? Est-elle heureuse de les voir ? « Elle-même ressentait l'intérêt plus qu'amical qu'il arrivait qu'on lui témoigne comme une intrusion insupportable, dès lors qu'elle ne l'éprouvait pas en retour », écrit Françoise Hardy dans un roman autobiographique paru quelques années plus tard[10]. C'est sans doute l'impression que lui font ses fans, en ce jour de crêperie.

Elle a une conception très pratique de ces associations d'admirateurs, qu'elle voit peut-être comme des sociétés de services à la personne ou d'aide à domicile pour personne dépendante. Un été, l'écrivain Michel Houellebecq lui téléphone. Il s'absente de Paris, Françoise accepterait-elle de garder son chien Clément quelques jours ? Ils sont devenus amis après qu'elle eut réalisé son thème astral pour la revue *Astrologie naturelle* en 1999. Le côté oiseau blessé de Houellebecq l'a touchée. Comme d'autres avant elle, elle a eu envie de le protéger, de le sauver. Pas au point de cohabiter avec son chien. Elle remercie Houellebecq d'une telle marque de confiance mais elle refuse. Non, répond-elle fermement, je ne peux pas garder Clément. Inébranlable, Houellebecq insiste. Tout aussi inébranlable, elle ne fléchit pas. Il s'acharne. De guerre lasse, elle se dérobe en lui suggérant une solution : « Adressez-vous à la présidente de votre fan-club ! » Michelle Levy, la présidente de l'Association des amis de Michel Houellebecq, acceptera de garder le chien Clément[11].

En souriant, Madeleine Hardy présente à sa fille une petite corbeille remplie de bonbons Krema. « Une douceur ? » Craignant de décevoir les attentes de ses fans, la chanteuse reste à distance. Elle n'a pas conscience de sa grâce irrésistible. La célébrité repose sur un malentendu. On la trouve mystérieuse ? C'est une pragmatique, elle a les pieds sur terre. On la croit douce ? Elle peut se montrer très agressive, de cette agressivité passive des gens frustrés. Ses textes sont navrés et sincères, on la croit profonde. L'est-elle davantage que les gens de son âge ? Si elle se montre authentique dans ses chansons, dans la vie pratique elle repousse ce qu'elle ressent comme une « effraction ». Profonde ou non, elle a touché en eux quelque chose de profond. « Une grande artiste, mais une personne très chiante », résume Marie-Hélène Taphorel.

L'astroflash

La pièce est tapissée de dossiers d'archives et de livres. Une sphère armillaire. Une loupe rectangulaire. Une déesse Shiva. C'est la première fois qu'elle pousse la porte de la maison des Buttes-Chaumont qu'occupe le plus fameux des astrologues, André Barbault, avec lequel elle a pris rendez-vous. L'ambiance de la pièce, digne d'un universitaire ou d'un chercheur, non d'une cartomancienne, la rassure. Vedettes de la littérature, de la politique et du show-business consultent cet homme dont Françoise vient de lire le dernier ouvrage, *De la psychanalyse à l'astrologie*[1]. Astrologue comme son frère aîné, Armand, qu'il a vu monter des cartes du ciel à l'aide d'éphémérides dans les années trente, Barbault dépoussière la tradition en la rattachant à la psychanalyse freudienne. Aux éditions du Seuil, il dirige la collection Zodiaque. Barbault ne considère pas l'astrologie comme un art divinatoire mais comme la première science humaine des Anciens. André Breton, lui-même féru d'astrologie, admire sa clairvoyance et son « extrême délié psychologique ».

Petit homme aux yeux vifs, il invite la jeune chanteuse à prendre place dans le bureau en ouvrant la porte qui donne sur le jardinet de la maison. Sur les rayonnages, elle reconnaît les œuvres de Teilhard de Chardin. La pièce dégage une atmosphère chaleureuse.

Avant de lui présenter son thème, André Barbault avertit sa jeune consultante : un thème astral ne décrit pas la réalité d'une personne, seulement ses manières de réagir face aux conditions de la vie, son fonctionnement affectif. « C'est un sujet merveilleusement vain, divers et ondoyant, que l'homme. Il est malaisé d'y fonder jugement constant et uniforme », selon Montaigne. Autrement dit, l'homme est insaisissable et divers[2].

L'astrologue pose sur elle un regard malicieux. Devant lui, il a posé le thème astral de Françoise tracé au stylo-bille sur une feuille blanche, un cercle hérissé de lignes et de symboles ésotériques.

— La carte du ciel donne une indication de la structure profonde de l'être humain, on peut y lire des traits de caractère et même les grandes lignes de sa destinée. Voici la vôtre. Vous êtes née le 21 janvier 1944 à 21 h 30, c'est bien cela ? Un cercle en douze secteurs, les douze signes du zodiaque, avec les positions de la Lune et du Soleil au moment de votre naissance. Vous avez Soleil en Capricorne… Lune en Balance…

Capricorne ascendant Vierge, note-t-elle sur un bloc.

— Votre besoin d'authenticité est très profond. Tellement qu'au fond rien ni personne ne peut y répondre.

Avec son bloc et son stylo, la jeune fille ressemble à une étudiante appliquée.

— Vous mettez des mots sur ce que je ressens.

À son poignet se balance un bracelet de perles fines reliées entre elles par une délicate chaînette dorée, bijou de jeune fille probe et sérieuse.

— Les artifices vous pèsent. Êtes-vous à l'aise avec la célébrité ?

Il s'exprime d'une voix chantante et légère. Déstabilisée par son discernement, elle n'a pas le temps de répondre.

— Je n'en suis pas certain, mademoiselle Hardy. Monter sur une scène, c'est interpréter un personnage, un personnage qui n'est pas vous.

La porte entrebâillée sur le jardin laisse entrer un rayon de soleil qui laque le feuillage d'une haie.

— Sur scène, je m'en tire, mais je n'aime pas ça. On me dit que je devrais faire ceci, faire cela… Je ne bouge pas assez pour électriser les salles, paraît-il. Les exhibitions qui frisent l'acrobatie, ce n'est pas pour moi. Me rouler par terre, j'en suis bien incapable ! D'ailleurs ça sonnerait faux. Le véritable succès ne se rencontre qu'avec sa véritable personnalité. Je ne possède pas la moindre présence scénique[3].

Scrutant le thème astral posé devant lui, André Barbault esquisse un sourire.

— Je suis incapable de simuler et de mentir.

— La duplicité, les simulacres font horreur au Capricorne…

— Le public voit en moi quelque chose que je ne suis pas.

Elle a capté l'attention des Français sans savoir encore qui elle était. Les autres semblent la deviner, et elle ne se reconnaît pas. L'astrologue désigne le feuillage étincelant.

— La célébrité est comme le soleil sur ce magnolia. Regardez comme il resplendit maintenant. Pourtant, il ne se prend pas pour le soleil. Tout artiste fameux est possédé par un public qui le comprend comme il l'entend, que cela lui convienne ou non. Il devient l'acteur d'une pièce qu'il n'a pas écrite.

En moins d'une année, elle a enregistré sept 45 tours et deux albums[4], est partie en tournée avec Richard Anthony en France et à l'étranger, a pris des leçons de conduite, a fait la couverture de *Vogue* photographiée par Helmut Newton, tourné avec Vadim tout en achetant deux appartements avant de se retrouver pour cinq semaines sur la scène de l'Olympia, à l'automne[5].

— La célébrité repose sur un malentendu. Pour le public, vous êtes un personnage familier. Vous lui appartenez. Le regard des autres vous enferme dans une identité qui n'est pas la vôtre, dirait Sartre.

Grâce à ses clients, André Barbault possède une certaine expérience de la notoriété. Loin de combler, elle provoque de l'angoisse. Beaucoup de gens fameux pensent devoir leur renommée à une imposture.

— Lorsque je lis les articles écrits sur moi, j'ai l'impression qu'on parle de quelqu'un d'autre[6].

— Quelqu'un qui vous est proche sans être vous ?

Elle n'est pas devenue ce qu'elle a voulu devenir, mais ce que le public désirait. Les célébrités modèlent leur image pour obtenir ses faveurs. En se conformant à son désir, elles le flattent. Le public calibre la star. Il est le marché, le patron, le président du conseil d'administration. La star ne doit pas l'oublier, ni tenter d'imposer ses règles. Sa popularité en souffrirait. Si le public aime faire les stars, il aime plus encore les défaire, et assister à leur chute. Rien ne crée plus d'excitation qu'une star morte.

— Oui, qui emprunte mes traits, mais qui n'est pas moi.

Dans la ferveur des fans, quelque chose l'embarrasse. Elle sait qu'elle ne lui est pas destinée tout à fait, ou qu'elle concerne un objet imaginaire qui n'est pas (tout à fait) elle.

— Vous êtes dans le vrai. Françoise Hardy n'existe pas. C'est un rêve, un fantasme collectif…

— Mais j'existe ! Regardez-moi.

— Il y a vous, la Françoise Hardy en chair et en os, et une autre Françoise Hardy, la chanteuse, une héroïne imaginaire. Songez à Jésus. Jésus est un prophète juif condamné à mort par les Romains. Voilà une réalité historique. Le Christ, lui, est une production de l'esprit, une création mentale collective. Ce qu'on appelle un mythe. Vous n'en êtes pas là, bien sûr, mais vous êtes sur la bonne voie…

— Mais je ne veux pas… J'ai peur.

— De quoi ?

— De tout, des autres, de la réussite, de moi, cela m'oppresse.

— Vous craignez de décevoir le public ?

— Je ne sais pas faire grand-chose, j'ai peur que le public ne s'en aperçoive[7].

Ses ressources sont limitées, elle le sait. Un filet de voix, des textes inspirés de sa propre vie, sur scène un corps inhibé... Et puis ces chansons mal arrangées, ces orchestres sans grâce qui l'accompagnent... La peur de perdre ce qu'elle possède ne la quitte pas.

— Vous craignez de surprendre ? De prendre des risques quitte à ne pas correspondre à l'attente des autres ?

— Il y a un an j'avais tout à gagner, aujourd'hui j'ai tout à perdre, dit-elle[8].

— Vous vous dépréciez...

— Mon visage incite les gens à penser que je suis intelligente. On trouve mystérieux tout ce que je dis ou je fais. Je suis cette femme dont Baudelaire parle : une boîte vide. Que se passera-t-il quand, un jour ou l'autre, les gens apprendront la vérité ? Tout est allé si vite[9]...

— De quel poème parlez-vous ?

— « Ses yeux profonds sont faits de vide et de ténèbres, / Et son crâne, de fleurs artistement coiffé, / Oscille mollement sur ses frêles vertèbres. / Ô charme d'un néant follement attifé ! »

Comme tous les astrologues qui se pencheront sur son thème dans les années à venir, André Barbault est frappé par l'opposition Vénus-Saturne qui le signe.

— Vous avez une opposition Vénus-Saturne. Vénus symbolise le lien. Saturne, une force qui coupe, sépare, isole, détache. Vous êtes très saturnienne !

Elle le regarde, incrédule.

— Saturnienne ?

— Vous avez dû vous prendre en charge très jeune, trop jeune. Un coup de vieux à la naissance. C'est très saturnien. Le saturnien ne sait pas faire de choses superficielles, il ignore l'allégresse, la légèreté, tout ce qu'on associe à l'adolescence, à la jeunesse.

— J'ai l'impression de voir ma vie défiler devant mes yeux...

Elle triture son bracelet. Les perles tournent autour du fragile poignet, minuscules lunes en orbite autour de la planète.

— Paradoxalement, vous avez une opposition Uranus-Mars en milieu du ciel. Cela indique une façon de réagir abrupte, presque agressive, minérale. Elle entre en dissonance avec la douceur, la mélancolie de Vénus... Vous êtes capable de piquer des colères noires devant l'injustice. Vous pouvez même vous montrer cassante envers les autres.

— Je... on me le dit parfois...

— Très défavorable aux relations amoureuses, l'opposition Vénus-Saturne prédispose aux situations sentimentales frustrantes. On parle de complexe d'abandon.

— L'an dernier, mon fiancé n'a pu me rejoindre que trois fois en soixante jours de tournée. Il devient un photographe connu, on l'envoie en reportage aux quatre coins de l'Europe. Quand il revient à Paris, c'est moi qu'on engage à l'autre bout de la France !

André Barbault hoche la tête.

— L'opposition Vénus-Saturne prédispose à la frustration.

— Vous êtes décourageant !

— Rassurez-vous ! Les astres inclinent mais ne déterminent pas. Rien n'est écrit d'avance.

Tandis qu'elle note sur son calepin, ses longs cheveux incroyablement brillants brinquebalent devant son visage. Dans le soleil, ils ont la couleur d'un bois clair veiné de mèches cuivrées.

— Ressentez-vous un sentiment d'abandon, parfois ?

— J'ai l'impression que vous lisez dans mes pensées.

— Vous êtes une mal-aimée. Comme le personnage de votre chanson, *Tous les garçons et les filles*.

— Je me pose beaucoup de questions sur ma relation avec mon fiancé...

Son regard inquiet glisse sur l'astrologue. Barbault plonge dans le thème astral posé sur le bureau.

— L'opposition Vénus-Saturne rend pessimiste et désabusé sur le plan sentimental. Vous êtes attirée par des êtres dont les sentiments vous font douter, des tempéraments peu fiables, peu sécurisants. Vous êtes née non désirée, donc non désirable.

— Comment le savez-vous ?

— Vénus-Saturne signe l'incomplétude amoureuse, le célibat intérieur... Cela prédispose à choisir des hommes avec lesquels les choses sont perdues d'avance.

— Ce que vous dites est affreux !

— Vous ne vous aimez pas, mais vous pouvez apprendre, avec le temps. Vous avez beaucoup d'atouts, et peut-être apprendrez-vous à voir autour de vous les hommes capables de vous aimer, de vous satisfaire, et non de vous faire souffrir.

— Je suis très bien avec Jean-Marie !

— Vous ne vous marierez pas avec lui. Votre relation ne dépassera pas l'année… 1966.

Son teint très pâle a rosi en transparence.

— Mais je ne peux pas vivre sans lui ! Ni lui sans moi…

— Si elle dépassait 1966, votre relation serait indestructible.

— Vous me laissez un espoir…

— Vous êtes née frustrée. Cet aspect caractérise les êtres qui se sentent abandonnés par leur père comme par leur mère.

— Ma mère s'est beaucoup occupée de moi !

Elle triture le minuscule trèfle à quatre feuilles en nacre suspendu à une chaîne autour de son cou.

— De quelle manière votre mère s'est-elle intéressée à vous ? Tenait-elle compte de vos besoins ? Votre sentiment d'insatisfaction est lié à une problématique de l'enfance. Vous avez manqué de chaleur parentale.

Elle manipule le minuscule saphir cabochon ornant le remontoir de sa montre.

— Avez-vous été une enfant désirée ?

Chacune des questions de l'astrologue fait surgir un aveu et ravive une blessure.

— Pas par mon père, en tout cas.

Une nouvelle fois, la perspicacité de l'astrologue la surprend. Oui, elle a grandi dans l'ombre, niée par un père absent et étouffée par une mère inflexible qui n'entendait rien de ses désirs.

— Un père mortifère comme le vôtre, qui rejette, raye de son existence, ne narcissise pas son enfant.

— Narcissiser ?

— Un être humain qui aime et protège un autre être humain, voilà ce qu'est un père. En vous refusant sa présence, le vôtre ne vous a ni valorisée ni enseigné l'estime de soi. Vous ne pouvez avoir une bonne opinion de vous-même. Vous vous dévalorisez, vous dépréciez vos atouts, vous vous jugez coupable à la moindre erreur…

— On dirait que vous me connaissez personnellement.

André Barbault la raccompagne jusqu'à la porte du jardin où percent les premières primevères. Accablée, sans rien voir, elle descend la rue en pente avant de s'échouer sur le banc d'un parc dont elle ignore le nom. La journée est belle, quel gâchis. Elle voudrait appeler Jean-Marie, mais il est en reportage. De tout ce que lui a dit l'astrologue, c'est la prédiction le concernant qui l'affecte le plus. Elle aimerait tant partager sa vie. De sa poche, elle sort un mouchoir brodé d'un caniche. Un cadeau d'un fan. Un chien toiletté, avec un ruban en guise de collier. Ils se glissent partout, les fans. Jusque dans sa poche[10].

La fille « eau et savon »

Françoise Hardy fait partie des gens qui pensent que toute vérité est bonne à dire.
Julien CLERC[1]

Sur la plage de Copacabana, Françoise enfile un pantalon. La colonne vertébrale en saillie dénonce la maigreur. Le paparazzi prend une photo de dos. Humant l'air salé, elle marche le long de la mer, heureuse que personne ne la connaisse. Sa mère la suit des yeux. Les vagues explosent dans une gerbe d'un blanc jubilatoire qui déferle sur la grève avant de refluer vers l'océan en vaporisant une fraîcheur salée. Deux filles en bikini, avec des corps superbes et pleins, la dépassent. Bras dessus, bras dessous, elles se dirigent vers la paillote qui offre de l'eau de coco gelée en laissant derrière elles un sillage jasminé d'Ambre solaire. Il paraît qu'Elvis Presley en utilise pour gominer ses cheveux noir corbeau. Une vague plus haute que les autres lape les pieds de la Parisienne et trempe le bas de son pantalon. Elle fait un petit bond en arrière. Le photographe embusqué se gondole : on voit bien qu'elle ne connaît pas Rio, aucune Carioca ne déambulerait vêtue sur une plage où la quasi-nudité est de rigueur. Depuis son arrivée l'avant-veille, il la guette. Il a dû attendre deux jours qu'elle s'aventure hors de sa chambre, sur la poignée de laquelle était suspendu un panneau « DO NOT DISTURB ». Ne pas déranger.

Elle est descendue au Copacabana Palace, le luxueux hôtel du 1702, Avenida Atlantica, comme toutes les vedettes de Hollywood, les princes et princesses ou les stars françaises depuis son inauguration par une autre Française, Mistinguett. Françoise s'est laissé enchanter par le panorama, la plus belle vue de Rio, de l'éperon sombre du Pain de Sucre, au nord, à la pointe d'Arpoador qui s'avance dans la mer, au sud. C'est plus spectaculaire encore que la promenade des Anglais de Nice, où elle vient de séjourner avec sa mère. Elle note qu'elle se trouve juste au-dessus du Tropique du Capricorne, qu'elle traversera pour se rendre à São Paulo. Plongée dans la lecture, Françoise Hardy ne quitte pas sa chambre[2]. Elle n'a sans doute pas lu le grand poète Vinícius de Moraes, « la vie, c'est l'art de la rencontre ». De temps à autre, elle se penche à la fenêtre où le fracas des vagues, régulières comme une respiration, la berce. L'immense plage de sable blanc, surlignée par le blanc plus blanc encore de l'écume, semble déserte. Une brise marine chargée d'iode, ou l'air climatisé de la suite, la fait éternuer. Sans s'attarder elle retourne lire, heureuse de cette parenthèse. « Cela aura toujours été le fin du fin pour moi de me trouver à l'autre bout du monde et d'échapper à l'enfer du tourisme obligé en ne quittant pas ma chambre d'hôtel où les possibilités d'immersion dans la lecture et la vie intérieure sont supérieures qu'à Paris », écrit-elle dans sa biographie[3]. Vie intérieure ou vie à l'intérieur ? Jean-Marie ne l'a pas accompagnée au Brésil comme elle l'avait espéré. Son absence altère la saveur de ce voyage.

Dans le palace, la vie serait délicieuse avec lui. Un serveur a apporté dans la suite le chariot du room service, laissant les mets sous des cloches d'argent étincelant. Elle a admiré sa chorégraphie muette sur le marbre du sol tout en piochant des fruits exotiques dans une gigantesque corbeille offerte par ses hôtes. Il a préparé un ananas, découpant les tranches avec délicatesse pour les disposer dans la plus fine porcelaine de Limoges. Préoccupée par son poids, Françoise Hardy ne veut rien manger d'autre. Aussitôt qu'elle prend quelques grammes, son ventre se bombe comme celui d'une Vierge de Cranach. Lorsqu'elle était adolescente, sa grand-mère ne manquait jamais de souligner qu'elle avait « encore » grossi. Certains sarcasmes laissent un impact, Françoise ne peut les oublier : depuis des années, elle se prive de pain, de sucre, de féculents. Une femme de chambre vient préparer les lits, découvrant les draps de fil d'une inégalable finesse. Sur le boulevard en contrebas, les lampadaires s'allument. La nuit tombe d'un coup. Son cœur se serre. Derrière le sombre monolithe du Pain de Sucre, des milliers de lumières étoilent la colline tandis que les phares automobiles balisent d'un pointillé instable la route côtière longeant la baie.

Dans le monde entier, cette nuit est pareille
À tant d'autres nuits quand disparaît le soleil
Où tant de bonheur côtoie tant de détresse[4]

La brise venue des collines exhale un parfum tropical, mélange d'iode, de senteurs végétales relevé d'une pointe organique, une émanation d'égout peut-être. Une fragrance particulière sentie nulle part ailleurs. En contrebas, la piscine scintille, semblable aux facettes de la topaze swiss blue admirée dans la vitrine d'acajou du joaillier Stern, dans le hall.

Tant de choses meurent
Pendant que d'autres naissent…

Songeant à Jean-Marie, elle commence à écrire une chanson.

Mais ce soir, tu n'es pas là
Ce soir tu ne viendras pas
Et tu es si loin de moi
J'ai peur que tu m'oublies déjà[5]

Dans son lit en bois exotique, elle s'endort fenêtres ouvertes, bercée par le grondement régulier de l'océan.

Ses musiciens, eux, sont allés voir le soleil se coucher du côté d'Ipanema, là où l'astre disparaît dans la mer[6]. Sans elle. Ipanema, la patrie d'Antônio Carlos Jobim, le quartier chic où la bossa nova a vu le jour… Le photographe les a croisés plus tard au bar puis dans la boîte de l'hôtel. Très sympas, les gars. Le batteur lui a raconté que la chanteuse tournait beaucoup. « Italie, Angleterre, Espagne, Allemagne, Liban, Tunisie, Afrique du Sud, on va partout avec elle. » Ils grillaient une cigarette dans la galerie du premier étage sous les portraits des stars ayant séjourné un jour ou l'autre dans le palace. « À Milan, au Palais des Sports, je me suis jeté devant elle de justesse pour lui éviter d'être écrasée par des centaines de fans enthousiastes. Non seulement elle ne s'est pas rendu compte du danger qu'elle venait de courir, mais l'enthousiasme de ses supporters l'a laissée complètement "froide" », dit le pianiste. Un épais blindage semble la protéger. Elle ne fond que lorsque son fiancé arrive. Un photographe beau, sympa et joyeux, qui devait l'accompagner. Il s'est dérobé au dernier moment. Furieuse et déçue, la chanteuse s'est plainte dans les magazines. Pris l'un et l'autre par leurs métiers, ils passent peu de temps ensemble. Le paparazzi espérait prendre des photos dans la boîte de l'hôtel, mais le musicien lui a expliqué que la Française détestait les boîtes de nuit. Sa mère, qui s'occupe de ses affaires, l'accompagne à Rio. « Elle traite sa fille comme une enfant », a dit le pianiste. Elle donne même des interviews, la mère : « Toute petite, Françoise était déjà très sérieuse, très réfléchie, même dans ses jeux. À deux ans, elle savait parler comme une grande. Ses chansons expriment tout à fait sa personnalité, elles sont le reflet de son caractère. » Les deux hommes ont ri avant d'aller descendre des scotchs aux frais du *Jornal do Brasil*.

Ce matin, la Française et sa mère ont passé la matinée à bouquiner sur le sable, allongées sur les transats de l'hôtel. La mère, athlétique, plus haute qu'un homme. La fille, frêle, un Bambi. Qu'est-ce qu'elle peut bien lire ? Sagan et Beauvoir, répondra-t-elle plus tard à un journaliste. Elle n'a guère levé les yeux des pages de son bouquin. Il a pu la photographier dans son bikini rouge. Pas le genre à adopter le monokini comme les filles de Saint-Tropez[7]. Pas mal foutue, pas de hanches, peu de seins, un peu maigre. Elle ne doit pas peser plus de cinquante kilos. À côté de sa mère sculpturale, on dirait une petite fille. En se levant pour enfiler son pantalon blanc, elle a poussé un petit cri lorsque son pied a touché le sable brûlant. Personne ne l'a remarquée : un seul admirateur est venu lui demander un autographe. Il s'est approché d'elle et lui a fait remarquer qu'en restant aussi longtemps à la plage, ses yeux seraient gonflés et que le vent la décoifferait. Le soir, elle devait donner un gala au profit des enfants handicapés dans la Golden Room du palace. Avec un sourire enfantin, elle a répondu que, de toute façon, elle ne se maquillait pas et qu'elle se laverait les cheveux sous la douche. « Une fille “eau et savon” », en a conclu le journaliste auquel il a rapporté ses propos[8].

L'après-midi, elle est vêtue d'une manière si banale qu'on ne peut deviner en elle le mannequin parisien qu'ils attendent depuis trente minutes lorsque enfin elle se glisse dans le salon du Copacabana Palace où la conférence de presse est organisée. Aucun journaliste ne l'a remarquée jusqu'à ce qu'elle s'installe sur l'estrade. C'est là qu'elle parle des livres qu'elle a apportés, Sagan et Beauvoir, Sagan parce que c'est facile à lire, *Aimez-vous Brahms, Les Merveilleux nuages*... Beauvoir parce qu'elle raconte son séjour au Brésil dans son dernier livre. Françoise est plongée dans le récit de son excursion à Brasilia. Avec Jean-Paul Sartre, elle a séjourné au Copacabana Palace dans une suite au sixième étage, comme elle[9].

La chanteuse s'exprime avec lenteur tandis qu'une interprète traduit ses paroles aux représentants de la presse assis face à elle sur des chaises pliantes. Au fond, Madeleine Hardy, debout. Beauvoir s'est baladée sur la plage, un sac à main pendu au bras, comme la reine d'Angleterre en visite officielle, poursuit la chanteuse, intarissable. « Elle est naturelle, douce et tranquille : rien de sensationnel », note le reporter du *Jornal do Brasil*[10] sur son bloc. Françoise Hardy doit rester dix jours au Brésil. Un journaliste lève la main pour demander la parole, une hôtesse lui apporte un micro. Jugeant la chanteuse française bien maigre, il veut connaître sa taille et son poids. 1,73 mètre pour 50 kilos. Un peu moins, en fait. Elle enchaîne sur Brasilia, qu'elle se plaint de n'avoir pas le temps de visiter.

« Elle répond aux questions avec un sérieux déroutant », note de son côté le journaliste de la *Folha de S. Paulo*[11]. Un étonnement plus grand encore saisit la salle lorsqu'un de ses confrères l'interroge sur la musique brésilienne. Elle adore cette musique, mais ne se voit pas la chanter[12]. Lorsque l'interprète achève de traduire, la salle reste un temps muette avant qu'un murmure incrédule ne s'élève. Au Brésil, c'est l'âge d'or de la bossa nova. Émerveillé par l'album « Getz/Gilberto » sorti en mars 1964[13], son chef d'orchestre, Marcel Hendrix, vole à son secours. Les musiciens brésiliens sont les meilleurs, leurs enchaînements harmoniques atteignant une subtilité à nulle autre pareille, dit-il. Enchanteur, l'enregistrement de l'album « Getz/Gilberto » provoque un enthousiasme unanime dans le monde. En cette année 1964, impossible d'ignorer la musique brésilienne. La bossa nova, mot à mot « la nouvelle vague », déferle. Devant son admiration, les journalistes se détendent. Populaire et sophistiqué, ce genre qui mêle le jazz à la samba a été créé par la petite bourgeoisie brésilienne et popularisée par le film *Orfeu Negro*, un Orphée noir destiné au grand public. Palme d'or au festival de Cannes en 1959[14]. Décorateur, Oscar Niemeyer. Musique, Antônio Carlos Jobim.

Portée par le boom économique que vit le pays, la bossa nova est la musique de l'insouciance. Comment ne pas avoir envie de la chanter ? « La samba devient comme de l'eau », a dit Antônio Carlos Jobim, son créateur avec le chanteur et guitariste João Gilberto. Les plus prestigieux des interprètes, Frank Sinatra, Ella Fitzgerald ont exprimé l'admiration qu'ils portent à Jobim avant d'enregistrer avec lui des albums mémorables qui vont rafler les Grammy Awards.

Les Brésiliens sont fiers de la bossa nova, et il y a de quoi. D'une grande complexité rythmique, elle croise la tradition populaire de la samba avec la musique savante. « Du Chopin avec la pulsation », a résumé Georges Moustaki[15]. Un journaliste tente de faire préciser sa pensée à Françoise Hardy. Avec une application détachée, elle creuse le malaise. Elle a failli enregistrer *The Girl from Ipanema,* mais a renoncé car elle n'a pas envie de chanter un morceau écrit pour d'autres. Et puis ses compatriotes n'aimeraient pas la musique[16]. Un murmure indigné accueille ses paroles dédaigneuses.

Au fond de la salle, Marcel Hendrix s'agite, conscient de la blessure qu'elle inflige à leurs hôtes. Toucher à leur hymne est une faute. Depuis son arrivée, elle est fêtée. À l'aéroport de Rio, il n'avait jamais vu autant de fleurs ! Il connaît le franc-parler de Françoise, mais pourquoi jouer les rabat-joie dans un pays si accueillant ? Elle vit dans une bulle, coupée des réactions des autres. À Rio de Janeiro comme à São Paulo, les salles affichent complet, la presse est au rendez-vous, elle doit enregistrer des télés, sa suite à l'hôtel est digne de l'ambassadrice de la France que les Brésiliens voient en elle… Son élan de sincérité est déplacé. Chaque soir, des Brésiliens fortunés donnent en son honneur des fêtes dans leurs belles maisons, conviant des orchestres de bossa nova pour animer la soirée[17]. Ce soir, après le spectacle, ils sont invités dans un luxueux appartement surplombant Ipanema avec le groupe Tamba Trio. Quand Ermes Alesi, le bassiste, a découvert le carton d'invitation, il a poussé un cri de joie : il possède tous les premiers albums de la formation.

En repoussant *The Girl from Ipanema*, la Yéyé Girl from Paris vient de faire une fausse note. En cette année 1964, le single d'Astrud Gilberto, avec Stan Getz au saxophone et son mari João Gilberto au chant et à la guitare acoustique, est un triomphe international. La chanson célèbre avec sensualité la séduction solaire d'une adolescente d'Ipanema, « longue et dorée et jeune et adorable », et la fugacité poignante de la jeunesse. *A Garota de Ipanema* est un hymne à la beauté de Helo, « une adolescente dorée, un mélange de fleur et de sirène, pleine d'éclat et de grâce, qui porte en elle le sentiment de la jeunesse qui s'estompe... », a avoué le poète Vinícius de Moraes, révélant dans une conférence de presse l'identité de la jeune fille que Jobim et lui regardaient souvent passer depuis le café Veloso, à Ipanema[18]. C'est dans un club de Copacabana que le 2 août 1962 la chanson a été interprétée pour la première fois[19]. À ce jour, plus de trois cents interprètes l'ont reprise.

Aussi sauvage que Françoise Hardy, son interprète Astrud Gilberto n'est pas une chanteuse professionnelle. Son absence de maniérisme fait le charme éthéré de son interprétation. Le morceau a été enregistré en studio, à New York, où le couple Gilberto s'est exilé, chassé du Brésil par la dictature militaire qui a renversé la démocratie. João chante les paroles portugaises, Astrud les paroles anglaises. Ils interprètent la chanson avec une nonchalance dépouillée et soyeuse à laquelle Astrud ajoute une note de fraîcheur.

Tall and tan and young and lovely,
The girl from Ipanema goes walking
And when she passes, I smile, but she
Doesn't see. She just doesn't see[20]

Leur version caressante est un miracle de légèreté chagrine. On peut l'écouter des dizaines de fois, l'émotion reste intacte. Un chant sensuel et tendre, que demander de plus à la musique ? *The Girl from Ipanema* d'Astrud Gilberto est un des plus doux, des plus déchirants jamais interprétés. La chanteuse y met un abandon rare. Il y a bien des points communs entre elle et Françoise Hardy, un naturel, une anxiété, la peur de la scène. « La proximité du public est effrayante », a déclaré la Brésilienne, pourtant plus sensuelle et plus sophistiquée que la Française. Rien de cool chez Françoise Hardy.

Le soir, dans cet élégant appartement d'Ipanema où ils ont tous été conviés, Madeleine Hardy tente de corriger la mauvaise impression produite par sa fille auprès d'un journaliste présent le matin. Non, elle n'est pas hautaine. Une timidité maladive l'enferme dans une certaine solitude. « Parfois, comme il arrive aux solitaires, elle parle beaucoup. Comme l'a dit Coco Chanel, la solitude, c'est une grande timidité[21]. »

Enfant, on critiquait sa fille sur son physique, et maintenant, sur son caractère. Le journaliste jette un œil vers les grandes portes-fenêtres ouvrant sur la terrasse. Sans un regard pour l'appartement grandiose où elle se trouve, ni pour aucun des invités, la chanteuse se tient à l'écart de l'agitation qui s'est emparée des uns et des autres lorsque l'orchestre a commencé à jouer. Debout sur la terrasse vaste comme un court de tennis sur laquelle poussent des caoutchoucs luxuriants, elle se tient collée à la rambarde, un verre à la main, et contemple la mer plongée dans la nuit. « On n'a d'yeux que pour elle, elle n'est là pour personne », écrira un rock critique[22].

Madeleine Hardy n'y peut rien : sa saillie incongrue et son absence de civilité ont heurté la susceptibilité brésilienne. En quittant la salle du Copacabana Palace, les journalistes ont décrété l'artiste française snob et légèrement antipathique. Et ils l'expriment dans la presse du lendemain. « Sans grand intérêt et ne justifiant pas sa renommée », écrit l'un[23]. « Sourire distant, yeux lointains », renchérit le *Jornal do Brasil*[24]. Heureusement, Françoise ne lit pas le portugais.

Les jours suivants, ses déboires ne découragent pas le public qui se presse, enthousiaste, à Rio et à São Paulo où elle se produit. Certes, son spleen éthéré porté par un « jeu » de scène glacial déçoit la critique brésilienne qui l'exécute une nouvelle fois. « Françoise Hardy aurait dû s'en tenir à ses disques », écrit une plume griffue de Rio. « J'ai assisté à deux de ses représentations et elle n'est qu'une jeune fille comme des milliers d'autres : raide, dépourvue de rythme et sans présence sur scène », ajoute le reporter du *Correio da Manhã*. « Une jeune fille qui se prend pour une chanteuse », l'achève un troisième.

En dépit de la critique acharnée, l'artiste est accueillie par des salles chaleureuses et solaires qui ne lui marchandent pas leur plaisir. Quand il aime, le public brésilien donne tout, corps et âme. L'inhabileté de la jeune fille le touche. Attitude intérieure et langage corporel coïncident, il devine son authenticité. Comme en France, sa gaucherie est perçue comme la vérité d'un être qui ne triche pas. Sa droiture, sa loyauté la rendent aimable. Françoise Hardy est même la chanteuse étrangère vendant le plus de disques au Brésil après l'Italienne Rita Pavone. Vieux sont les critiques, jeunes ceux qui achètent ses disques.

Lorsque Madeleine réclame le cachet brésilien de sa fille, le tourneur Charley Marouani lui répond... qu'elle n'était pas payée. « Elle tenait tellement à se rendre au Brésil », lui dit-il, comme si ce voyage avait été un cadeau de sa part[25].

En fait, elle tenait surtout à voir Brasilia, et elle ne l'a pas vue. Lorsque l'impresario lui a proposé de chanter à Rio, Françoise a sauté de joie. Partir au Brésil, c'est prendre le large ! Elle allait visiter Brasilia, la cité de béton et de verre sortie du désert en mille jours. L'onirisme futuriste de la ville est pour elle une source de rêverie puissante. Son esprit de géométrie lui convient. Le dépouillement architecturé, le souffle des grands espaces vides, l'épure aérienne des bâtiments invitent au songe, à l'élévation. De l'audace, enfin ! La perfection des images, la rapidité conquérante des travaux ont fait rêver Françoise Hardy et tous ceux qui ont vu les reportages sensationnels publiés dans les journaux du monde entier. Les photographes ont afflué vers le site dès le début du chantier, inondant la presse de clichés radieux qui sublimaient les constructions[26]. Béton aérien et transparence, la ville est une abstraction photogénique. Le nom du président Kubitschek, avec ses explosions de « K », est devenu aussi familier que les constructions de l'architecte Oscar Niemeyer aux intitulés évocateurs : place des Trois Pouvoirs, palais de l'Aube, cathédrale Metropolitana, dôme du Sénat… Sur les photos, la population semble déborder d'une joie permanente[27]. Tournée vers le futur, la ville nouvelle diffuse un optimisme contagieux. Le projet moderniste a séduit la planète, lui communiquant un sentiment de grande espérance et la tournant vers le futur.

Un même souffle de renouveau balaie alors l'Amérique, l'Europe et le Japon. Nouvelles musiques, nouvelles danses, nouvelles modes vestimentaires, nouvelle peinture, partout du neuf. Et partout la prospérité économique redonne le sourire. Pour de jeunes Européens marqués par la guerre et les temps lugubres qui ont suivi, l'iconographie solaire de Brasilia offre une boussole séduisante. Un autre monde semble possible, un monde sans passé, sans pauvreté, sans guerre, un monde souriant dont la bande-son veloutée allège le poids de la réalité et se répand partout.

En France, où la vieille élite a failli en capitulant et en collaborant, la jeunesse doit s'émanciper des anciennes conventions. Faire table rase du passé, comme à Brasilia. Pour entrer dans une nouvelle ère et affirmer une culture irréprochable, elle a soif d'un renouvellement des formes. La très jeune Françoise Hardy appartient à son temps. Le fort impact visuel de Brasilia l'a marquée et elle devait arriver un jour plus tôt pour visiter la cité nouvelle, mais le vol a été annulé car l'avion s'était perdu au-dessus de l'Atlantique, supprimant l'excursion. Un peu déçue, elle s'est résignée.

De retour à Paris, Madeleine colle avec zèle chaque coupure de presse collectée durant la tournée dans un cahier. Son *scrapbook* porte la marque des différents pays que sa fille a traversés, maintenant qu'elle est une vedette internationale. Le même phénomène se reproduit partout, en Afrique du Sud, au Japon, en Algérie : une presse refroidie par sa dignité revêche et ses brusques emportements, un public conquis[28].

Les coupures de presse, Madeleine, qui ne parle pas le portugais, les colle sans les lire. Elle les a collectionnées de 1966 à 1969. Elle les conservait dans un cahier que Françoise Hardy a retrouvé après sa mort et donné à un fan. Exégète belge de la chanteuse, Erik Doorme en a publié un grand nombre sur le site documenté qu'il lui consacre. La chanteuse l'a d'ailleurs surnommé « Ma Mémoire ».

Françoise Hardy a répété qu'elle avait détesté faire de la scène. Elle n'aimait pas le contact du public et la réciproque était parfois vraie : le public n'appréciait pas toujours ses apparitions. C'est ce qui ressort d'une revue des articles consacrés à ses spectacles qui se déroulèrent de 1962 à 1968. En 1967, durant une dizaine de jours, elle se produit en Guinée, en Côte d'Ivoire pour l'amicale des Corses, au Sénégal, au Cameroun et au Gabon. « Une certaine froideur entoure peut-être son attitude, un certain détachement déconcerte peut-être son public[29]. »

En Afrique du Sud, elle donne une conférence de presse : le tour manager la paie autant que Marlene Dietrich qui vient de faire une tournée dans le pays. La presse paraît fascinée par son pouvoir d'achat. Elle a acheté une maison en Corse, une Rolls Royce, elle possède un manteau d'hermine et un sac Kelly en box noir, note un journaliste, qui la compare à une délicate fleur. Après un ultime show à Kinshasa, en juin 1968, elle renonce définitivement à la scène.

Durant cette première saison brésilienne, ni Madeleine ni Françoise ne devinent qu'outre son attitude son apparence est désapprouvée par certains chroniqueurs du pays. En septembre 1964, ils ne raillent pas seulement son « chant froid et ennuyeux » ou son effacement scénique, ils taillent en pièces sa robe de gala, « sans grâce, sans élégance et pas appropriée comme tenue de soirée[30] ». Provenant une nouvelle fois de chez Marie-Martine, sa robe en crêpe noir aux manches de mousseline qu'agrémente un nœud de satin dépressif est une sorte de robe-parapluie pour femme ronde. Un corps androgyne ne peut l'habiter. C'est chic mais rébarbatif. Le costume de scène est une synthèse de ce que l'artiste est ou prétend être dans ses chansons. Il matérialise son état d'âme et l'univers de son personnage. Son austère tenue inscrit la Française dans la sombre lignée des chanteuses réalistes, les Piaf, les Juliette Greco. Est-ce délibéré ? Probablement. Mauvaise pioche, en tout cas. Expression du triste, du mélancolique, de l'humilité aussi, la robe noire déçoit les attentes des Brésiliens. Ils espéraient éclat et fraîcheur : au même moment, une Astrud Gilberto rayonne sur la scène new-yorkaise, coiffée-maquillée à la perfection et vêtue de tenues exquises, légères et fluides, provenant d'une luxueuse maison de couture de Rio de Janeiro.

Si tout vêtement est un signe, le costume de scène est un double signe, un signe magnifié, à la fois expression de la mode du moment et symbole du monde de l'artiste. L'exubérance raffinée du costume d'Astrud Gilberto fait d'elle un signe brésilien. Un cygne tropical. Rien de tel chez Françoise Hardy.

Dans l'imaginaire brésilien, la France est une lointaine contrée sophistiquée, idyllique, romantique. La patrie de la Haute Couture. La tenue de Françoise Hardy, dépourvue de glamour, exaspère ses hôtes : elle est perçue comme une marque de dédain. La silhouette sévère de la Parisienne est vieux jeu. Il est temps, sans doute, d'inventer autre chose.

Quelques mois après son séjour brésilien, celle qui ne se voit pas interpréter une bossa nova est invitée à New York dans un show télévisé placé sous le signe des Grammy Awards[31]. Chanson de l'année, Astrud Gilberto et Stan Getz pour *The Girl from Ipanema*. Album de l'année, « Getz/Gilberto » chez Verve Records. À Françoise Hardy l'honneur de reprendre… *The Girl from Ipanema* dans le show[32]. Importée dans un container frigorifique, sa bossa nova ne semble pas tout à fait décongelée. Elle a renoncé aux robes de cocktail pour un nouveau tailleur blanc.

48, avenue Kléber

Si on pense technique, Balenciaga est le plus grand couturier des années 60, si on pense société, c'est André Courrèges, parce qu'il a su traduire les revendications de la jeunesse – la jeunesse, c'est la grande affaire des années 1960. Un vêtement Courrèges est un vêtement Balenciaga : même structure. Courrèges a juste raccourci les jupes et fait sauter les mannequins en l'air. La mode se joue autant dans sa représentation que dans l'art du vêtement. Tout est question de regard.

Marc AUDIBET

Au 48, avenue Kléber, seule une plaque de cuivre signale la maison de couture d'André Courrèges. Françoise Hardy a emprunté l'ascenseur de ce banal immeuble haussmannien avec appréhension. Aux yeux d'une jeune fille de condition humble qui n'en connaît pas les codes, le monde de la mode semble intimidant. Mais elle désire que le couturier lui dessine une tenue de scène et Jean-Marie l'y encourage. Non un ersatz, une vraie pièce de haute couture.

Maintenant qu'elle gagne sa vie, elle peut s'offrir ce cadeau.

Après l'épisode brésilien, elle recherche quelque chose de plus contemporain, quelque chose qui exprime la nouvelle génération, la jeunesse, le changement. La modernité, celle d'Oscar Niemeyer à Brasilia comme celle de Courrèges, autre architecte, correspond à sa quête de géométrie. Elle se jette à l'eau et sonne. De blanc vêtu jusqu'aux babies, un page a ouvert la porte. Comme dans un rêve éveillé, tout est blanc, rideaux et tapis, jusqu'au coussin du fauteuil Haute Époque où on l'a assise, « d'un blanc empesé de couvent espagnol ». Du fond d'un salon parvient un air de jazz expérimental et chaud. « A Love Supreme », l'album de John Coltrane. Le chef de bord de ce voyage imaginaire apparaît dans une blouse aussi blanche qu'un bloc de papier vierge. Athlétique, il ressemble à un médecin en parfaite santé. L'accent du Béarn et la simplicité du couturier font fondre la timidité de Françoise. Fixant sur elle un œil noir et rieur, il la précède dans son bureau. Une épaisse moquette blanche amortit leurs pas comme un coussin d'air. À l'exception d'une petite table de travail espagnole noire sur laquelle repose une rame de papier, tout est blanc dans le bureau, même le bouquet de roses. Pourquoi l'avoir choisi, lui, le plus avant-gardiste des couturiers ? Elle pourrait s'habiller chez Yves Saint Laurent, Dior, Balmain, Nina Ricci ou Chanel. Ces maisons de couture s'adressent aux dames, pas aux jeunes filles[1]. Elle aurait pu, aussi, puiser dans les nouvelles griffes de prêt-à-porter. Dans l'effervescence expérimentale et jubilatoire des années soixante naissent des marques destinées aux jeunes filles, Dorothée Bis, Daniel Hechter, Cacharel, Emmanuelle Kahn, Sonia Rykiel…

Elle a choisi André Courrèges, un homme qui rejette le passé[2]. Sa mode optimiste l'a séduite instantanément. Elle aime qu'il se pose les bonnes questions. Pourquoi l'ourlet devrait-il arriver au genou ? Pourquoi porter des bijoux ? Pourquoi un vêtement n'est-il ni fonctionnel ni pratique ?

Sa collection The Moongirl expédie Françoise Hardy, toujours dans la lune, dans un ailleurs indéchiffrable. Un vestiaire pour l'espace ! Un romantisme futuriste qui lui convient comme un gant (blanc) sur mesure. Elle a aussitôt entrevu le parti optique qu'elle pouvait en tirer.

Disciple de Le Corbusier et de Balenciaga, le maître espagnol, Courrèges conçoit un vestiaire architecturé et radical : la forme suit la fonction[3]. L'expression « révolutionner la mode » est tellement dépréciée qu'on n'ose plus l'utiliser, mais André Courrèges a assurément inventé un nouveau vocabulaire vestimentaire. Concevant le vêtement comme un objet utilitaire répondant à des besoins, il propose un vestiaire fonctionnel. « Mon inspiratrice, c'est la femme moderne en bonne santé, belle dans ses formes musclées et bronzées, et qui n'est pas obsédée par sa ligne[4]. » Courrèges pense corps et mouvement. Sa panoplie donne envie de bouger et d'agir. Elle délie les gestes. Pour la première fois, des mannequins défilent avec des vêtements adaptés à la vie quotidienne, échancrés pour fluidifier le geste. « Je dois faire court, explique-t-il, car la femme monte l'escalier. » Il opte pour une simplicité sans référence historique. Au musée, soutiens-gorge, gaines, jarretelles, corsets, chapeaux, bijoux, talons hauts... Seuls subsistent des gants, immaculés.

Minijupes et robes trapèze coupées une main au-dessus du genou, redingotes portées avec des babies ou des bottes-chaussettes plates permettent de grimper les marches quatre à quatre et en quantité, des pantalons à taille basse et jambes étroites, pour toutes les heures du jour[5].

Magnifiant les longues jambes de la nouvelle génération féminine, la mode de Courrèges flattera la silhouette hardyesque. Autre chose a emballé Françoise : la raideur de ses tissus qui ont de la tenue. « Pas de révolution sans nouveau matériau. Notre drap de laine est tissé à Elbeuf, chez Blin & Blin, avec du nylon qui lui assure une certaine rigidité », lui raconte Courrèges en souriant. Lorsqu'il emploie l'expression « tissu armuré », elle comprend ce qu'elle est venue chercher : une armure, une clôture portative[6]. Une tenue de scène qui la protège et lui donne de l'assurance. « Il faut pouvoir entrer dans un vêtement comme dans une boîte », dit-il. Une boîte qui la montre et la cache, c'est exactement ce qu'il lui faut... Elle ne regrette pas d'avoir surmonté ses craintes. Au milieu du laboratoire immaculé, Françoise Hardy observe le couturier. Ses belles rides, sa silhouette athlétique, sa simplicité, tout lui plaît chez André Courrèges. Rien de mondain ou de snob dans les manières de cet homme issu d'une lignée de paysans basques dont le père était maître d'hôtel dans une riche famille de Pau. Il a fait ses armes chez Cristóbal Balenciaga avant de prendre son envol. En le quittant, il aurait dit à son maître : « Je suis à l'abri sous un grand chêne, mais le soleil ne passe pas. Je suis comme un gland au pied du tronc. Acceptez mon départ. »

L'adolescente qui se tient devant André Courrèges est mystérieuse et émouvante. Elle ne ressemble pas à ses mannequins, des filles gaies et joueuses qui bondissent sur le podium comme des ballons sauteurs. Avec son beau visage androgyne sur un long fuselage, elle évoque un avion au-dessus des nuages. Aidé d'un assistant, il prend ses mesures. Comme une jeune fille qui se déshabille pour la première fois chez le médecin, sa cliente semble embarrassée par son corps. Étrangement, elle n'a pas conscience de son physique exceptionnel. Aucune coquetterie chez elle. Comme sa chanson, *Tous les garçons et les filles*, elle dégage un mélange d'innocence et de retenue. Une majesté tranquille. Sa dignité lui plaît. Gaiement, elle lui explique qu'elle désire une tenue de scène qui… la cache. Sa belle bouche sensuelle contraste avec sa pudeur. Chanter, oui, s'exhiber, non. Monter sur scène est une hantise, elle obéit à sa maison de disques. Si incroyable que cela puisse sembler, elle vient lui demander de la faire disparaître. Elle veut s'afficher avec discrétion. Sur scène, elle est la proie du regard des autres, elle est jugée, épiée.

La curiosité indiscrète qu'elle suscite la met mal à l'aise. Sa plastique est pourtant irréprochable. Contrairement à ce que sa sveltesse suggère, elle n'est pas osseuse, ses genoux sont ciselés comme des galets, et ses jambes, parfaitement déliées. Elle a la beauté harmonieuse d'un épi de blé.

Il lui propose une robe. Une robe ? Hardy songe à Sylvie Vartan qui assure des premières parties à l'Olympia en tenue mousseuse. Pas question. Elle est catégorique[7].

Une chose est sûre, songe Courrèges, cet être réservé mérite un vêtement d'une extrême simplicité. Un vêtement à son image qui exprime sa sincérité et respecte son quant-à-soi. Cet attrait fragile, il ne faut pas le laisser s'évanouir. Elle aspire à la lumière, mais sans trop s'exposer. Des années plus tard, elle chantera : « Sous aucun prétexte, je ne veux, devant toi surexposer mes yeux[8]. » Elle est tout en retenue, alors il retient son crayon et l'écoute. « Nous avons travaillé ensemble. Il fallait qu'elle se sente bien dans sa tenue de scène. C'était ma philosophie », dira-t-il[9]. Devant cette jeune femme si spéciale, il a imaginé un ensemble qui ne figure pas dans la collection 1964. « C'était une très belle personne. Je tenais compte de ce qu'elle disait. » Pour elle, il invente autre chose. Un vêtement qui la montre et la cache. « Ce fut un très bel échange. » Elle lui dicte une épure stylisée ; il va jusqu'à émonder, élaguer son écriture. Peu de surpiqûres, un drap de laine plus léger. Il lui propose un tailleur en whipcord blanc : pantalon et tunique de flanelle à manches trois quarts, à porter avec des bottes plates comme des chausses. Une métaphore de la tour d'ivoire où elle s'est retranchée ?

« Courrèges, formé à l'école Balenciaga, était un admirable coupeur, dit le designer Marc Audibet. Il savait tailler un vêtement. Il n'a pas essayé de lui imposer sa syntaxe architecturée. L'ensemble blanc ne porte guère les stigmates Courrèges, sinon le blanc. Il a fait en fonction de ce qu'il ressentait devant elle, de ce qu'elle lui inspirait. » Pour mettre en valeur la pureté de la construction, la plupart des modèles sont d'un blanc de craie. « Le blanc, ce neuf absolu », selon Roland Barthes[10]. Le blanc du voile des novices, le blanc des anges, le blanc des spectres. Le blanc n'est pas seulement symbole de pureté et d'innocence, il est la couleur de la vie et de la mort.

— Pas mal, dis donc !

Jean-Marie Périer s'approche et tâte le tissu.

Pour le premier essayage, il l'accompagne avec son appareil photo.

Chemise blanche et cravate noire sous la blouse amidonnée, le couturier est agenouillé devant sa cliente.

— Tu as trouvé ce qu'il te fallait !

L'étui, comme taillé dans une feuille de Canson, étire la ligne de Françoise et la transfigure. Incrédule, elle examine son reflet dans un miroir serti de chrome, cherchant le défaut. C'est elle, ce cierge hiératique ? Une mue, ni plus ni moins. La magie de la Haute Couture la transfigure.

Pour changer, se changer. Enfiler une tenue inédite. Un vêtement nouveau proclame une mutation et la produit. L'effondrement de l'ancien monde passe par la visibilité immédiate du nouveau. Aucune chanteuse alors ne s'habille comme Françoise Hardy. Une licorne sur la scène musicale française et même internationale, à cette époque. Petula Clark, Brenda Lee, Marilyn Monroe, Doris Day, Shirley Bassey ensorcellent en robe de cocktail au genou, comme les mères de la génération précédente. Avec sa couture sans passé, Courrèges invente un corps neuf, celui de l'adolescente, et une nouvelle féminité. « La jeune fille devient le prototype de la nouvelle mode », note le philosophe Gilles Lipovetsky[11].

Une photo montre Hardy en janvier 1965 au Griffin's Club de Genève, alors qu'elle vient de prendre livraison de son nouvel habit de scène. Dans le club privé, l'élégance est bourgeoise : femmes du monde en petites robes noires à bretelles comme dans *La Notte*, le film d'Antonioni, hommes en smoking avec nœud papillon. Dans la discothèque, une seule femme en pantalon, Françoise Hardy surplombant l'auditoire comme un satellite Elektron la steppe. Sa carapace allumée d'un blanc lunaire la met à distance d'un public qu'elle ne tente pas de vamper. Tandis que son auditoire écoute la gracile apparition en battant de l'escarpin, elle semble voguer entre les rayons cosmiques et les flux de micrométéorites. Une partie du sortilège Hardy, cet éther insondable dans lequel elle semble se mouvoir.

Une tenue de scène est faite pour attirer le regard, pas pour cacher. L'industrie du divertissement exige d'aguicher, de provoquer, de moquer. Presque sévère, stricte, rigide, la livrée de Courrèges n'obéit pas aux conventions habituelles du vêtement de scène. Son uniforme de vestale galactique gomme le corps pour attirer le regard vers le superbe visage de l'interprète. Le couturier a fait d'elle un être immatériel.

Devant le miroir, Françoise Hardy peine à se reconnaître. « Mon rêve ? Ressembler à cette image de moi, surprise au coin d'une glace en étrennant à Gstaad mon nouveau costume de scène. Une tenue de Courrèges. Une métamorphose ! » lui fait déclarer le magazine *Elle* en janvier 1965. « Pantalon-marinière. Blanc éblouissant. Sûr comme une flèche. Intrépide comme une fusée. Poétique comme un départ pour la Lune. Hardi comme... la Françoise Hardy que je serai peut-être un jour[12]. » Une métamorphose, c'est bien ça. La haute couture donne confiance en soi.

Courrèges a fait de la silhouette de Françoise Hardy un hiéroglyphe, un idéogramme. Tournant le dos aux codes bourgeois, il n'a pas seulement inventé des vêtements, il invente un nouveau corps tout en exprimant une caractéristique de Hardy. « Le total look blanc a un côté très show-off, invincible, plutôt arrogant, et, en même temps, il maintient à distance. C'est comme s'il criait : "Ne t'approche pas de moi, ne me touche pas !" » dit la costumière

Jo Slater[13]. Étendard de sa pudeur, la livrée virginale tient le public à distance.

Épaté par son graphisme, Jean-Marie Périer en a amélioré l'écriture en suggérant de remplacer les petites manches courtes, signature de Courrèges, par des manches longues. « L'exposition de tes bras trop longs et trop maigres ne t'avantage guère », aurait-il dit à la chanteuse, prompte à se dévaloriser[14]. En vérité, il la regarde avec son œil de photographe. « Tu ne vois en moi que la photo que tu vas pouvoir faire », lui reproche-t-elle.

Jean-Marie, dans ces années-là, est le mentor et l'ami des vedettes du yéyé qu'il photographie dans *SLC* ou *Mademoiselle Âge Tendre*. À leur invitation, il a même accompagné Johnny Hallyday et Sylvie Vartan, dont il est le témoin de mariage, pendant leur voyage de noces aux Canaries. Aux yeux de Françoise aussi il fait autorité. Elle commande aussitôt le même ensemble à Courrèges, avec des manches sous le coude qui en renforcent la ligne tubulaire, et le porte désormais sur scène. Elle le gardera longtemps. « Je n'abandonne pas mon habit blanc de Courrèges coupé dans un tissu plus sec, plus épais que du lin, qui me procure la sensation d'être protégée. Jamais je ne trouverais mieux[15]. »

Si les terribles complexes de l'enfance ne s'effacent jamais tout à fait, la bonne fée de la Haute Couture veille sur son destin. En octobre 1965, sa jeune fan Marie-Hélène Taphorel assiste à son spectacle à l'Olympia, où elle joue en seconde partie des Compagnons de la Chanson, elle remarque illico le changement.

L'ancienne timidité, qui donnait aux apparitions de son idole quelque chose de grêle, de mal assuré et faisait craindre à tout instant une défaillance, s'est envolée. Hardy a gagné en aplomb. L'étui blanc y est peut-être pour quelque chose.

Intermède mort de Courrèges

Trente ans après sa rencontre avec son meilleur habilleur, Françoise Hardy reçoit un appel téléphonique de la maison Courrèges, où le couturier vient de reprendre du service après une parenthèse japonaise[1]. « Pour le premier défilé, il souhaitait inviter Françoise Hardy. Je l'ai appelée », relate Christine Blanc[2], alors chargée de la presse du couturier. Rétive à la mondanité, la chanteuse commence par refuser mais fléchit devant l'insistance douce de son interlocutrice. « Cela ferait plaisir à M. Courrèges... » Elle promet de venir et tient parole, bien sûr. « Je lui dois ma meilleure tenue de scène, que j'ai gardée très longtemps. Elle fut la plus esthétique, la plus originale et la plus moderne en même temps[3]. »

Le jour de la présentation, Françoise Hardy arrive en avance. « Elle était si discrète que je ne l'ai d'abord pas remarquée. Elle se tenait au fond de la salle, debout, immobile. En allant à sa rencontre, j'ai pensé... qu'elle n'était pas terrestre. Elle semblait marcher sur les eaux... Elle m'a demandé où elle devait s'asseoir.

Au premier rang, naturellement. Elle ne voulait pas. De nouveau, je lui ai expliqué que cela ferait plaisir à M. Courrèges… Elle a accepté sans caprice… »

Le couturier disparaît en 2016. « Je l'ai beaucoup aimé », dit Françoise Hardy. « Avec le recul, je pense que si je devais avoir un lien avec un grand couturier, ça ne pouvait être que lui car il est différent des autres. C'est un poète, un rêveur, un pur. […] Courrèges a quelque chose de tout à fait en dehors de la mode. »

La robe de chambre de Diderot

Son uniforme monochrome est un manifeste. Avec sa silhouette graphique, elle vient d'inventer sa forme : une épure. Auteur habité par l'esprit de géométrie, Françoise Hardy possède un goût inné qui la conduit vers la note juste. Intuitivement, elle fait les bons choix. Elle a un sens du vrai, de l'authentique, de l'honnêteté. Sans compromis, elle impose une signature intègre et sobre. Sa voix, ses chansons, son univers, tout porte la marque du minimalisme.

Son œil distingue le beau vêtement, celui qui lui ira comme un gant, qui la sublimera. Elle s'habille juste comme elle chante juste. Elle a la grâce. D'où cela provient-il ?

Ce sens de la mode, elle l'a toujours eu. Le 6 février 1962, alors qu'elle apparaît à la télévision pour la première fois dans l'émission de Mireille, elle improvise une (belle) idée qui contient en germe son futur style. Ignorant qu'on allait la filmer, la novice est venue au cours habillée d'une jupe « sortie de messe » et d'un pull V trop ample, un vêtement d'étudiante convenant mal à une jeune artiste.

Le V souligne la poitrine, allonge la ligne du cou, embellit. Ni une ni deux, elle le met devant-derrière. Illico, le basculement du pull-over la rend plus élégante. Montant sur la naissance du cou, le col lui offre une attitude plus chic. Elle démontre un véritable instinct du vêtement. Avec des moyens humbles, elle improvise une tenue de scène. À tout juste dix-huit ans, elle possède peu de vêtements, comme la plupart des filles des années soixante, plus encore lorsqu'elles appartiennent à un milieu modeste. Sa garde-robe est si réduite qu'elle ne compte qu'un pull-over qu'elle lave elle-même le soir en priant pour qu'il soit sec le lendemain. Pour renouveler son allure, elle le porte tantôt à l'endroit, tantôt à l'envers. Emballée, Mireille révèle aux téléspectateurs la supercherie. Enlaçant avec affection celle qu'elle appelle Mademoiselle Hardy, elle la fait tourner sur elle-même de manière à montrer son dos à la caméra. Elle souligne qu'il s'agit d'une « idée de mode », avant de lui demander de chanter *La Fille avec toi*, une de ses compositions. « Hardy n'est pas seulement une vedette, elle est une personne. Photogénique à vous couper le souffle, et d'une élégance naturelle qui ne cesse de vous surprendre, même si on la connaît de longue date : sur elle, la vieille robe de chambre de Diderot passerait pour une création géniale de Chanel », dira l'écrivain Emmanuel Berl, époux de Mireille.

La Mutante

Hardy, c'est d'abord un corps, le nouveau corps des années soixante. La femme de la décennie précédente est hyper-sexuée : sein combatif, épaules vaincues, hanches exaspérées, taille accusée. Les symboles sexuels ont des visages ronds de poupée. C'est la silhouette de Brigitte Bardot et Marilyn Monroe, taille accentuée par la jupe new look patronnée après la guerre par Christian Dior. Deux femmes en réalité très minces. Un dispositif coercitif à la limite de la prothèse assujettit leurs corps. Des gaines étranglant la taille et faisant saillir les hanches exagèrent et sculptent les courbes. Les soutiens-gorge renforcés de baleines en métal placées sous le sein le font pigeonner[1].

Un mois avant le lancement de *Tous les garçons et les filles*, les journaux français font leur une sur la mort de Marilyn Monroe[2]. Une page se tourne, celle de l'après-guerre. Marilyn emporte dans son sarcophage du cimetière de Los Angeles ses robes, ses soutiens-gorge et ses porte-jarretelles, ses mises en plis cartonnées et tout son accastillage soudain périmé. La mode, ça meurt sur le coup.

Haute taille et minceur sont désormais des attributs féminins enviés. Dans les années cinquante, la sveltesse était moquée. Sa morphologie a valu à Françoise Hardy des déluges de railleries. En classe, où elle dépassait ses camarades d'une tête, les surnoms pleuvaient : grande saucisse, grande perche, planche à pain, grande gigue, girafe, manche à balai... Dépourvue de hanches et de seins, elle ne correspondait guère aux clichés féminins popularisés par le cinéma ou la mode. Victoire, le mannequin-fétiche de Christian Dior, mesurait 1,65 m. Brigitte Bardot, 1,66 m. Marilyn Monroe 1,68 m.

Soudain, les attributs moqués deviennent un atout. Le vilain petit canard se transforme en cygne. Androgyne d'1,73 m, Hardy démode les pin-up. Cheveux raides, peu de maquillage, vêtements de garçon, elle est une chanteuse d'un « genre » nouveau. Une mutante.

Quelle revanche pour les nénettes ayant dépassé le mètre soixante-dix qui en ont bavé des ronds de chapeau. Fin de l'ère des pépées en sabliers, vive les asperges. Et quelle est la pièce favorite des grandes bringues ? Le pantalon. Cette pièce de vêtement exige deux jambes et plus elles sont longues et minces, plus la silhouette en jette. Dans cette seconde moitié du XXe siècle, la contraception fait son apparition sous forme de pilule, que les Françaises, malignes, se procurent en Suisse, en Allemagne ou en Angleterre pendant que leur vieille terre catholique traîne les pieds. Comme le dit la chanson de Françoise, « je suis d'accord, pour le cinéma, pour le rock, le twist ou le cha-cha, je suis d'accord, pour tout ce que tu voudras, mais ne me demande pas d'aller chez toi[3]... ». Et pour cause.

Avant les filles de son âge, Françoise Hardy a accès à la contraception : à vingt ans, un médecin accepte de lui poser un stérilet. Un avantage rare. Le 28 décembre 1967, à Colombey-les-Deux-Églises, le général de Gaulle signe la loi Neuwirth qui légalise la prescription libre de la pilule contraceptive. Une nouvelle fois, les catholiques ont freiné des deux pieds. Les décrets d'application ne seront signés que deux ans plus tard, et la loi pleinement appliquée à partir de 1972 seulement.

Les femmes ont dû attendre la pilule pour qu'enfin leurs corps leur appartiennent. Le sexe devient – aussi – un jeu féminin. Le pantalon est le drapeau de cette conquête : vêtement fermé, il rend le sexe de la femme plus inaccessible que ne l'autorisent une jupe ou une robe. Cinq ans avant Neil Armstrong, les femmes posent le pied sur la Lune. Un petit pas pour la femme, un bond de géant pour le pantalon.

En ce début 1965, ce vêtement reste réservé aux activités sportives (pour les femmes). À Londres, après son tour de chant au Savoy, un maître d'hôtel bannit Hardy du restaurant au prétexte qu'elle en porte un. Elle tente une négociation, rien n'y fait. Elle n'a pas l'aplomb de Brigitte Bardot : Daniel Filipacchi raconte que dans la même situation l'actrice a confié son pantalon au vestiaire pour dîner en tunique[4]. Il reste un vêtement interdit. Au magazine *Elle*, Hélène Gordon Lazareff ne l'autorise qu'à la veille de Mai 68[5].

Le mélange fille-garçon a pourtant du piquant, Coco Chanel l'a démontré avant la guerre.

Hardy réinvente l'androgyne augmenté de sex-appeal. Ni la taille ni la poitrine ne sont marquées, les hanches étroites donnant à la silhouette hiératique un côté unisexe. Sans être la garçonne des Années folles avec ses cheveux courts et ses maîtresses, elle emprunte volontiers des pièces au vestiaire mâle tout en conservant un regard souligné d'un trait d'eye-liner et une chevelure de fille. L'heure du changement a sonné. Les photographes de mode les plus recherchés, Richard Avedon, William Klein, Helmut Newton se jettent sur elle[6]. Elle est loin d'imaginer qu'elle fera école.

Dedicated Follower of Fashion

De leur chevelure sortaient des ondes de lumière et leurs mouvements excitaient des frémissements onduleux semblables aux flots d'une mer phosphorescente.

BALZAC, *Seraphîta*

La silhouette de Françoise Hardy va avoir une influence déterminante, et pas seulement en matière de vêtement. Avec elle, la courbe des ventes de bombes de laque amorce un irrémédiable déclin. Diabolique pulvérisation de plastique et de silicone, la laque enveloppe la chevelure d'une fine croûte cireuse. Si une idée chatoyante tente de se frayer un chemin hors d'un crâne féminin, pschhhhhhhhitt, un jet de bombe aérosol la tétanise en vol comme l'insecticide interrompt les loopings de l'abeille. À moins qu'elle ne s'écrabouille, l'idée chatoyante, sous les parois internes du casque rigidifié. L'écervelée des fifties est prise dans un étau : des pieds à la tête, pas un poil ne gigote. Qu'elle ne bouge pas un cheveu, qu'elle reste à sa place. Elle n'a pas besoin de penser. « Sois belle et tais-toi. » La laque, au fond, c'est la tête en cage. Pourtant, il y a un paradoxe. Comme l'a noté le philosophe Gaston Bachelard[1], la permanente laquée, parce qu'elle paralyse le mouvement souple et naturel des cheveux, bloque la rêverie qu'elle souhaite provoquer. Ce qui compte, selon Bachelard, ce n'est pas la forme de la chevelure, mais le mouvement qui suscite la rêverie. Les coiffures en carton ondulé, personne n'a envie de les caresser. Avec ses longs cheveux et sa frange, Françoise Hardy démode celles qui l'ont précédée et fait figure de « chef » de file.

Les filles de dix-huit ans qui lui emboîtent le pas doivent-elles à leur changement de coiffure leur phosphorescence ? Jusque-là, elles se vieillissaient pour ressembler à des dames. Les aiguilles de l'horloge tournent en sens inverse, les femmes rajeunissent. À jamais ressembler à une étudiante en lettres comme Françoise Hardy (qui étudie l'allemand). En France et à l'étranger, elle influence la mode. Pas seulement les Françaises, telles Brigitte Mathieu-Saint Laurent, la sœur du couturier, et Betty Saint, future Catroux, mannequin chez Chanel, mais toutes les « it girls » londoniennes d'alors qui changent de tête après elle. J'ai vérifié. Un avant-après est un exercice facile, on trouve leurs photos en ligne. Un avant Hardy, un après Hardy. Chrissie Shrimpton, la petite amie de Mick Jagger, Anita Pallenberg, celle de Brian Jones, Cynthia Powell, future Mrs Lennon, et Pattie Boyd, épouse Harrison, Jane Asher, *girlfriend* de McCartney, Marianne Faithfull, toutes troquent leur choucroute pour la frange au ras des yeux et les cheveux en baguette de la Française. Brigitte Bardot elle-même domestique sa crinière de lionne. Désormais, les adolescentes, ces ondes lumineuses, mènent la danse.

Une des grandes inventions des années soixante, c'est la mode androgyne. Françoise Hardy l'a introduite et diffusée, Mick Jagger a suivi. C'est du reste en faisant du shopping à Soho qu'ils se sont croisés la première fois. Hardy cherchait des Chelsea boots, pièces maîtresses de ce nouveau lexique. Avec leur talon biseauté et leur bout pointu, ces bottines fabriquées chez Anello & Davide, une sorte de Repetto londonien, étaient à l'origine destinées aux toréadors et aux danseurs de flamenco. Elles auraient été popularisées vers 1962 par les Beatles, mais cette attribution fait l'objet de contestations : Cliff Richard en arbore une paire sur la couverture du *New Musical Express* en date du 2 décembre 1960. Les aventures du flamboyant Dominguín, matador qui séduisit Ava Gardner et Pablo Picasso, ont bercé leur enfance avant que le très hot El Cordobés ne lui succède la décennie suivante sur la scène tauromachique : la corrida est alors en vogue. Marc Bolan, Noureev, tous ont commandé leurs *shoes* chez Anello & Davide, et adopté leur pantalon blanc de gardian.

Ces ambivalents répudient les clichés de la virilité comme Hardy déserte ceux de la féminité. Pas de petites robes romantiques à la Cacharel sur Françoise Hardy, ni de longues jupes hippies… La mode lui sert à s'affirmer. Son vestiaire de jour, Françoise Hardy l'emprunte en partie aux mods. Terminé les tristes tenues de sorbonnarde. Elle développe un vocabulaire nouveau qu'elle va garder toute sa vie. Londres commence tout juste à swinguer. À Carnaby Street, cœur de la radioactivité *mods*, elle achète des vêtements branchés. « Les mods arborent l'allure nette des jeunes gens de bonne famille – qu'ils ne sont pas », explique avec finesse l'historien Farid Chenoune dans son essai sur la mode masculine[2]. Fils d'ouvriers ou de petits cols blancs, les mods portent polo à col fermé, pull col roulé ou en V, cardigan, veste ajustée à trois boutons et double boutonnage aux épaules étroites, pantalons blancs ou jeans impeccables, Clarks ou boots pointues à élastique sur le côté, les Chelsea boots (ou Mersey boots), imperméable Burberry. Un vestiaire qui leur donne des lettres de noblesse, eux qui viennent de la classe ouvrière ou de la petite bourgeoisie. Raffinés, ils exècrent le débraillé. « Les mods aiment ce qui est moderne, autrement dit nouveau et consommable : ils incarnent l'avant-garde euphorique de la conversion aux idéaux de la classe moyenne. » Comme l'a analysé en France Henri Mendras[3], progressivement l'élite et le peuple se mettent à ressembler plus à la classe moyenne qu'au prolétariat et à la bourgeoisie.

Françoise Hardy innove en s'habillant au rayon garçon. Fille d'une petite employée, elle est issue de la même classe sociale. Aux mods, elle a emprunté le polo en piqué de coton boutonné jusqu'au menton, les cols roulés, le jean blanc, les vestes cintrées à trois boutons, les low boots en agneau. Sur le plan vestimentaire, elle est parfaitement bilingue… Son vêtement doit être confortable, minimaliste, à la limite du sévère.

Avec sa panoplie chipée aux garçons, elle élabore une image d'une vive séduction. Elle n'invente pas l'ambiguïté sexuelle, elle la popularise. Parfaite incarnation de l'androgyne des années trente, Greta Garbo, qui se présentait comme un personnage unique en son genre, arborait à la ville comme à l'écran des vêtements masculins. Un des rôles du cinéma, et surtout de Hollywood, est de produire de nouveaux archétypes qui travaillent les inconscients. Le type asexué et lointain de Garbo resurgit dans les années soixante, incarné par des figures plus familières, et se diffuse largement : Françoise Hardy puis Jean Shrimpton, Twiggy, Julie Christie, Anita Pallenberg, Betty Catroux, Penelope Tree, Nico : de très jolis garçons. Si le visage de Garbo est désexué, selon le mot de Roland Barthes, son corps ne l'est pas : hanches importantes, épaules larges, vraie poitrine. Françoise Hardy est la fille rêvée de Greta Garbo : hanches de garçon, épaules étroites, poitrine menue[4].

L'année de *Tous les garçons et les filles*, Yves Saint Laurent fait ses premiers emprunts au vestiaire masculin de ses idoles Garbo et Dietrich, avec dans sa collection de Haute Couture un caban. Taillé dans un lainage Prudhomme à boutons dorés, il est porté sur un pantalon de shantung blanc et des mules[5]. Suivront le trench-coat, la saharienne, la veste officier, le blouson d'aviateur, le smoking, qui font de Saint Laurent un athlète complet du masculin-féminin.

À Londres, Anita Pallenberg et Brian Jones échangent leurs vêtements et arborent la même coupe de cheveux de page. La walkyrie des Stones influence le groupe avec un sens du style bien frappé. Frange fauve dans les yeux, regard bleu perçant, pommettes hautes, voix rauque, elle dégage un magnétisme de pyromane. Germano-italienne, elle a traîné avec les gens de la Dolce Vita à Rome, avec ceux de la Factory à New York. Autant dire qu'elle a un doctorat international en culture stylée. Elle parle quatre langues, a étudié la médecine et le graphisme, a fait du théâtre expérimental avec le Living Theater… Des heures durant, une Marianne Faithfull hypnotisée regarde Anita et Brian se pavaner devant le miroir après avoir échangé leurs vêtements. Dans ces performances en chambre, rôles et genres s'évaporent. « Anita transformait Brian en Roi Soleil, en Françoise Hardy ou en elle-même[6]. » Quelques gamètes du style Hardy entrent donc dans ses gènes.

« Il est sexy et totalement asexué », a dit Cecil Beaton de Mick Jagger. Une remarque qui s'applique à Françoise Hardy, laquelle raffine bientôt son vestiaire chez Charvet, le magasin pour hommes de la rue de la Paix[7]. À Londres, elle fait un saut à Carnaby Street, dont elle aime l'atmosphère grouillante et les boutiques ouvertes par des gens à peine plus âgés qu'elle. Au numéro 5, chez John Stephen, elle achète un costume croisé à rayures banquier et les pulls à col roulé que John Stephen a lancés, dit-on. On y trouve aussi les premières chemises à fleurs pour homme, que Jean-Marie refuse d'adopter. Les boutiques soignent leur décor avec des papiers peints Art nouveau, des affiches, des slogans. On y passe de la musique pop stimulante. Au numéro 45, elle jette un œil chez Topper, le chausseur qui offre des boots ou des derbies séduisants. Des photos de clients portant les modèles maison, Bob Dylan, Ray Davies, Brian Jones, sont accrochées au mur. Au dos de la pochette de son quatrième album, « Another Side of Bob Dylan » (1964), Dylan publie une série de poèmes dont l'un est dédié à Françoise Hardy, qu'il a vue en photo : « *for françoise hardy/at the seine's edge/a giant shadow of notre dame/seeks to grab my foot/sorbonne students whirl by on thin bicycles* », *(Pour Françoise Hardy/Sur les quais de Seine/L'ombre immense de Notre-Dame/Cherche à saisir mon pied/Les étudiants de la Sorbonne tournent sur de frêles bicyclettes)*[8]. Le grand magasin Harrods lui fait tourner la tête : dans un rayon laqué de noir du sol au plafond, des robes très courtes et des bas colorés. Londres adopte la minijupe. Moins intrépide qu'Anita Pallenberg, Françoise n'adopte pas les imprimés de Celia Birtwell et Ossie Clark, ne chine ni à Portobello Road ni au Chelsea Antique Market. Les pièces boho, dentelles et mousseline, jupons, chemises à jabot, imprimés léopard, trop baroque pour elle.

À la ville aussi, elle impose un vestiaire stylé. Des pièces basiques de bonne facture. Un trench-coat Burberry, un caban en drap, un pull à col roulé, un jean taille haute, un jean large, un jean étroit, un jean blanc, une chemise d'homme blanche, une chemise d'homme en jean, une minijupe, un T-shirt à inscription, des blousons courts ou des blousons d'homme, des Persol, un sac Kelly en box noir ou des petits sacs à bandoulière Céline, La Bagagerie, une montre Cartier. Il y a la panoplie de vêtements classiques, mais surtout la façon de les porter. La syntaxe est impeccable, elle a le sens des proportions. Jean large ? Pull étroit. Minijupe sexy ? Ballerines sages, bottes plates ou col roulé un peu large pour faire descendre la température. Le cardigan est porté en cape, sur les épaules. Pas de fausses notes. Une jeune fille d'aujourd'hui, feuilletant son look book, trouve banale cette garde-robe. Pour elle, c'est du déjà-vu. Ces silhouettes lui rappellent celles de sa mère ou de sa grand-mère sur les photos en Agfacolor pâlies. Dans les années soixante, Françoise Hardy est l'air du temps. Tout le monde n'est pas habillé comme elle, loin s'en faut. Mais elle donne le ton.

Ses associations de vêtements, sa manière de mêler le sage et le sexy, le classique et le nouveau, de relever une pièce trop simple avec un bijou ancien, d'insuffler une touche rock à une tenue *preppy*, de twister un cardigan irlandais avec un sac Hermès ou des lunettes de plastique blanc, de casser le féminin avec du masculin, tout cela est devenu quelconque. Hardy a mis des années pour le mettre au point.

En juillet 1965, Jean-Marie Périer réunit sa petite amie et Jagger pour une séance photo. Françoise lui a fait découvrir les Rolling Stones dans un petit théâtre de la banlieue de Londres. Contre un mur de brique industriel symbolisant peut-être leur commune origine prolo, Jagger s'adosse à Hardy. Avec sa clairvoyance sans paroles, le photographe souligne leur parenté androgyne : bouche épaisse, pommettes hautes, hanches étroites, regard intense. En *hipster pants* taille basse, Jagger joue de son déhanché racoleur et de son magnétisme animal, parties génitales surlignées sans équivoque comme les maréchaux d'Empire de la rue de Rivoli à la hauteur du musée des Arts déco. À son côté, dans un austère costume de banquier en flanelle à fines rayures, Hardy reste sur son quant-à-soi. Il aguiche, elle se renferme. Il provoque, elle est impassible.

Cette génération de *baby boomers* européens inaugure le monde qui est encore le nôtre soixante ans plus tard. La première, elle va évoluer dans un environnement pacifié qui prodigue bien-être et confort dans une société d'abondance. Dans ce paradis de la consommation, ce nouvel âge ressent « un mal-être dans le bien-être, un inconfort de l'âme dans le confort, une pauvreté affective dans l'abondance, une irrationalité fondamentale sous la rationalisation[9] »... Ce malaise d'une génération, des hymnes vont l'exprimer en trois minutes. Un grand hit synthétise l'inconscient collectif, il fait écho à son vague à l'âme ou à sa colère, sinon c'est une chansonnette éphémère. *Tous les garçons et les filles* révèle la « pauvreté affective dans l'abondance », et *Satisfaction*, trois ans plus tard, le « mal-être dans le bien-être »[10]. Rage et mélancolie, Mick Jagger et Françoise Hardy sont les deux faces d'une même médaille.

La séduction de Mick Jagger, son sourire attirent Françoise Hardy. « Ensorcelant », dit-elle, après l'avoir regardé sur le petit écran noir et blanc d'un poste de télévision, à l'hôtel Westbury, à Londres. « Il vous tapait littéralement à l'œil. » Les Rolling Stones chantent la reprise d'un blues américain, *Little Red Rooster*[11]. Les riffs accrocheurs de Keith Richards ne l'ont guère frappée. Comment en revanche ne pas remarquer le chanteur ? Une bouche, une tignasse. Il drague la caméra qui multiplie les close-up. Avec un savoir-faire d'acteur accompli, un Laurence Olivier ou un Alec Guinness[12] du rock, il vole la vedette aux autres membres du groupe. Il ne joue d'aucun instrument, mais il prend peu à peu le pouvoir dans le groupe en devenant son pôle d'attraction visuel. Il fabrique de l'image et aimante l'objectif. Instinctif et calculateur, il le traite en partenaire. Marilyn Monroe en garçon. Rudolf Noureev en chanteur. Derrière la sensationnelle rouerie d'un garçon de vingt ans qui rectifie sa petite taille avec des boots à talonnettes, Françoise devine le trac. Il sort de sa poche un harmonica dans lequel il souffle son anxiété. Pour vaincre le malaise, il multiplie les audaces comme elle s'abrite derrière sa réserve. Il s'agite quand elle se pétrifie. Son culot déguise sa timidité. Le jeu, la mise en scène de lui-même font diversion.

Jagger plaît à Françoise Hardy, mais c'est Brian Jones qui lui rend souvent visite à l'hôtel Westbury. Lui aussi a du charme mais elle préfère le chanteur. Jagger n'est pas plus expérimenté qu'elle et pas plus musicien. Elle s'est renseignée. Alors qu'à Paris sortait *Tous les garçons et les filles,* il étudiait encore à la London School of Economics[13]. Les Rolling Stones ont donné leur premier concert public le 12 juillet 1962 sur la scène d'un club de jazz londonien, le Marquee. À l'automne 1963, Jagger partait cinq semaines en tournée avec le groupe qui jouait en première partie d'une tournée incluant Little Richard, Bo Diddley et les Everly Brothers[14]. Il a pris des leçons en accéléré avec Little Richard, ce charmeur de cobras ayant débuté en Amérique dans des spectacles de drag queens. « Un rite vaudou d'une nouvelle espèce », selon le critique Lucien Malson[15]. L'image de la passion furieuse. Chaque soir, il l'a observé. Little Richard fait chanter son corps. Sa gestuelle expressive, sauvage, excite le public. Pour préparer sa mise en scène, il explore les lieux avant le concert, évaluant les possibilités offertes par l'espace scénique, discutant avec les éclairagistes pour se placer au mieux. Ce dieu a enseigné à Jagger son art du spectacle, il lui a montré comment divertir et impliquer le public[16]. Comment en jouir, aussi, car le public donne du plaisir.

Enfant, Mick Jagger aimait faire le show dans les réunions familiales, divertir les siens. Contrairement à Françoise Hardy, il n'ignore pas le public. En phase avec celui des clubs ou des théâtres, il entre en relation avec lui, reçoit ses réactions, joue et le séduit. Et parfois le soumet. La Française l'impressionne, il ne la drague pas ouvertement. Jusqu'au jour où il dîne avec elle et Jean-Marie à Paris, dans un restaurant proche de Notre-Dame. Toute la soirée, sous la table, il lui fait du pied.

Françoise Hardy et Mick Jagger au Studio Pye

Entouré d'une cour, Mick Jagger s'installe dans un angle du studio. Petit gars pâlichon avec un fort accent cockney, il ne doit pas être terrible sur une plage. Une fille au teint très pâle, un peu plus grande que lui, bandeau dans les cheveux et imperméable beige encore boutonné, est assise près de lui. Une petite amie, sans doute[1]. Intrigué, Charles Blackwell observe Jagger du coin de l'œil. Ce n'est pas la première fois qu'il assiste aux séances de la Française. Elle a réussi à convaincre son directeur artistique d'enregistrer à Londres avec un producteur et des musiciens de studio anglais. Jacques Wolfsohn n'aime pas les morceaux sur-arrangés. Il préconise la tactique « droit au but », laquelle donne aux premiers enregistrements de Françoise Hardy le son pur que révèrent ses plus anciens fans. Mais il a fini par céder. Si Johnny Hallyday a claqué la porte, c'est parce qu'il avait refusé d'entendre ses demandes. Talonné par des concurrents, le chanteur souhaitait sophistiquer ses morceaux. « Chez Vogue, ils faisaient des enregistrements à bas prix avec trois guitares et une batterie. Le jour où j'ai voulu avoir des violons, on m'a dit : "Toi, ta gueule et chante" », relate Johnny[2], avant de préciser dans son autobiographie que le « on », c'est Wolfsohn. Belliqueux et autoritaire, ce dernier ne contrôle pas ses humeurs. « Difficile de fermer sa gueule et de chanter », aurait répondu Johnny, qui a plaqué Vogue pour Philips.

C'est Richard Anthony, durant leur tournée en France, qui a convaincu Françoise de traverser la Manche. Elle s'était plainte, comme à son habitude, de ne pas obtenir le son dont elle rêvait. Elle avait offert à Jacky Giraudo une Fender, dans l'espoir qu'il abandonne sa guitare jazz, mais Marcel Hendrix, très attaché à son piano, refusait obstinément de s'intéresser aux synthétiseurs. Faire sonner son orchestre comme un groupe de rock s'avérait difficile en France. « Va à Londres. Tu trouveras les musiciens dont tu as besoin », lui a dit Richard Anthony. Il lui a recommandé son propre producteur anglais, Charles Blackwell, jeune arrangeur de vingt-cinq ans déjà respecté. Pour dissoudre les réticences de Wolfsohn, elle lui a vanté la réussite d'une autre artiste des disques Vogue, Petula Clark, alors en tête des ventes en France avec *Downtown*, un hit enregistré à Londres… en trente minutes et trois prises[3]. Bien joué : Wolfsohn, qui a l'esprit de compétition, n'allait pas se faire battre par le producteur de Petula… Françoise Hardy investit à son tour ce Studio Pye où les Kinks enregistraient *You Really Got Me* quelques jours auparavant sous la direction de Blackwell.

Enfoncé dans le canapé déglingué, Jagger ne perd pas une miette de ce qui se passe de l'autre côté de la vitre. Virtuose de l'apparence et de l'apparat, il garde les yeux rivés sur la chanteuse en cabine, qui ne l'a pas vu se glisser dans le studio. On dirait une scène de chasse, il guette sa proie. À la London School of Economics, on lui a appris à maximiser le profit, c'est ce qu'il applique, tirant profit de chaque rencontre. Françoise Hardy retravaille *Et même*, une chanson qu'elle a déjà enregistrée à Paris avec l'Américain Mickey Baker mais dont le résultat ne l'a pas convaincue. Une appréciation réciproque, en vérité. Elle non plus n'a pas emballé Mickey Baker. Avec les chanteurs yéyés français, le guitariste virtuose a l'impression d'avoir affaire à des artistes dépourvus de talent et d'ambition, « fabriqués » par l'industrie phonographique de leur pays. Leur amateurisme le sidère. Aux États-Unis, la scène regorge de bons musiciens, de chanteurs et de chanteuses qui en veulent, à qui l'on n'a pas besoin d'expliquer cent fois ce qu'il faut faire. Il a travaillé avec les plus grands, comme Ray Charles[4]. Coincé en France par une passion amoureuse, Baker subit une situation qui l'exaspère.

Dans la cabine du Studio Pye, la Française répète qu'elle sait ce qu'elle veut entendre, mais ne sait comment l'expliquer. Ce qui ne l'empêche pas de garder le contrôle des séances, note son admirateur depuis le canapé. « J'ai toujours aimé le studio, j'aime arriver dans un endroit où l'on est coupé du monde, où l'on n'a plus le sens du temps qui passe ni du temps qu'il fait », dit-elle[5]. Rien de plus précis qu'un artiste, il sait exactement ce qu'il est et ce qu'il veut. Hardy sait détendre l'atmosphère. Pour chauffer ses cordes vocales, elle pousse de petits grognements, mmmm, mmmm, rrr-rrr, ouououou, des roucoulades d'oiseaux, elle fait des respirations : elle a conservé la routine rassurante du Petit Conservatoire. Casque sur les oreilles, elle se lance sur la mélodie préenregistrée en gardant le tempo. Délicate comme une aile, sa main droite bat la mesure. Un spot dessine la ligne médiane du visage, ombre et lumière, modelant les arêtes des pommettes hautes et l'ourlet parfait de la bouche. Jagger ne la quitte pas des yeux. Ses traits féminins pourraient être ceux d'un très joli garçon. Le plus fascinant, c'est son corps. Derrière le micro, la longue silhouette vrille autour d'une ligne invisible, telle une fumée dans la brise. Ni homme ni femme. Comme l'autre Française sur laquelle Brian Jones a flashé à Paris après leur concert à l'Olympia[6]. Zouzou-la-twisteuse, elle aussi fiancée à un photographe de *Salut les Copains*[7]. Une Marlon Brando en fille, aussi gouailleuse et culottée que Hardy est discrète et sobre. Même silhouette longiligne, mêmes hanches de garçon, toujours en pantalon. Deux filles élevées par leur mère après désertion d'un père. Comme Françoise Hardy, Zouzou est une surdouée, deux bacs en poche à quatorze ans et demi. Brian, en tout cas, a adopté sa coupe de cheveux, épaisse frange à la Louise Brooks, pattes sur les côtés[8].

Jagger préfère Hardy et sa *breathy voice* tellement sexy. Plus tard, de lui aussi on dira qu'il est androgyne. Parce qu'il est menu, parce qu'il a adopté des maniérismes féminins. Mais il n'a pas comme Françoise un visage ambigu. Sa bouche épaisse est celle d'un garçon. Lui, il voudrait être elle. Impassible. Dans son petit shetland ras du cou bleu layette, elle ne voit personne. Ses pupilles vertes sont des glaces sans tain. Accroupi dans un recoin, un photographe arme son appareil. « Can we do it again, with less background ? Less bam bam bam ? » demande-t-elle[9]. Elle a une bouche vraiment magnifique, songe Jagger. Aussi sensuelle que la sienne, mais sans rien d'animal. « How was the voice Françoise ? » demande Blackwell avec un sourire car il connaît la réponse. « The voice is not very clear, something flat… » En deux ou trois prises, la voix est bonne, mais elle insiste toujours pour recommencer. Si Blackwell tente de la dissuader, elle est inflexible. Une perfectionniste, note Jagger en allumant une cigarette[10]. Même lorsqu'elle râle, elle reste à distance.

Au milieu des Anglais, elle s'épanouit : « En France, les musiciens accompagnaient les chanteurs yéyé pour des raisons alimentaires et méprisaient ce style de musique. À Londres, ils jouaient bien et avaient la discrétion de ne pas faire savoir ce qu'ils pensaient. »

Françoise Hardy, à l'époque, tous les musiciens anglais la connaissent. « La plupart du temps, je découvrais l'artiste à accompagner en studio. Parfois, je n'en avais jamais entendu parler. Mais lorsqu'elle est entrée avec son col roulé et sa minijupe en tweed, je savais qui elle était », dit Jimmy Page, guitariste d'excellence qui n'a pas encore créé Led Zeppelin et qui joue les musiciens de session[11]. La pochette du 45 tours ne mentionne que le nom du Charles Blackwell Orchestra. Les crédits musicaux ne sont pas toujours détaillés sur les albums d'alors, et le nom de Jimmy Page n'y figure pas. Mais il se souvient d'avoir joué sur *Je n'attends plus personne*, une adaptation du tube italien *Non aspetto nessuno* découvert durant l'été par Hardy au festival de San Remo. La semaine précédente, sous la direction d'un autre arrangeur, il jouait sur *Downtown*, la chanson de Petula Clark. Lui aussi trouve Françoise Hardy drôlement jolie.

« Tout le monde va me dire que c'est trop fort, que l'accompagnement est trop fort, j'en suis sûre tout le monde me le dit toujours... », ronchonne-t-elle à l'intention de son manager, un petit bonhomme rondouillard qui l'accompagne. Elle le vouvoie, il la tutoie. Avec un soupir, Wolfsohn demande à Blackwell une nouvelle prise. Au mixage, elle exigera toujours plus de réverb sur sa voix mise en avant. Elle adore cet effet d'écho. Comment résister à ses demandes ?

Durant cette session, sa protégée est en train d'enregistrer certaines de ses chansons les plus délectables, comme *Mon amie la rose*, un petit trésor sans tempo, dont le chant velouté épouse miraculeusement la danse des mots, les inflexions de la voix parlée. Certains attribuent les paroles à Ronsard, elles sont en fait de Cécile Caulier, une autre élève de Mireille.

Hardy enregistre aussi *Dans le monde entier* ou *All Over the World*, la ballade dont elle a écrit les paroles au Copacabana Palace, où elle se languissait de son amoureux. En deux versions, française et anglaise. Le titre entrera au hit-parade britannique l'année suivante[12]. C'est une des plus connues de Françoise Hardy sur la scène internationale.

Les Stones, eux aussi, caracolent en tête cette année-là. Au printemps, le 12 avril 1964, est sorti chez Decca leur premier album, intitulé « The Rolling Stones ». Le 11 mai, Terence Conran inaugurait Habitat sur Fulham Road. Le 28 juin, Churchill quittait le parlement et la vie politique de son pays. Le 16 juillet, la chanson *It's All Over Now* était en tête du hit-parade. L'album est resté plus de douze semaines en tête des charts. Enregistré en janvier et février au Regent Sound Studio, il est composé de reprises de blues ou de titres signés par d'autres compositeurs. Un seul titre porte la double signature Jagger-Richards, *Tell Me (You're Coming Back)*. Une ballade, une supplique implorant le retour de l'être aimé, pas un morceau de blues électrisé dont les Stones raffolent.

Derrière la vitre, les traits de la chanteuse se creusent. Elle semble soudain fatiguée, comme si elle manquait d'air. On lui apporte un thé, qu'elle sucre avec du miel. Retournant dans la cabine sans regarder personne, elle se concentre. À quoi peut-elle bien penser ? Elle remet le casque sur ses oreilles, recommence la prise. Une métamorphose s'est produite. De simplement jolie, la Française est devenue belle, comme lorsque le soleil troue les nuages. Son visage semble éclairé de l'intérieur. Le phénomène optique n'a pas échappé au photographe, qui n'arrête plus de la mitrailler. Sous le choc, Jagger se rétracte. La grâce est une expérience fugace. Greta Garbo. Marlene Dietrich. Julie Christie. Brigitte Bardot. Toujours le même sortilège. Une peau spéciale pour les stars, une peau au grain très serré qui renvoie la lumière comme un réflecteur. Les stars, une question de peau ?

Le vampire cockney, qui cannibalise les grimaces, les tics, les particularités, les simagrées, la gestuelle, aimerait diablement lui ressembler.

La créativité se nourrit de rencontres. La révolution musicale anglaise des années soixante doit son succès au brassage des cultures. Carrefour d'impulsions nouvelles venues des quatre coins du globe, États-Unis, Asie, Caraïbes, la Grande-Bretagne a absorbé les influences les plus variées. Françoise Hardy a fait partie de ces influences et elle appartient à cette histoire.

Une inspiration peut traverser la Manche, et dans les deux sens. Pas besoin de sonar pour la détecter. Charles Blackwell permet à Françoise Hardy d'enregistrer *Only You Can Do It,* chanson qu'il a composée pour The Vernons Girls, sous le titre *Je veux qu'il revienne*, un futur hit en France. Le texte écrit par Hardy n'a rien à voir avec celui de la version originale.

Je veux qu'il revienne
Car c'est lui que j'aime
Je veux qu'il revienne
Dis-lui pour moi
Dis-lui pour moi[13]

Une prière pour obtenir le retour de l'être aimé. Comme *Tell me (You're Coming Back)*, la chanson de Mick Jagger.

I want you back again [...]
You gotta tell me you're coming back to me
You gotta tell me you're coming back to me
You gotta tell me you're coming back to me
You gotta tell me you're coming back to me[14]

Entre le *dis-moi que tu reviens* jaggérien et le *je veux qu'il revienne* hardyesque, la consanguinité frappe. Pas seulement celle des paroles. Les deux ballades empruntent la même forme : la litanie incantatoire, la prière répétitive. Les textes sont un quasi-copié-collé. Coïncidence ? Ou l'inspiration a-t-elle fonctionné dans l'autre sens, le Cockney inspirant la Parisienne, cette fois ?

Lorsque la petite amie en imperméable clair tire Jagger par la manche, il lui décoche une de ses étranges contorsions faciales. Elle devrait se couper la frange au ras des yeux, comme Françoise Hardy, qui se dirige vers eux en souriant.

Hardy demande à Mick Jagger où il a déniché ses boots, « I love them and your white trousers are beautiful », recopie l'adresse sur un minuscule calepin en box rouge extrait d'un minuscule sac bandoulière. Vince, Gear boutique, Bazaar. Seuls ses yeux verts sont maquillés.

Frogs & Rosbif

La page n'est jamais blanche. En musique, en littérature, en peinture, toute création est un processus d'hybridation. Les Stones, les Beatles ou Françoise Hardy, tous ont d'abord pompé ceux qu'ils admiraient. Comme ils étaient talentueux, ils n'ont pas imité servilement. Ils ont digéré, métabolisé, transformé ou transcendé leurs modèles pour devenir eux-mêmes. De leurs influences, ils ont fait autre chose. Ils n'ont pas plagié, ils ont refait à leur manière. Non seulement leurs inspirateurs leur offraient un mode d'emploi, mais ils démontraient qu'il y a une liberté à prendre. Ils sont allés de l'avant. Par gratitude, tous, Stones, Beatles, Hardy et d'autres, ont ensuite revendiqué leurs inspirations. En essayant d'égaler leurs maîtres, ils ont déformé leur art et fait des découvertes, poussant dans une direction nouvelle. Ce processus de fertilisation croisée a donné naissance à des œuvres pop d'une envergure planétaire.

Françoise Hardy a été une muse dans l'émergence du rock anglais, et pas seulement parce qu'elle était belle et bien sapée. La plupart des

Anglais la découvrent probablement au printemps 1963, à l'occasion du concours de l'Eurovision, comme cinquante millions de téléspectateurs européens. Elle représente la Principauté de Monaco. Dans ces années de disette musicale, la compétition est très suivie, même par le jeune public. Vêtue en chanteuse existentialiste (lugubre, donc), une Hardy raide comme un lampadaire interprète une morne complainte (l'amour s'en va, toujours la même rythmique sentimentale...). Aimantée par son éclat, la caméra se fige sur le masque magnifique. Comme si tout ce noir – les fringues, la chanson, le noir et blanc hertzien – n'était qu'un jeu de clair-obscur pour éclairer les traits d'un visage, une stratégie de mise en lumière, une Nativité. Si la chanson n'est pas mémorable, l'énigme de ce visage retient l'attention. *Tous les garçons et les filles* est disponible dans les juke-box British. Philip Sweeney, critique musical à *The Independent* cite même les paroles de mémoire dans le quotidien, trente ans plus tard : « Mais moi, je vais seule, par la rue la Montaigne [*sic*]... »

L'année suivante, Françoise Hardy est l'invitée de *Ready Steady Go!*, le nouveau show musical britannique[1]. Enregistrée dans un studio riquiqui, l'émission réinvente les codes du divertissement musical en recréant l'ambiance excitante des clubs. Aussi séduisante qu'un top model, Cathy McGowan, présentatrice de vingt ans, arbore une mirifique garde-robe *mods* et une coupe de cheveux Vidal Sassoon. Les artistes se produisent devant un public de jeunes figurants sélectionnés par les producteurs avant l'émission pour leur sens de la mode et leur énergie de danseurs. Les artistes, le visage souriant des « clubbers » et même le lent ballet d'encombrantes caméras font partie du cadre. Ces dernières s'attardent sur le visage allègre des danseurs, multiplient les gros plans sur les artistes jouant en live, et donnent l'impression que tout le monde s'éclate dans le studio. Le Swinging London semble né là.

Diffusé en noir et blanc le vendredi soir à 18 h 30 avec le slogan « the week-end starts here », *Ready Steady Go!* fait des choix audacieux. L'émission offre à de jeunes groupes novateurs leur première apparition à la télévision[2]. Destinée aux enfants et aux adolescents, elle influence les goûts musicaux, mais aussi la mode, le maquillage ou les attitudes. La seule année 1964, Françoise Hardy est invitée trois fois dans cette émission diffusée sur BBC1, l'unique chaîne britannique. Un passage à *Ready Steady Go!* inscrit illico un débutant sur la liste des gens inspirants. Françoise Hardy, elle, a inspiré… les Stones.

De même que l'écriture de *Tous les garçons et les filles* a une dette envers les Everly Brothers ou Paul Anka, la première chanson jamais écrite par les Stones est influencée par Françoise Hardy. Jusqu'à l'enregistrement de leur quatrième album, « Aftermath », en 1966, les Stones n'étaient qu'un groupe de reprises de blues. Leur nom est un hommage explicite à leur dieu, Muddy Waters, et son morceau *Rollin' Stone*. Son album, « The Best of

Muddy Waters », les transporte. Lorsque Jagger et Richards se rencontrent, ils découvrent qu'ils partagent la même passion, écoutent les mêmes disques ultra-rares. « Notre mission, c'était de faire découvrir aux autres le blues. On ne voulait pas faire de la pop. » Ils répètent *I Just Want to Make Love to You*. « On savait qu'on ne jouerait jamais aussi bien que Muddy Waters, alors on l'a joué à notre façon. En plus rapide. »[3] Et voilà comment on invente un son neuf.

En 1964, ils sont à la première place des charts britanniques avec *It's All Over Now* ou *Little Red Rooster*, deux *covers*. Leur manager, Andrew Loog Oldham[4], les encourage à créer leur propre répertoire, à l'image des Beatles ou d'une Françoise Hardy qui compose ses mélodies et ses textes. Parmi ses références, *Tous les garçons et les filles*. Peu d'artistes sont alors des *songwriters*. Frank Sinatra n'a jamais écrit ses chansons, par exemple. Puisque Hardy y arrive, ils doivent y arriver. Oldham boucle Mick Jagger et Keith Richards dans une cuisine, leur donnant deux heures pour composer une chanson simple et nostalgique, « dépourvue de sexe[5] ». Il n'y a rien à boire ni à fumer dans la pièce, ils s'exécutent. Mick Jagger écrit les paroles, Keith Richards la mélodie. Le résultat, *As Tears Go By*. Une chanson créée avant *The Last Time*, avant *Satisfaction*, avant *Let's Spend the Night Together*. Comme *Tous les garçons et les filles*, *As Tears Go By* est une ballade romantique, une chanson pour fillette, trop sentimentale et indolente pour des Stones préférant les rythmiques excitantes. « Une chanson mélancolique, qui n'éveillait rien chez le garçon de vingt et un ans que j'étais... Au crépuscule, une personne âgée regarde des enfants jouer, réalisant qu'elle n'est plus une enfant... C'était mièvre et naïf », a dit Mick Jagger[6]. Ce narrateur ému par des gosses souriants est loin de ses préoccupations d'alors et du blues qu'il aime. « Rien à voir avec nous, sauf que nous l'avons écrite », dit Keith Richards dont l'ambition, à cette époque, est de donner une version convenable de *Still a Fool* de Waters, pas de rivaliser avec Bobby Solo. « Une de ces atroces chansons de variet' qui a fini par cartonner en tête du Top Ten... », selon Keith Richards. Plus tard, Jagger trouvera la mélodie remarquable. Les Stones refusant de l'enregistrer, Andrew Oldham la donne à une mignonne de dix-sept ans dont il a décidé de faire une Françoise Hardy British, comme Wolfsohn a fabriqué une Brenda Lee française. En deux heures, Oldham fait enregistrer *As Tears Go By* par Marianne Faithfull au studio Decca 2, pour la face B d'un premier 45 tours. Afin de corriger la voix fluette de la chanteuse, Oldham la colle contre le micro, donnant ainsi à la chanson un caractère intime. Imitant, là encore, Françoise Hardy. Sur scène, l'adolescente se révèle parfaitement hardyesque : posture coincée, frange et chevelure raide. Effarouchée, fragile, innocente. Sortie en juin 1964, la chanson devient aussitôt un hit. « *As Tears Go By* est un brin existentiel, mais avec un soupçon de "Festival de San Remo". Le genre d'europop que vous écoutiez sur un jukebox français », dit Faithfull dans son autobiographie. Selon elle, c'est à sa « ressemblance » avec une Françoise Hardy qui plaisait beaucoup à Mick Jagger qu'elle doit son idylle avec lui en 1966. « Peut-être est-ce pour cette raison que Mick m'a choisie lorsque nous nous sommes rencontrés. » Devant le succès de Faithfull, les Stones enregistreront à leur tour *As Tears Go By* l'année suivante.

Dans le naissant Swinging London, Mick Jagger n'est pas le seul à en pincer pour Françoise Hardy. « Lèvres somptueuses. Mince sans être maigre. Cheveux assez longs pour y passer les doigts[7]... », dit Ray Davies, le chanteur des Kinks, qui affirme avoir écrit *You Really Got Me* (1964) en pensant à une fille qui ressemblerait à Françoise Hardy. Ils l'enregistrent sur le label Pye Records le 4 août 1964. Le rock anglais a été inventé par des types qui croyaient jouer du blues, et le faisaient à partir de leur seule expérience de banlieusards londoniens. C'est le blues à accent cockney. *You Really Got Me* est produite par un Américain, Shel Talmy, qui encourage les Kinks à se déboutonner, inventant le son crade qui a renouvelé le rock. Dès la fin 1964, la chanson remporte un succès fracassant. Françoise Hardy porte chance.

Decorama

Un nouvel élan d'énergie, plein d'idéal et d'imaginaire parcourait ces années-là.

Terence CONRAN[1]

Le 10 novembre 1966, Françoise Hardy fait la une du magazine *Elle* sous le titre : « Le secret de la femme qui réussit sa vie ». Elle est photographiée dans une combinaison de ski argentée. On apprend qu'elle vient de s'offrir son premier appartement, un studio sous les toits, au 8, rue du Rocher, dans le VIIIe arrondissement[2]. Madeleine, comme d'habitude, a initié le départ de sa fille. Elle l'a poussée dehors deux ans auparavant, avec une liberté surprenante. « Elle m'a suggéré de prendre un studio pour vivre ma vie. À l'époque, une mère n'encourageait pas sa fille de dix-huit ans à quitter le domicile familial. L'âge de la majorité était alors de vingt et un ans... Indépendante elle-même, ma mère était une femme émancipée. »

Françoise s'extrait de la conque de la rue d'Aumale où le trio s'abritait du monde. Du giron maternel, elle ne s'éloigne guère : elle a trouvé pour Madeleine et sa sœur un bel appartement au 29, rue d'Anjou, à deux pas de chez elle[3]. Quatre ou cinq fois par jour, elle téléphone à sa mère pour le prétexte le plus futile. Rue d'Aumale, elles ont installé Ermes Alesi, le bassiste de Françoise, qui cherchait un logement[4]. En cas de besoin, le refuge est à portée de main.

Jean-Marie, lui aussi, l'a encouragée à investir ses gains dans la pierre. Il lui a conseillé un décorateur, Alain Demachy, architecte en vogue qui a signé l'appartement baroque de Johnny Hallyday et Sylvie Vartan après leur mariage. Plus chevalier servant que jamais, le jeune photographe, soucieux d'enrichir l'image de sa fiancée, veut ajouter à ses armoiries un attribut supplémentaire, l'appartement dans le vent. Partout, *the show must go on*. En France, la vie quotidienne s'esthétise. L'habitat devient, à l'image de la garde-robe, objet de mode. Comme avec la musique ou le vêtement, Londres a ouvert la danse. Terence Conran vient d'inaugurer le premier magasin Habitat en plein cœur du Swinging London. Les uniformes des vendeurs ont été dessinés par Mary Quant et leurs coiffures conçues par Vidal Sassoon. On y trouve les meubles de Terence Conran mais aussi des luminaires japonais en papier, des objets scandinaves, des meubles au design soigné, de la verrerie, de la vaisselle, des ustensiles de cuisine sélectionnés pour leur esthétique et leur caractère fonctionnel. Le tout à des prix « abordables » ou « grand public », adaptés aux revenus raisonnables de la classe moyenne.

En France, le bureau de style de la chaîne Prisunic emboîte le pas à Terence Conran[5]. L'Anglais propose une première série de meubles en tube laqué de couleur vive. « La beauté gagne du terrain », décrète le bureau de style, plein de bons sentiments. La beauté parfois, la consommation toujours. Prisunic fait plancher des dessinateurs des Beaux-Arts sur les emballages des produits alimentaires ou d'entretien, leur demandant de « repenser » les conditionnements – chose à laquelle personne n'avait jamais vraiment pensé et encore moins repensé. Vaisselle, jouets, appareils ménagers, paquets de pâtes ou de lessive, rien n'échappe à la dictature enthousiaste du crayon. Les rayonnages de Prisunic ressemblent à des installations du Musée d'Art Moderne de New York, lequel organise sa première exposition sur l'Op art[6] et inspire à la marque son logo, une cible orange sur fond jaune. Diffusant son tempo espiègle, la couleur rythme les rayonnages. Des teintes franches, orange, chocolat, bleu turquoise, vert laitue, rose shoking, ambiancent la maison : animée d'une ardeur bouillonnante et de pots de laque brillante, une armée de nains à la Disney a tout recolorié dans la nuit. Le surchargé devient net. Le baby-boomer a commencé sa vie dans un intérieur terne et gris extrait du cinéma réaliste d'après-guerre, il loge désormais dans les studios de Boulogne investi par les Demoiselles de Rochefort.

Comme l'observe David Buxton dans son essai sur le star-system[7], jusque-là le style d'un chanteur découlait naturellement de sa personnalité. Les choses s'inversent désormais. Élaboré pour accompagner la musique, le style du chanteur doit peu à sa personnalité, tout à la mode du moment. On le change pour lancer les nouveautés auxquelles il va servir de référence. À lui de métaboliser son personnage. La garde-robe de Françoise Hardy et ses intérieurs ont été construits comme une recommandation. Femme d'intérieur, elle a parrainé l'émergence du modernisme, et donc de la mode, dans l'habitat. En France, elle est une vedette *lifestyle* : son style de vie est élaboré comme une source d'inspiration pour la jeune clientèle.

Françoise Hardy est une star identifiable à sa garde-robe comme à son décor. Présentées comme des expressions de son « goût » et de sa personnalité, les marchandises qu'elle choisit relèvent d'une consommation de masse à laquelle chacun peut prétendre. D'un coup de baguette musicale, la morose chambre de la rue d'Aumale est devenue la coquette garçonnière de la rue du Rocher. Le *Zeitgeist*, « la tendance du moment », a métamorphosé l'habitat de la chanteuse en un grand studio mansardé doté d'une kitchenette et d'une salle de bains. Pour marquer le désir d'un nouveau mode de vie, le décorateur Alain Demachy a sélectionné à son intention meubles et objets contemporains en Italie, au Danemark, aux États-Unis. Assortis à la moquette, les murs sont laqués de rouge. En guise de siège, un canapé en velours gris et deux lounge chair n° 670 des frères Eames en cuir noir et contreplaqué qui la suivront dans toutes ses demeures[8]. Je comprends qu'elle ne s'en soit jamais séparée : asseyez-vous sur son coussin de cuir garni de plumes, votre colonne vertébrale bascule discrètement vers l'arrière. Sans perdre votre dignité, vous voilà en apesanteur. Allégé de votre propre poids. Votre corps explore une sensation nouvelle : le délassement. Le lâcher-prise. Le mot « langueur » fait enfin sens dans votre existence. Cool.

Composant avec le goût sage de sa cliente, Alain Demachy a fait le choix d'une sobriété raffinée. Une élégante bibliothèque murale en palissandre couvre une cloison. Importé du Danemark, le panneau modulable conçu et édité par l'architecte Poul Cadovius est un sommet de la simplicité chic[9]. Sur les étagères, un électrophone, quelques mascottes. Un choix de livres éclectique, Lawrence Durrell, Pouchkine, Montherlant, Zola, Simone de Beauvoir, Violette Leduc. Les chaises en rotin et frêne laqué noir sont les Superleggera 699 de Gio Ponti, petit chef-d'œuvre de légèreté et de robustesse.

L'occupante de ce décor succinct vit comme une étudiante. Elle fait de la musique et lit *L'Auberge de la Jamaïque* de Daphné du Maurier en livre de poche. Elle a acheté *La Métamorphose* de Kafka, qu'elle ne lira pas[10]. Outil important, le téléphone à cadran en bakélite ivoire (ou rouge, sur certaines photos), à côté du lit, afin de parler longtemps et en position allongée.

Ce qui occupe le plus d'espace, c'est la musique. Un poste de radio dans chaque pièce, salle de bains comprise. Un magnétophone à bandes, plusieurs guitares sèches... Sur le bureau, un fouillis de feuillets à côté d'une machine à écrire.

Pas d'œuvre d'art sur les murs mais une photo de l'acteur britannique Terence Stamp, le nouveau fiancé de Jean Shrimpton, arrachée dans un magazine. L'acteur incarne cette nonchalance British très années soixante, une élégance sans affectation. Cuisine quasi vide, peu utilisée et cela se voit. Dans la salle de bains, rien de somptuaire. Sur le lavabo, gant de toilette en éponge jaune citron, savonnettes parfumées Roger & Gallet Farina 1709, brosse à ongles. Grande bouteille d'eau de Cologne n° 4711. Poire à lavement. Boîte de Kleenex, produit de consommation américain faisant son apparition lentement, les Français étant encore attachés au mouchoir de poche en fil. « Rue du Rocher, ça ne débordait pas d'imagination, dit Périer. Françoise a besoin de peu. Le luxe ne l'intéresse pas, elle va à l'essentiel[11]. » La fantaisie débridée de la décennie suivante, qui pousse son père François Périer à commander avec audace un extraordinaire appartement au peintre et sculpteur François Arnal[12], pure merveille des années soixante-dix nappée de métal brossé et de moquette épaisse, n'est pas de mise chez son amie.

Le dépouillement, Jean-Marie l'a relevé dans tous les appartements de Françoise, rue Saint-Louis-en-l'Île dans les années soixante-dix, puis rue Hallé, avenue Foch dans les années 2000, porte d'Auteuil ou dans la maison de Corse, aussi. Partout, la conque de la rue d'Aumale.

Jean-Marie suite et fin

Une belle chanson justifie tout le malheur qui l'a inspirée.

Françoise HARDY,
Le Nouvel Observateur

Masochiste, le Jiminy Cricket veillant sur le karma amoureux de Françoise n'a pas baissé la garde. Jean-Marie voyage pour son métier de photographe et Françoise court les routes en tournée. Ils se croisent, leurs amours sont rythmées par les séparations. Plutôt que de vivre avec elle, le jeune homme a pris une colocation rue du faubourg Saint-Honoré avec son copain, Régis Pagniez, l'homme de confiance de Daniel Filipacchi, qui est aussi le directeur artistique de *Salut les Copains*.

Les soirées se passent en déchirants téléphonages ou en attente devant un combiné muet. En raccrochant, Françoise compose des textes nourris par l'attente, l'inquiétude, le doute. Des chansons tristes. Écouter un album de Françoise Hardy, c'est lire son journal intime. Chaque titre est un message à son amoureux.

Adulte, elle n'attend plus sa mère, mais un fiancé. Une relation a chassé l'autre : choisir un photographe de presse, c'est opter pour un homme occupé par d'autres et qui ne maîtrise guère son agenda. En son absence, elle s'enferme dans sa chambre d'hôtel ou chez elle.

— Qu'attendez-vous d'un garçon quand vous sortez avec lui ?

— C'est pas une question qu'il faut me poser, vous savez. Parce que moi, je ne sors jamais.

Lorsque Jean-Marie et son amoureuse sont réunis, l'intimité est souvent différée. Il aime faire la fête, elle non. Il sort seul, elle s'installe dans la salle de bains, dont l'acoustique amplifie sa voix grâce aux parois carrelées, pour composer de nouvelles chansons. À son retour, il la retrouve à la même place.

« Elle s'est souvent plainte que les hommes étaient toujours absents, qu'ils ne s'occupaient pas d'elle. Ça lui a permis d'écrire de belles chansons », dit Jean-Marie Périer[1].

Ses fiancés sont en phase avec sa mélodie sentimentale. Disponibles, ils ne seraient que des compagnons. Absents, ils nourrissent son spleen. Ils sont ses muses. « Les séparations trop fréquentes ont inspiré beaucoup de mes chansons. Toute ma vie personnelle est dans mes chansons », dit-elle. Les titres sont explicites : *L'amour s'en va, Je pense à lui, Comme tant d'autres, Qui aime-t-il vraiment* ?

En bonne masochiste, elle ne dédaigne pas le sadisme et le ton peut devenir cruel comme dans la chanson *Et même*, qui évoque la décristallisation du sentiment amoureux, ce moment où les sentiments se défont et où l'on n'aime plus : « Et même si, pour toi, rien n'a changé vraiment, et même si tu m'aimes autant qu'avant [...] il y a quelque chose qu'en toi je n'aime plus, quelque chose qui me semble à tout jamais perdu [...] plus rien n'est semblable pour moi, tout me semble changé [...] et tu me parais soudain étranger[2] »... En guise d'avertissement à Jean-Marie, elle chante sur scène *Que reste-t-il de nos amours ?*, la chanson de Trenet.

Coupe de beatnik, frange aux yeux, Ronnie Bird toise le public d'un air hautain. Durant deux mois, en février-mars 1965, il tourne avec Françoise Hardy et d'autres têtes d'affiche soutenues par leurs maisons de disques comme Hugues Aufray, un chanteur folk dont le producteur Eddie Barclay tente de faire le Bob Dylan français. Accompagné à la guitare par d'excellents musiciens[3], Ronnie interprète des reprises des Rolling Stones ou des Pretty Things. Veste Cardin, chemise à col boutonné, pantalon feu de plancher, Chelsea boots, il a adopté la panoplie mods. Elle, elle étrenne une nouvelle tenue de scène signée par son couturier favori.

Ce dédaigneux bien sapé l'intrigue. Sur scène, il a l'insolence d'un voyou cockney, il est le meilleur interprète de rock anglais qu'elle ait vu en France. Né à Boulogne-Billancourt sous le nom de Ronald Méhu, Ronnie Bird vient d'enregistrer chez Decca un 45 tours dont elle a écouté la maquette. Une réalisation nerveuse et racée produite par un virtuose américain, le guitariste

Mickey Baker. Ses chansons la séduisent, ce qui n'est pas rien car elle a le goût intraitable.

Sur un minicassette Philips, Ronnie Bird lui fait découvrir les dernières productions de la scène anglaise durant les temps morts. Les Small Faces, les Nashville Teens, les Troggs, les Pretty Things. Avec elle, il se montre attentionné. Jean-Marie est absent. Ronnie est craquant. « Mon besoin d'aimer se déplaça peu à peu sur un charmant jeune homme qui participait à la tournée », écrit-elle dans son autobiographie. Le charmant n'est pas son futur prince, Jean-Marie reste sur la ligne de départ, mais c'est un coup de canif discret dans leur lien. Un doux intermède.

« À vrai dire je ne pensais qu'aux photos que je pouvais faire avec elle et je suis passé un peu à côté de l'histoire d'amour que j'aurais pu vivre avec elle[4]. »

Jean-Marie Périer aime Françoise Hardy… en photo. En façonnant son image de Sphinx, il dit avoir poussé le plus loin possible l'écart entre rêve et réalité. À la foule l'artefact inaccessible, à lui la jeune fille. Sans doute a-t-il consacré plus de temps à la sublimer en images qu'à l'aimer. Le propos de *Salut les Copains* n'était pas de montrer la réalité, mais de faire du spectacle, a-t-il dit. Le legs de ce duo n'est pas seulement un délicieux album photo ayant fait rêver une ou deux générations d'adolescents. Ensemble, ils ont prouvé qu'une jeune citadine de modeste origine pouvait en remontrer aux grandes bourgeoises et aux aristos qui jusque-là tenaient le haut du pavé et décidaient des mœurs comme de la mode. La hiérarchie s'est inversée, les grandes dames ont copié les minettes.

Jean-Marie est-il tombé dans son propre piège, négligeant que cette adolescente voulait autre chose, un véritable amoureux qui la regarde les yeux dans les yeux, non à travers un objectif ? « Moi, je m'obstinais à la rêver », dit-il.

Lors de leur rencontre, elle sortait à peine du nid. Beau et prévenant, il l'a aidée à entrer dans la vie, il l'a encouragée et soutenue. Il a mis à son service son métier de photographe, l'a magnifiée, a révélé sa photogénie. Sur le plan professionnel, ce lien a été pour elle un cadeau formidable, une chance. Pour le reste, un peu frustrant, peut-être. Dans un livre qu'il lui consacre, Jean-Marie Périer affirme qu'il a fait d'elle une dernière photo avant leur séparation, à Cadaquès durant l'été 1966. Françoise pose aux côtés d'un enfant atteint d'une maladie incurable. Cette photo semble plutôt dater de deux ans plus tard, lorsqu'ils vinrent (en amis) en Catalogne pour un shooting avec Salvador Dalí. Mais peut-être ce petit garçon symbolise-t-il leur amour condamné. Une chose est sûre, durant l'été 1966 Françoise a le cœur ailleurs. Leur séparation a la simplicité de leurs débuts. « Je n'avais plus la femme, mais je gardais l'image. On ne s'est pas quittés, on s'est lâché la main. Une tendresse impalpable s'est installée pour ne plus bouger. Quarante ans plus tard, elle est intacte[5]. » Se lâcher la main, pudique expression pour dire une rupture qui se passa comme le reste, au téléphone, alors que Françoise Hardy travaillait sur le tournage de *Grand Prix*, à Clermont-Ferrand.

Leur séparation est annoncée en couverture par l'hebdomadaire *Noir et Blanc*, magazine consacré aux célébrités, au mois de septembre 1966[6]. Dans l'interview douce-amère qu'accorde Jean-Marie Périer, il indique qu'en cinq ans Françoise et lui n'ont pris que deux fois une semaine de vacances ensemble. Il y a une chose qu'il tait. Depuis juillet, Françoise est de nouveau amoureuse.

Automania 66

Sur le circuit de Brands Hatch, dans le Kent, les voitures accélèrent avec un rugissement atomique après chaque passage devant la tribune. Le sport automobile, et même le sport tout court ne sont pas la passion de Françoise. Pourtant, depuis le début du tournage, elle ne s'ennuie pas. Sans être une abonnée d'*Autosport*, elle peut identifier toutes les légendes de la formule 1 qu'elle croise sur le circuit. Jim Clark conduit une Lotus-Climax, Jacky Stewart et Graham Hill roulent sur British Racing Motors (BRM), Guy Ligier sur Cooper-Maserati. De semaine en semaine, elle devient une spécialiste. Elle reconnaît les pilotes à la couleur de leur écurie, verte, rouge, olive, noire… Ferrari, c'est rouge, Cooper-Maserati bleu roi… Ce jour-là[1], l'Australien Jack Brabham mène la course en tête sur une monoplace de sa propre fabrication, une Brabham-Repco vert et jaune. La presse sportive le surnomme « geriatric Jack » en raison de son âge avancé, quarante ans.

Lorsque John Frankenheimer lui a proposé un rôle dans son futur film *Grand Prix*, une grosse production de la MGM en panavision consacrée à la compétition en Formule 1, Françoise Hardy a exprimé ses craintes : elle ne sait rien faire. Aucune importance, elle n'aura rien à faire, a promis le réalisateur, qui a tenu parole, comme on peut l'observer en regardant le film. Il l'a remarquée l'année précédente lors de son tour de chant au Savoy[2], il a assisté à la première. À l'entrée, des étudiants vendaient la traduction polycopiée des textes qu'elle chantait en français : *L'Amitié*, *Rendez-vous d'automne*, *Le Premier Bonheur du jour*... Le tout Londres voulait la voir, Rolls et Bentley stationnaient devant la porte du club. La princesse Margaret et son fiancé Tony étaient dans la salle, Peter Sellers et Britt Ekland aussi, la réservation affichait complet. La Française n'était plus une inconnue. Elle avait fait deux apparitions dans des films, cette année-là, *Masculin Féminin*, de Jean-Luc Godard, et *What's New Pussycat*, avec Peter Sellers et Woody Allen. Long cierge de jersey blanc, ses cheveux brillants comme des rayons, elle avait surgi sur la scène, la salle explosant en applaudissements. Sa fraîcheur avait conquis Frankenheimer. Jeune et intemporelle comme Garbo. Sa nouvelle chanson *All Over the World*, figurant dans les charts, ouvrait le spectacle. Étonnamment juste, sa voix avait ému le cinéaste. À la fin de chaque chanson, elle souriait, soulagée. Parfois, elle interprétait un même morceau dans les deux langues, commençant en anglais, terminant en français. Fragile, déterminée, fascinante. Le public sous le charme[3].

Ce qui a subjugué le cinéaste et emporté sa décision, c'est la pure passivité de la chanteuse française sur scène. Quelqu'un semblait l'avoir déposée devant le micro en lui ordonnant de chanter sans lui donner la moindre instruction. Son atonie, il savait comment l'utiliser, sa présence photogénique suffirait. Frankenheimer cherchait quelqu'un pour incarner la Jeunesse dans son film. Le *Youthquake* faisait la une des journaux américains, il avait imaginé un personnage de *pit babe*, une groupie de circuit recrutée par les écuries le temps d'une course pour distraire les pilotes et appâter les photographes dans les paddocks. Dans le scénario, elle est Lisa, *pit babe* devenue le temps d'un Grand Prix l'amie de Nino Barlini, pilote de l'écurie Ferrari. Les dialogues sont succincts, le corps du personnage parle pour lui. John Frankenheimer lui demande seulement d'être présente d'un bout à l'autre du tournage, qu'elle figure ou non dans la scène.

L'affiche est prestigieuse. Un *french lover* célèbre à Broadway, Yves Montand, une blonde hitchcockienne, Eva Marie Saint, l'acteur fétiche d'Akira Kurosawa, Toshirô Mifune[4]. Certes, Steve McQueen a refusé le rôle principal : les rêveries qu'aurait autorisées une *love affair* entre lui et la Française ! James Garner, un acteur américain à forte mâchoire d'un sex-appeal plus classique, une façon de cow-boy Marlboro, l'a remplacé.

Les amateurs de Formule 1 considèrent *Grand Prix*, mélange de cinéma et de documentaire, comme le meilleur film jamais réalisé sur le sport automobile. Doté de moyens pharaoniques, le tournage suit étape après étape le circuit de la vraie saison 1966 de Formule 1, offrant un road movie à travers l'Europe, de Monaco à la Belgique en passant par les Pays-Bas et l'Italie. Frankenheimer mêle les courses fictives aux compétitions réelles où se distinguent les légendes d'alors, Jacky Stewart, Jack Brabham, Graham Hill ou Jim Clark.

Comme l'équipe du film, environ deux cent cinquante personnes, Françoise Hardy suit la compétition de bout en bout. Jusque sur le plateau de *Grand Prix*, elle a dressé ses murs invisibles. Elle écoute *Salut les Copains* sur son transistor ou s'absorbe dans un livre de poche. Balzac, le dernier best-seller de Christiane Rochefort ou un volume des *Histoires d'amour de l'histoire de France*, de Guy Breton. Elle utilise un minuscule appareil photo Minox, un cadeau. John Frankenheimer intègre ses manies dans le film. Dans une scène tournée sur un lac d'Auvergne[5], elle fait du pédalo au côté de son partenaire, un transistor à piles collé à l'oreille. Un prétexte, sans doute, pour s'attarder sur la vénusté d'une paire de jambes splendides. « Un rôle pas difficile, je suis là, j'ai pas grand-chose à dire, c'est très agréable », déclare-t-elle[6].

Un dialogue du film résume avec concision son personnage (et sa personne, la vraie) :

« On danse ?

— Je ne danse pas.

— Vous prenez un verre avec moi ?

— Je ne bois pas.

— Vous fumez ?

— Je ne fume pas.

— Qu'est-ce que vous faites, alors ? »

C'est son dialogue le plus conséquent, le réalisateur le répète à deux reprises dans le film. Une fois seulement, il la filme de dos : elle vole plus qu'elle ne marche.

Alors que les trois autres comédiennes du film affichent des coiffures léchées, des garde-robes couture et des accessoires de luxe, sac Chanel ou Hermès, Françoise Hardy bénéficie d'un vestiaire « beatnik » et d'une chevelure au naturel un brin éclaircie. D'un côté, l'alchimie de l'élégance. De l'autre, la nonchalance du confort. L'habilleur semble avoir lu Roland Barthes : « Comme le corps est son seul bien, la jeunesse n'a pas à être vulgaire ou distinguée : simplement, elle est. » Avec la finesse des grands costumiers de Hollywood, celui de *Grand Prix* a observé la jeunesse des campus et des concerts de Bob Dylan[7]. Dans une palette « sucre d'orge », il lui alloue minishort en jean, minijupe blanche, jeans décolorés ou blancs, pull-over fraise ou menthe à l'eau, chemises ou chemisettes de garçon. Pour souligner la désinvolture prêtée à cet âge, la jeune actrice est chaussée de ballerines ou de boots blanches, d'un blanc un peu crasseux, un peu usé, signe de désinvolture. L'habilleur lui assigne quelques défroques carottées dans les paddocks : vestes siglées *oversize* tel un blouson Goodyear Racing Team en nylon bleu, blouson en jean, coupe-vent jaune Shell. L'androgynie de son personnage est plus soulignée que jamais. Les magazines dépêchent des rédactrices de mode chargées de monter des sujets sur le circuit. La production la pousse à accepter les demandes et à jouer les mannequins, ces parutions assurant un formidable tapage autour du tournage. Sur les stands, elle pose en minirobe de maille, en combinaison de pilote, en pantalon et blouson de cuir... En enrôlant la Française, Frankenheimer s'est offert la Ferrari des instruments promotionnels.

Jamais Françoise Hardy n'a été aussi belle, comme le montrent les innombrables photos. À vingt-deux ans, elle a pris de l'assurance, apparaît dans des minijupes qui mettent en valeur ses jambes dorées par l'été ou des jeans étirant sa silhouette. Elle est la coqueluche des photographes qui se pressent sur le circuit britannique, ce jour de juillet.

Le ravissement opère, elle est devenue la mascotte du tournage. Le séduisant John Frankenheimer, qui a failli interpréter le rôle de James Bond, n'y est pas insensible. Selon le philosophe Jankélévitch, le charme vient de l'innocence. « Une de ces qualités labiles qui, comme l'humour, l'intelligence ou la modestie, n'existent que dans la parfaite innocence et dans la nescience-de-soi. C'est le cas de dire, avec Angelus Silesius : ce que je suis, je ne le sais pas ; et ce que je sais, je ne le suis pas. » Le problème, avec le charme, c'est que les définitions qu'on en donne manquent de... charme. Tenter de saisir celui de Françoise Hardy, c'est vouloir définir le piquant d'un parfum : la sensation se volatilise illico.

Yves Montand, dont la nature chaleureuse dissout la timidité de Françoise Hardy, la prend sous son aile. Un soir de juillet, alors qu'ils doivent dîner ensemble à Londres, il lui pose un lapin. Un ami le remplace à La Casserole, un restaurant « camp » de King's Road fréquenté par les Beatles et les Rolling Stones, les acteurs Terence Stamp et Michael Caine[8]. Aucun d'eux n'est là, mais dans un coin de la salle le flamboiement d'une tignasse acajou attire son regard. L'homme, lui aussi, la dévisage : le séduisant acteur anglais vu la semaine précédente dans ce film dépaysant, *La Curée*, de Roger Vadim ! La mise en scène pyschédélico-baroque, l'onirisme des décors, la brutalité des dialogues lui ont fait forte impression. Quel destin malheureux, celui de la jeune Renée (Jane Fonda) qui s'éprend du fils (le bel Anglais attablé à La Casserole) de son vieil et riche époux (Michel Piccoli). Chakras dilatés par le sitar et la flûte indienne d'une bande-son hypnotique, Françoise a retenu le nom du jeune Roméo. Peter McEnery. Dans cette histoire d'inceste, McEnery, fils inconséquent d'un père fortuné devenu l'amant de sa jeune belle-mère, mesure trop tard la nocivité de la transgression. Avant de quitter le restaurant, elle traverse la salle pour lui dire son admiration. L'acteur, plus beau encore qu'au cinéma, lui sourit avec gentillesse et se lève. Un comédien d'une grande finesse car, dans la vraie vie, il ne dégage rien d'inquiétant. Au contraire, il émane de sa personne une retenue, un calme. Ils échangent leurs numéros de téléphone. Elle rentre à l'hôtel grisée. Dans un journal anglais, un article lui est consacré. Tout en assurant la promotion du film de Vadim, Peter McEnery joue à Stratford-upon-Avon dans *Le Marchand de Venise*. Membre de la Royal Shakespeare Company, prestigieuse troupe dont sont issus les meilleurs comédiens britanniques, il n'a qu'une passion dans la vie, le théâtre, selon le journaliste. Elle apprend aussi que son bel Anglais a grandi à Brighton où son père possédait quatre papeteries. Un peu comme son père à elle. Il a joué un rôle d'homo-sexuel dans *Victim*, un film britannique avec Dirk Bogarde qui a fait grand bruit, et celui du Prince charmant dans *Le Prince Donegal*, une production Walt Disney qui sort à l'automne. Elle n'a vu ni l'un ni l'autre.

Aucune mention d'une compagne ou d'une fiancée. Pourtant, il en a une, comme il va le lui apprendre. Longue chose énigmatique avec un sourire irrésistible, McEnery est un Terence Stamp grand format en moins vénéneux – bientôt, il sera Roméo dans *Roméo et Juliette*[9]. Le cinéma, de rôle en rôle, l'emploie comme un bel objet de désir qui déclenche des catastrophes avec un détachement impavide : un homme fatal. Non seulement son métier rend difficile une liaison sérieuse avec une Française, mais il n'est pas libre.

Un homme indisponible, on n'échappe pas à son karma, Hardy entame une liaison avec celui qu'elle baptise aussitôt « l'objet de mes tourments[10] ». Un type qui saura mettre le doigt sur la plaie. Alors que sur le tournage de *Grand Prix* une nuée de soupirants aux petits soins se consume autour de son fauteuil, elle mise une fois de plus sur un guépard. Un après-midi, McEnery surgit sur le circuit de Brands-Hatch. Vieille veste chemise de velours milleraies, lunettes de star, il possède l'élégance nonchalante, le détachement propre au sex-appeal britannique des sixties. Une bombe. Pour une fois, Françoise se laisse photographier avec plaisir, au bras de McEnery dont les paparazzi exigent qu'il ôte ses lunettes de soleil, qu'il plante dans sa somptueuse tignasse.

Les photos, publiées dans les tabloïds italiens, dévoilent une Françoise Hardy rayonnante aux côtés de ce bel homme, le plus beau sans doute de tous ses fiancés passés et à venir. Le couple est splendide. Sur photos, en tout cas. Arrivé à l'improviste, le British playboy s'esquive sans crier gare. C'est lui qui mène la danse. Le jeu cruel a commencé. McEnery surgit quand ça lui chante, file à l'anglaise, resurgit avant de disparaître, en un mot il la met au supplice. Sur le tournage ou à son hôtel, elle espère sans cesse le voir apparaître. Elle l'attend. A-t-elle compris qu'ils n'évoluent pas dans le même microcosme ? Qu'y a-t-il de commun entre l'acteur de la Royal Shakespeare Company et la chanteuse de variété française ? Au même moment, Jean-Marie lui aussi en pince pour une artiste britannique : il a une liaison avec Marianne Faithfull. Elle est mariée, elle a un enfant, l'idylle durera une année. Jusqu'à ce qu'il la découvre en couverture d'un magazine anglais au bras de Mick Jagger[11].

Sur le tournage, Yves Montand regarde sa jolie mascotte s'illuminer et s'éteindre au gré des apparitions du bel indifférent. Pour la faire sourire, il la surnomme ma « petite friponne jolie[12] ». Devant les photographes, ils miment un flirt : tantôt Montand l'assoit sur ses genoux, tantôt il appuie un coude sur sa cuisse en fumant une cigarette alors qu'elle est assise sur le muret d'un stand.

Lorsqu'elle décide de faire seule en voiture la route de Clermont-Ferrand à Milan, où le tournage se poursuit, Montand lui confie son magnétophone avec une lettre malicieuse dans laquelle il lui recommande de ne pas penser trop à lui, d'être prudente, de ne pas tirer la langue aux autres conducteurs, bref de se conduire comme une véritable artiste, en somme comme France Gall[13].

Fin août, le tournage de *Grand Prix* se poursuit sur le circuit italien de Monza alors que Peter McEnery présente *La Curée* à la Mostra de Venise en compagnie de Vadim et de Jane Fonda. À son tour, Françoise décide de lui faire une visite surprise. Le 28 août, elle débarque à Venise en compagnie de Toshirô Mifune, son partenaire japonais de *Grand Prix*. Le plus célèbre des comédiens japonais a remporté le prix du meilleur acteur l'année précédente à la Mostra. Sous un petit blouson de vinyle noir, la chanteuse arbore un T-shirt publicitaire « Automania 66 » récupéré sur le circuit de Monte Carlo, un pantalon blanc et des Chelsea boots à élastique autrefois blanches. Sa silhouette fait les délices des paparazzi qui la photographient en gondole sur le Grand Canal, place Saint-Marc, au Lido… Elle réussit à voir son Peter, mais il est accompagné de Tina Aumont, sa partenaire de *La Curée*. Françoise prolonge son séjour dans l'espoir qu'il se rende disponible, erre dans Venise, par les rues, l'âme en peine, elle va seule car personne ne l'aime…

À chaque ruelle, elle espère le voir apparaître.

Bien que le soleil déverse sur le Grand Canal une pluie de métal, le merveilleux n'atteint plus le puits d'angoisse où elle se perd. La perfection de Venise, son excès de beauté la transpercent jusqu'à l'âme et creusent sa détresse. Elle retourne en arrière, cherchant à se cacher dans l'ombre des ruelles où son pas résonne.

Que c'est triste Venise
Au temps des amours mortes
Que c'est triste Venise
Quand on ne s'aime plus[14].

À l'hôtel, elle tente de lire Shakespeare. Elle a encore une carte à jouer, ou plutôt un carton, sous la forme d'une invitation à la soirée inaugurale de la Mostra. Et d'une certaine robe pailletée, dénichée dans une boutique de Milan par une assistante du costumier de *Grand Prix*.

Les organisateurs de la manifestation lui ont fourni un cavalier des plus décoratifs sous la forme d'un ex-mari de Kim Novak. Mais c'est elle qui fait sensation. Et sa tenue de soirée. Une mirobolante minirobe en lamé mettant en valeur ses hautes jambes la dévêt. En guise de joyau pectoral, une rivière de diamants en trompe-l'œil orne le plastron. Une broderie de cristaux de verre pour seul bijou[15]. Jamais la Mostra n'a accueilli de robe aussi succincte, du reste, c'est l'unique minidress de la soirée : au Lido, où se déroule la soirée de gala, les hommes sont en smoking et les femmes en robe longue. Chaussée de candides mary-jane à petits talons carrés, Françoise Hardy porte sa tenue avec une sorte d'ingénuité pudique qui n'est pas complètement feinte. Évaluant l'impact des longues cuisses lustrées de jeune garçon, du genou délicat et sec, la horde des paparazzi jubile en conjecturant ses bénéfices. « Française Hardy », « Française Hardy », les photographes déforment son prénom avec une variété d'accents. Une folie de flashes auréole une enfant rieuse que grise la situation. Avec un aplomb chaste, la Française inaugure un *dress code* juvénile, une façon autre de se parer le soir, imposant le fabuleux habit de lumière qu'offre la jeune perfection d'un corps.

Des dents grincent, comme celles de Jean Cau, coscénariste de *La Curée* avec Vadim, le film où joue son amoureux : « La seule chose qui me trouble est la façon extravagante dont Françoise Hardy s'habille depuis deux ans. Il me semble que la jeune fille sensible, élevée chez les sœurs de la Trinité, est possédée par une névrose exhibitionniste[16]. »

Il se trompe. Ce corps de girafon n'inspire pas le désir, mais l'enchantement que suscite un style pur. Jean Cau, Jane Fonda, et surtout Peter McEnery, toute l'équipe de *La Curée* s'irrite contre celle qu'ils soupçonnent d'avoir prémédité un hold-up publicitaire. Alignés, ils s'avancent en groupe, Jane Fonda entre Roger Vadim et Peter McEnery, Tina Aumont à leurs côtés. Cette dernière a l'âge de Françoise Hardy et porte une sage robe au-dessus du genou. Dans un long fourreau de mousseline voilant ses formes, Jane Fonda semble appartenir à une autre ère, elle a déjà trente ans il est vrai. Voler la vedette à autrui ? Françoise ne songeait qu'à épater son Anglais. Sans le vouloir, elle a privé « l'objet de mes tourments » de son moment de gloire. Si tous les yeux se tournent vers elle, ses yeux à lui ne l'ont pas vue. L'unique regard désiré s'est détourné.

Un souffle salé passe sur son front. La griserie retombe. Le motoscafo la dépose sur le môle, près du palais ducal. La basilique Saint-Marc est son Taj Mahal, le mausolée de la passion désolée. Dans la froide lumière nocturne, la place bordée d'arcades crayeuses a une blancheur d'ossuaire. Avec l'espoir de semer sa peine, elle marche au hasard des ruelles. Un chat furtif la précède puis la délaisse pour se fondre dans l'ombre. Elle espérait l'étreinte, les caresses, l'abandon, elle n'éprouve qu'une angoisse sépulcrale exacerbée par l'inutile perfection du décor. Indifférente à la fraîcheur, elle avance sans but. Il ne veut pas la voir. Il est venu accompagné. Dans sa tête, la jeune fille dédaignée martèle quelques mots presque rageurs qui l'apaisent.

Fais-moi retrouver ce que j'ai rêvé
Redeviens pour moi la réalité !
Comment vais-je faire ? tu ne m'entends pas !
Comment vais-je faire ? tu ne reviens pas[17] *!*

Au débouché d'une venelle, les torches d'un palais illuminé se reflètent dans l'eau noire du Grand Canal. Au-dessus de l'entrée, un as de cœur géant l'attire comme une invite cabalistique. Les portes du palazzo sont grandes ouvertes. L'esseulée s'engouffre dans un autre monde. Son pas résonnant sur le pavé de marbre d'un somptueux péristyle, elle ôte ses escarpins. La demeure paraît déserte. Si le prince s'est dérobé, un palais offre ses murs marmoréens tapissés d'une quantité prodigieuse de peintures et de collages rivalisant d'étrangeté. Chaque œuvre, une porte vers le merveilleux. Subjuguée, elle s'abandonne à la contemplation pour s'embarquer dans les rêves de Max Ernst, moqueuses hallucinations peuplées de femmes-oiseaux survolant de luxuriants édens[18]. Le bleu intense d'une toile, dans lequel fond une boule laiteuse, la pénètre. Le temps se suspend. C'est le bleu dur du ciel d'été, un bleu sans pitié, immobile, éternel. Happée par le bleu magnétique, elle voudrait se dissoudre dans l'azur. Un vacarme métallique la tire du kaléidoscope affolant : un groupe de personnages élégants descend le grand escalier de marbre en riant fort. La fin d'un souper ou d'un cocktail, sans doute. S'arrachant au songe multicolore, Françoise Hardy suit le petit groupe jusqu'aux portes. Sur les marches du palais, elle attache ses chaussures. Les photos de la gazelle en mini-robe sont en train de faire le tour du monde.

Intermède Monticello

La mer bleue, de ce bleu aveuglant de la Méditerranée, a disparu. La baie vitrée en demi-lune découpe un paysage aqueux où mer et ciel ne se distinguent que par des nuances de blanc froissé. Posée sur un promontoire, la demeure surplombe le paysage. À l'entrée, un trio de vacanciers juché sur un muret tente sous la pluie de photographier la maison en dépit du portail de fer. Le jardin est mouillé, Françoise Hardy ouvre la porte en m'ordonnant de m'essuyer les pieds.

La maison en Corse, une idée de Jean-Marie. « Son succès fulgurant lui rapportait d'importantes sommes d'argent [...]. Je lui ai suggéré d'acheter un terrain en Corse pour y faire construire une maison[1]. » Il lui présente l'ingénieur Jean Billon, mari de la chanteuse Patachou installée à Monticello, qui déniche un terrain exceptionnel surplombant la mer[2]. Proche de Calvi, dans le nord de la Corse, le village perché au-dessus de la baie de L'Île-Rousse compte trois cents habitants groupés autour de l'église. Jean-Marie a conçu et dessiné les plans, Jean Billon a veillé sur la construction. Lorsqu'elle en prend possession en 1967, elle n'est plus avec lui. Cette année-là, elle chante *Ma jeunesse fout le camp*. Elle a vingt-trois ans. « Je n'ai jamais habité cette maison avec elle, mais j'y ai passé trente ans avec Jacques », précise le photographe. Tout au long de l'existence de la chanteuse, Jean-Marie Périer a été un joker bénéfique. On ne pouvait rêver meilleur chevalier servant pour faire son entrée dans le monde artistique, et y demeurer : un ange gardien. Chef décorateur, costumier, scénographe et metteur en scène, il a fixé ses décors. Il a su maquiller le réel, trouver le bon éclairage. Appartenant à une dynastie d'artistes populaires, il savait d'instinct comment fonctionne le monde du spectacle, la puissance évocatrice d'un lieu, d'un costume. Un bon décor, une bonne garde-robe, c'est déjà une grande partie du rôle. Elle n'avait plus qu'à chanter, et ça, c'était son rayon à elle, même si parfois il lui a soufflé le nom d'un arrangeur. Il n'a pas remporté ce titre suprême : « Homme de sa vie », mais peut-être a-t-il été la « Chance de sa vie ».

Ce 4 août 2000, lorsque je la retrouve à Monticello, son mari Jacques Dutronc se cache quelque part. Dans une petite pièce sombre, j'aperçois son blouson de cuir et ses lunettes de soleil. Je la rencontre pour le journal *Libération*. « Je suis une citadine névrosée », dit-elle. Sous mes sandales, les reliefs bruts de l'ardoise clivée qui pave le sol. Hardy rêve d'un été à Paris. Le meilleur moment des vacances, c'est le retour. « Je déteste les vacances, mais rentrer c'est la joie. » Elle glisse ses mocassins blancs sous une élégante table basse. Ses jambes sont aussi blanches que le plateau de marbre veiné. Comme l'exprime son teint, elle passe le mois d'août à l'ombre. Une fois de plus, elle ne peut s'empêcher de songer aux étés sans sa mère, autrefois : « J'ai eu pour elle des sentiments démesurés, exclusifs. L'adieu sur le quai de la gare était un déchirement. » La dame de fer a contrôlé sa fin comme sa vie, se donnant la mort à une heure par elle choisie. Les deux femmes s'étaient éloignées. « Je me crispais avant qu'elle n'arrive. À quarante ans, elle me dictait encore ma conduite et m'infligeait ses jugements sur Jacques. "Moi au moins, je ne me suis pas mariée", disait-elle. » Madeleine n'acceptait pas son gendre, qu'elle jugeait gâté et irresponsable. « Elle pensait que sa fille aurait dû rester avec Jean-Marie Périer, qui est délicieux. Elle le préférait », relate Marie-Hélène Taphorel[3]. Jean-Pol Hillard, qui travaillait aux côtés de Madeleine Hardy au sein du fan-club, partage le même point de vue : « Elle n'a jamais apprécié Dutronc, qu'elle jugeait d'une mauvaise influence. Cette rencontre a été son drame : on lui a volé sa fille. »

Un murmure de voix parvient jusqu'à nous. Est-ce le mari qu'on entend, quelque part dans la maison ? « En défendant Jacques, j'ai surpassé la petite fille que j'avais été. Ça a été terrible. Notre relation a dégénéré. » Elle se rétracte, la ride du lion se creuse entre les deux yeux. Lèvres froncées dans un visage hâve, elle se concentre.

Les deux femmes formaient un couple fusionnel. La séparation vira à la lutte. Dans sa fille, Madeleine niait la femme. Elle refusa de rendre les armes. Bloc hostile, elle ne manifesta plus de tendresse qu'envers son petit-fils, Thomas. Je me remémore les paroles de Hardy à son sujet lors de notre première rencontre. « Rejetée par sa propre mère, qui n'acceptait pas leur différence physique, elle avait manqué d'amour et développé des mécanismes de défense[4]. » Physiquement, Madeleine et sa mère Jeanne Hardy étaient à l'opposé. En regardant les photos, je vois ce qu'elle appelle le rejet physique : l'une petite et ronde, l'autre, haute, hautaine. L'enfant n'était pas un reflet de sa mère, et alors ? Une rivalité ? Une grossesse non désirée ? Une chose est sûre, Madeleine s'était construite seule, refusant même les hommes dans sa vie, ce qui était exceptionnel à son époque.

Le différend avec sa fille la relégua dans le pays glacé de son enfance. Avec elle, c'était tout ou rien. La fusion ou la banquise... elle redevint la fillette solitaire et sauvage d'autrefois. « Ma mère était intraitable. » Le lâcher-prise, état en vogue depuis les années quatre-vingt, lui était inconnu. « Elle était frigide. » Ses bras, qui avaient si peu embrassé, se paralysèrent, sclérosés par la maladie de Charcot. Elle programma sa fin au début de l'été 1991 chez elle, à Montmartre[5]. Sa fille lui rendit une dernière visite. Jusqu'au seuil de la mort, ces deux êtres difficiles ne partagèrent plus ni intimité ni affection. Hardy ne parvint pas à articuler un mot de tendresse. Muette, une fois de plus. Incapable de rompre la glace. Madeleine ayant légué son corps à la science, il n'y eut pas d'obsèques.

Françoise Hardy n'attend plus les lettres de sa mère, seulement la fin de l'été. Une brume pâle dérobe la mer Ligure comme un fumigène actionné par une main discrète. Seuls les toits roses du village, capricieusement emboîtés en contrebas, sont encore visibles. Pareil à une toile de Soulages, le sol a des luisances mates sur lesquelles les frêles guéridons de Saarinen se détachent, sculptures délicates faisant écho à la silhouette de Françoise Hardy. Purs, sans compromis, abstraits, ils semblent avoir été imaginés pour elle.

Le soir au lit, elle dévore des Agatha Christie. « C'est ça, les vacances. Relire des romans policiers. L'été dernier, c'était Mary Higgins Clark. » Il pleut dans sa chambre comme dans le jardin. Cet été, elle écoute en boucle une chanson de Coldplay, *We Never Change*, plaintive mélodie susurrée d'une voix flegmatique. « C'est simple, irrésistible, pur, nostalgique ». Elle dit que c'est l'histoire d'un type qui veut aimer la même femme, toujours. Elle rit souvent, d'un rire qui sonne clair. Lorsque plus tard j'écoute les paroles de *We Never Change*, ce n'est pas tout à fait l'histoire d'un type qui veut toujours aimer la même femme mais la ritournelle d'un homme qui dit qu'on ne change jamais. En tout cas elle l'écoute en boucle et ses vacances ressemblent à celles d'une adolescente qui s'ennuie chez ses parents.

Le paysage a disparu. La mer s'est diluée dans le ciel, la baie vitrée n'est plus qu'un écran gris laiteux où flottent de longues plantes mouillées. Le pull de soie gris, les yeux gris de la chanteuse sont assortis au décor. La météo morne est en accord avec son répertoire d'experte en amours blessés. Ses mélodies fragiles diffusent un unique sentiment, un même chagrin en apesanteur. Étymologiquement, la mélancolie est la bile noire ; le mot possède deux racines grecques, *mélas* (noir) et *khôlé* (bile). Noir comme le sol de la maison, noir comme les murs de la rue Hallé. L'iBook G3 de forme palourde posé sur la table sert à écrire les chroniques d'astrologie. Chaque matin, pour une revue revendiquant une centaine d'abonnés, Hardy étudie le thème de Josette Clotis, la compagne d'André Malraux disparue tragiquement en 1944 dans un accident de train. Les couples astrologiques sont sa spécialité. Josette Clotis venait d'installer sa mère dans un wagon et se hâtait de descendre alors que le chef de gare avait déjà sifflé le départ. Elle a perdu l'équilibre sur le marchepied, est morte les jambes broyées sous les roues du dernier wagon[6]. Mère et fille se querellaient au sujet de Malraux, qui refusait d'épouser Josette… Ayant trouvé par hasard sa biographie, Hardy se documente en lisant l'après-midi des livres sur l'écrivain[7]. Lors de son bref passage à Sciences Po, elle a été frappée par la beauté et l'aisance de leur fils Gauthier, étudiant rue Saint-Guillaume, qui s'est tué à vingt ans avec son jeune frère Vincent à bord d'une Alfa Romeo Giulietta Sport Zagato[8]. « Françoise est une éternelle étudiante », m'a dit un jour Jacques Wolfsohn. Pourquoi se passionne-t-elle, en plein été, pour une destinée aussi tragique ?

Josette Clotis a rencontré Malraux au moment de la naissance de sa fille Florence, née de son union avec sa femme Clara Goldsmith. Coup de foudre, Josette et l'écrivain illustre entament une liaison clandestine. Il vient de publier *La Condition humaine*, prix Goncourt 1933. Débute pour la jeune femme une vie d'attente dans des chambres d'hôtels parisiens avec l'espoir d'un signe, d'un coup de fil, d'un télégramme, d'un rendez-vous furtif. Ses deux fils avec Malraux sont nés hors mariage. Comme Françoise et sa sœur à la même époque.

La pluie a cessé, j'appelle un taxi pour Calvi. Le feuillage vert-de-gris des oliviers s'égoutte sur le gravier. Le chauffeur de taxi m'interroge. Elle est comment, Françoise Hardy ? Bavarde, gaie et distante. Lorsqu'elle parlait, elle ne me regardait pas. Comme si elle n'était pas là. Comme si je n'étais pas là. « C'est une teenager », dis-je au chauffeur.

Lorsque mon article paraît dans *Libération*, il est accompagné d'une grande photo de Jacques Dutronc. Non, de Françoise Hardy vêtue en Jacques Dutronc : blouson de cuir et Ray-Ban. Une brillante idée du photographe Patrick Swirc, qui m'a succédé dans la villa de Monticello. Confronté à une Françoise rétive, il se demandait comment l'apprivoiser lorsqu'il a aperçu dans le bureau les attributs de Dutronc, le perfecto et les lunettes. Il lui a demandé de les enfiler. En cinq minutes, la photo était pliée.

De tout son cœur

Le jeune homme s'apprête à traverser le boulevard Haussmann et entend son prénom : « Jacques, Jacques. » Elle le hèle d'un bras mince. Pas de doute, c'est bien lui qu'on appelle. Au volant d'une Mini Cooper vert et blanc rutilante comme une voiture Majorette sortie de son emballage, Françoise Hardy a baissé la vitre. « Bah alors, vous ne m'entendiez pas ? » Elle se gare sur le côté. « Je pars en tournée. Jacques m'a dit que vous pourriez peut-être m'accompagner... » Jacques, l'autre Jacques, Wolfsohn. Elle est devant lui, perchée sur de hautes jambes qui le dominent. Il se dérobe : « Je... ne sais pas... Je vais réfléchir... »

D'innombrables fois, Françoise Hardy a relaté comment un jour de février 1964, sur les conseils de son directeur artistique, elle a proposé au guitariste de l'accompagner en tournée. De plus en plus humoristique au fil des narrations, ce récit constitue le premier chapitre de leur romance. Dutronc attend au feu rouge, rue de Provence, à l'angle du boulevard Haussmann. Dans le quartier où ils ont grandi.

Au volant de son auto elle l'interpelle, il ne l'entend pas, elle insiste, lui offre un emploi. Il s'esquive. Elle veut, il ne veut pas. Premier fiasco. Galant, il prétendra plus tard qu'il ambitionnait un autre rôle dans la vie de la jeune femme. Un rôle dans la vie de Françoise Hardy, idole de la chanson et vedette de cinéma en 1965 ? À ce moment précis, en rêve, peut-être. Car elle l'impressionne. Lui, lorsqu'il raconte cet épisode, il change le modèle de la voiture. Une Austin Princess, pas une Mini Cooper. Celle que Picasso a offerte à sa fille Paloma pour ses vingt ans. Une montée en gamme ; l'Austin Princess ressemble à une mini-Rolls Royce. Dutronc idéalise la chanteuse… Une princesse…

En fait, elle est propriétaire d'une Austin Mini Super Deluxe depuis 1964. Le vainqueur de l'année 1964, c'est la British Motor Corporation. La modernité a ses formes et ses objets, au premier rang desquels règne la voiture, symbole du tempo rapide de la vie moderne. Le 21 janvier, la Mini Cooper S pilotée par l'Irlandais Paddy Hopkirk remporte le rallye de Monte-Carlo loin devant les écuries Mercedes, Volvo, Saab… Sortie des chaînes de montage de Birmingham, Angleterre, la minuscule auto rouge au toit blanc portant le numéro 37, dessinée par Sir Alec Issigonis pèse à peine six cents kilos, son moteur n'est que de 90 chevaux et ses pneus rejetés sur les côtés ne font que dix pouces, mais elle a gagné le rallye de quatre mille kilomètres. Elle était partie de Minsk, en Biélorussie, trois jours plus tôt. La course automobile est alors un sport amateur qui attire le talent, dira

Paddy Hopkirk, dont le combat de David contre Goliath remporte un triomphe mondial.

Chacun des quatre Beatles s'en offre une. Tout le monde veut cette voiture qui ressemble à un jouet. En ce début de l'ère consumériste, les idoles des jeunes sont en première ligne du placement de produit. En février 1964, Françoise Hardy obtient son permis de conduire grâce aux leçons de l'auto-école du Chemin-Vert, 105, rue du Chemin-Vert, Paris. Les leçons font l'objet d'une pleine page de photos dans *Cinémonde*[1]. Elle s'offre une Mini Cooper Austin 850 Super Deluxe[2]. Elle vient d'avoir vingt ans et Jean-Marie lui a offert une montre en or blanc Cartier, sa sœur un album sur la magie, et sa mère… une trousse de couture. Le jour de son anniversaire, elle chante à la prison de Fresnes.

La jeune star vient souvent rue d'Hauteville voir Jacques Wolfsohn. Dutronc est son assistant mais elle regarde à peine le petit employé. Il s'en rend compte. Elle en impose, Françoise Hardy. Pas seulement à cause de sa célébrité. Pas seulement parce qu'elle est belle, trop belle pour lui. Parce que ses chansons. Parce que sa voix. Parce que sa stature, pas seulement parce qu'elle est plus grande que lui. Quelques centimètres, pas plus. Il ne se sent pas à la hauteur[3]. Parce que tout ce qu'elle fait est bien. Parce qu'elle se fait accepter telle qu'elle est, sans tricher. Parce qu'elle a toujours l'air d'être là sans être là. Au fond, elle est… Intouchable.

Et puis… Épris d'une possessive Ghislaine qu'il s'apprête à épouser, Dutronc ne peut l'abandonner pour partir en tournée avec Françoise Hardy.

Il vient de passer dix-huit mois de service militaire en Allemagne, sa fiancée lui a écrit tous les jours ou presque, elle l'a attendu, comment la peiner[4] ?

« Un soir, j'étais au premier Paradis Latin ou à l'Alcazar, on me dit que Dutronc venait d'arriver. Je me retourne et aperçois un type insignifiant, de petite taille… », me raconte ma tante Isabelle, échassier qui fut ma première égérie de mode, ex aequo avec Françoise Hardy. Toute sa personne était chic. Ses bermudas blancs, portés avec de hautes chaussettes blanches dans des mocassins Céline à talons carrés, m'épataient. Chez O'Kennedy, elle m'a offert ma première chemise Cacharel en voile de coton, imprimé d'arabesques et vrilles à la William Morris. Plus tard, ma tante s'est mariée dans une robe de Jean Bouquin. Dutronc avant Dutronc, donc, n'est une star que pour ses copains. En ville, on ne le remarque pas. Françoise non plus. Elle a relaté des centaines de fois cette impression. « Il était très vilain, je ne faisais pas attention à lui[5]. » Elle n'est pas seule à le trouver moche. « Dutronc revenait du service militaire avec la coupe de cheveux en vogue dans les casernes. Il était couvert de boutons sur la figure, restes d'une adolescence incandescente, et portait des lunettes à triple foyer vertes, suite à une myopie infantile. Comme il était voûté et ne se séparait jamais d'un imperméable trop grand pour lui, on l'appelait Gaston[6] », dit Eddy Mitchell, que Jacques accompagne sur scène comme guitariste à son retour de l'armée. Les deux chanteurs et Johnny Hallyday se connaissent depuis l'enfance. Ils ont grandi dans le IXe arrondissement, se sont aérés dans le même square de la Trinité, ont volé dans les mêmes magasins de disques[7].

On a peine à croire qu'un acteur aussi sexy ait pu être laid. Les photos de Dutronc au début de 1964 sont rares mais j'en ai exhumé une, un cliché amateur pris lors d'un concert dans un patronage. Une veste de serveur agrémentée d'un nœud papillon habille un maigrelet. Des verres fumés lui dessinent une face de crapaud, la figure tout en os est piquetée d'acné, la coupe rase est séminariste. Nul doute, un physique ingrat. Il se destine au métier de dessinateur industriel.

Si l'homme ne séduit pas la femme, la chanteuse apprécie le guitariste. Sa finesse technique, son jeu en retrait, sa dextérité lui plaisent : après s'être exercé seul à reproduire note pour note les solos de Hank Marvin, Dutronc reprend des morceaux des Shadows qu'elle adule[8]. Guitariste de rock, de jazz comme de swing manouche, il baigne dans la musique depuis le berceau. Pianiste dans un orchestre de bal le week-end, son père Pierre nourrit une passion pour le jazz symphonique de Duke Ellington. Au début des années soixante, Dutronc tourne dans des petites salles avec un groupe de copains. Jacques Wolfsohn les a signés chez Vogue[9] et sous le nom de El Toro et les Cyclones leur fait interpréter des reprises des Shadows, de Little Richard, d'Eddie Cochran ou de Cliff Richard. Sorti au début de l'année 1962, leur premier 45 tours précède dans le catalogue Vogue celui de Françoise Hardy. Le groupe répète rue de Provence, chez les parents de Jacques Dutronc, propriétaire d'une guitare Gretsch[10] et d'un ampli Gretsch. Françoise Hardy lui doit son second tube, *Le Temps de l'amour,* mélodie qu'il a composée sous le titre *Fort Chabrol* pour les Fantômes[11].

À son retour de l'armée, le jeune homme est engagé par Jacques Wolfsohn pour composer des musiques aux éditions Alpha dont il est propriétaire. Ses mélodies sont destinées aux nouveaux artistes que Wolfsohn souhaite produire[12]. Échappant à une carrière de dessinateur industriel, le guitariste saute sur la proposition. Le directeur artistique respecte d'autant plus son talent que Dutronc est un bon guitariste de jazz. Avant de partir à l'armée, après *Le Temps de l'amour,* il a signé *Va pas prendre un tambour,* un autre succès de Françoise Hardy. De longue date, le jeune homme garde l'œil sur ce cygne altier. Adolescent déjà, lorsqu'il la croisait dans le quartier, il exprimait son admiration à ses copains : « Qu'est-ce qu'elle est belle ! » Un sommet du lyrisme dans la bouche d'un laconique. « Il était amoureux bien avant de commencer à chanter[13]. » Sur la liste de déesses à séduire avant de mourir dressée par la bande à Dutronc, elle figure en bonne place. Après Brigitte Bardot. Cachant son jeu, Dutronc s'est bien gardé de manifester son admiration mais dès qu'elle approche il fait le pitre dans l'espoir d'attirer son attention[14].

Wolfsohn le charge de composer quatre titres pour Zouzou-la-twisteuse. Médusée, cette dernière a accepté un contrat chez Vogue sans qu'on lui demande même de faire un test. « N'importe qui peut chanter », a-t-il déclaré. Une fois de plus, le directeur artistique a repéré une figure, un personnage, plus qu'une artiste : elle est la petite amie de Brian Jones, après tout[15].

Rue d'Hauteville, il lui inflige son bizutage : rosseries sexistes et vannes maison, « les mille ruses et recettes visant à vous faire tomber de haut, complètement déconfit, vaincu, désarçonné, à ses pieds d'homme de grand talent, mais de petite taille[16] ». L'ambiance potache, les codes, l'humour, la langue en décontenancent plus d'un. Pas Zouzou. « Wolfsohn passe la journée à enchaîner les canulars. Jacques Dutronc est son assistant. Les deux ensemble, c'est l'enfer[17] », dit-elle. Le soir, elle rejoint Dutronc et son régiment de copains au Golf Drouot ou au Wimpy de Saint-Lazare, où ils crachent dans les bouteilles de ketchup en forme de tomates posées sur les tables. Elle les décrète « décapants ». Garçon manqué, elle partage leurs conneries en notant que Dutronc se distingue par un sens de l'humour parfois carnassier. Entretenant avec certains des rapports empreints de sadisme, il fait volontiers rire à leurs dépens. Un passif agressif, en somme. « Tu manques d'humour », décrète-t-il, lorsque sa victime se rebelle. Une de ses (mauvaises) blagues : déverser des poubelles dans l'auto d'André Bernot garée en face du studio, rue d'Hauteville[18]. Fils à maman, il a été surprotégé par celle qui a failli le perdre en bas âge à la suite d'une maladie. Jamais admonesté, l'enfant gâté n'a guère appris à respecter les règles ou les autres. À peine arrivé à un déjeuner de famille, il peut claironner un tonitruant « Alors, on s'en va ? », déclenchant un rire (jaune) général. Aucune punition lorsqu'il fracasse les modèles réduits de son frère aîné. Ses parents, sa mère surtout, lui pardonnent tout. À l'adolescence, une nouvelle maladie, un rhumatisme articulaire aigu, l'oblige à rester cloué au lit des mois durant. C'est alors qu'il se met sérieusement à la guitare. Chez Vogue, Zouzou rêve de chanter comme Marianne Faithfull, laquelle a d'abord chanté comme… Françoise Hardy. Elle lui commande des ballades.

Wolfsohn a confié à Dutronc une mission de confiance. Un élève-ingénieur de l'École centrale équipé d'un harmonica cartonne dans le hit-parade 66 avec *Les Élucubrations d'Antoine*, une chanson folk à la Dylan. Fidèle à lui-même, le show-business parisien vient d'adapter un succès d'outre-Atlantique, une chanson « engagée ». Gentiment protestataire, le texte d'Antoine moque les yéyés, notamment Johnny Hallyday considéré comme *has been*. Son fulgurant succès agace Wolfsohn : il est à porter au crédit d'un autre directeur artistique, Christian Fechner, vingt-deux ans, fraîchement entré chez Vogue. « Antoine, une tête-à-claques qui se prend pour Dylan depuis que ses parents lui ont offert une chemise à fleurs chez Mayfair[19] et un harmonica. » Depuis Françoise Hardy, Wolfsohn enchaîne les échecs. Rétif à tout embrigadement, il a décidé de produire un disque pour ridiculiser Antoine et la *protest song*. Il a sélectionné un jeune chanteur beatnik de vingt ans, Benjamin, dont Dutronc composera les musiques. Reste à trouver un parolier. Comme souvent, Jean-Marie Périer, prodigue passeur des sixties, a une idée. Il lui présente Jacques Lanzmann, le rédacteur en chef du mensuel *Lui*, le « magazine de l'homme moderne »[20]. Lanzmann objecte qu'il écrit des romans, pas des chansons. « Vous allez apprendre », lui répond Wolfsohn, fidèle à sa gouvernance sans réplique.

Cheveux longs, le premier (mauvais) texte de Lanzmann sur une musique de Dutronc, est enregistré par Benjamin[21]. Le 45 tours ne décolle pas[22]. Lanzmann propose d'autres titres à Wolfsohn, toujours aussi remonté envers la contre-culture. D'une veine caustique, *Et moi, et moi, et moi*, sorte d'anti-*protest song* raillant les simulacres compassionnels des petits-bourgeois, fait rimer « 700 millions de Chinois » avec « et moi et moi et moi ». Dutronc compose et arrange la chanson dans l'esprit de *A Well Respected Man*, une satire de la classe moyenne écrite par Ray Davies, chanteur et guitariste des Kinks qu'il admire[23]. Benjamin étant souffrant, Wolfsohn fait enregistrer la voix-témoin par Dutronc : « Puisque t'as fait la musique, tu devrais y arriver[24]. » Masquant sa gêne derrière une gouaille surjouée, le jeune musicien se lance. Il fait plus que chanter le texte, il l'interprète avec la goguenardise voulue par son patron, lequel a un modèle en tête, ou plutôt un anti-modèle, et un compte à régler. Son détachement narquois fait de *Et moi, et moi, et moi* une parodie de chanson engagée. « Un faux éloge de l'individualisme petit-bourgeois français », selon le critique Éric Neuhoff.

Reste à convaincre Dutronc de l'enregistrer pour le disque, cette fois. Cet introverti ne s'est jamais vu en chanteur, rôle exigeant qui contraint à s'exposer. « Fais-le, qu'est-ce que t'en as à foutre ? » insiste Wolfsohn devant ses réticences. Un argument irrécusable, auquel il ajoute un autre, où il est question du « bleu » des yeux myopes particulièrement photogénique… La désinvolture est la martingale gagnante de la fabrique Wolfsohn. Elle n'est ni une feinte ni une posture. Le directeur artistique ne prend pas au sérieux la chanson de variété, ni le rock, ni la pop qu'il voit comme un épiphénomène qui ne durera pas plus longtemps que le hully gully. Né à la fin des années vingt, il n'a de passion que pour la musique de sa génération, le jazz. Comme Frank Ténot ou Daniel Filipacchi, il vénère la virtuosité de Miles Davis, de Thelonious Monk, de Charlie Parker, de Martial Solal. Si Wolfsohn a choisi de rejoindre les disques Vogue créés au lendemain de la guerre par des passionnés de jazz[25], c'est que la maison produisait ses héros, Lionel Hampton, Erroll Garner, Sydney Bechet ou Dizzy Gillespie. Comme beaucoup d'hommes ayant grandi durant la guerre, il a un féroce appétit de vivre et de se marrer.

Un curieux loustic. À l'époque où j'écrivais la biographie de Serge Gainsbourg, il m'avait aidée… par ses non-dits. « Gainsbourg est une abstraction. Les trucs faux sont plus intéressants que les vrais », disait celui qu'on présentait comme le *meilleur ami* du chanteur. J'avais cru d'abord que ce farfadet vêtu comme un mafieux de film noir me suggérait d'inventer. C'était sous-estimer sa perspicacité. Wolfsohn, le cap Canaveral de l'industrie discographique, avait mis en orbite trois comètes en fabriquant leurs narrations, leur baratin, aurait-il dit par beau temps, leurs conneries, dans un grand jour. L'hagiographie, selon lui, était moins décevante que la réalité. Me recevait-il pour me dire qu'il n'avait rien à dire ? L'œil pétillant, le petit bonhomme me regardait perdre mes illusions au fond du fauteuil qu'il m'avait assigné chez lui, place de Breteuil. « Wolfsohn pouvait être d'une cruauté incroyable », selon Jean-Marie Périer[26]. Cruel mais affable. « Un bourgeois comme les autres, Gainsbourg. Que voulez-vous que je vous dise ? » Je m'obstinais. Ma persévérance finit par payer, d'une certaine façon. Pour se débarrasser de moi, il dressa une liste de personnes à contacter de sa part, dont Bertrand de Labbey, l'agent de Gainsbourg. Grâce à lui, les portes de la rue de Verneuil s'ouvrirent. Je dois à Wolfsohn d'avoir à deux reprises et longuement visité l'appartement de Gainsbourg avant que ses héritiers et la succession n'en modifient l'ordonnance. Fulbert Ribeaut, le majordome du chanteur, qui devait plus tard mourir du sida, fut mon guide[27]. Tout était en place, les notes et photos intimes, les vêtements dans la garde-robe, les livres dans la bibliothèque, la déclaration d'impôts... Son occupant semblait parti la veille. La relation de Gainsbourg avec Françoise Hardy m'intriguait. « Elle est sophistiquée malgré elle », avait dit le chanteur. Sa modestie et son manque d'assurance l'étonnaient. Aucune affectation dans cette attitude, elle n'avait pas conscience de l'effet qu'elle produisait. En astrologie, on dit qu'elle a le « soleil aveugle ». Gainsbourg admirait sa gestuelle. Il avait eu un flirt avec la plus belle femme de son époque, Brigitte Bardot, avait partagé la vie de la mignonne Jane Birkin, séduit Catherine Deneuve... Hardy ne l'attirait pas. « Elle était trop estudiantine », me dit Wolfsohn, sibyllin. Estudiantine ? Trop cérébrale, réfléchie, presque sévère. Pas son genre.

Pour les amateurs de jazz comme lui, la musique yéyé n'est qu'un sous-produit abâtardi du jazz. Les chanteurs yéyé ne savent ni chanter ni jouer ? Dans un studio d'enregistrement, ça s'arrange en deux trois coups de boutons. Wolfsohn les juge dépourvus de talent artistique et ne s'intéresse pas à leur répertoire. Il a compris qu'une nouvelle espèce d'artistes apparaît, dont l'image devient le ticket d'entrée auprès du jeune public.

Ce qui compte, c'est leur sincérité. Ceux-ci doivent toucher, émouvoir. À ses débuts, Johnny Hallyday interprète (mal) des rocks d'Elvis Presley ou de Little Richard. Sans sa fougue et sa jeunesse, sa version 1959 de *Tutti Frutti*[28] serait gênante : il semble chanter en yaourt lors d'une soirée « feu de camp ». Il est touchant. Et c'est ce que le public attend de lui : être touché. L'air d'y croire vraiment, Johnny se donne à fond. Le jour de sa première audition chez Vogue, l'ingénieur du son André Bernot a eu la surprise de le voir soudain disparaître de son champ de vision. Sur le sol de la cabine, le jeune gars se roule par terre. Sa gestuelle est naturellement élégante, il est grand, mince. Il a une présence, il a un charisme. Il chante mal mais c'est une attraction. Le 1er janvier 1960, Wolfsohn l'a signé. Il a découvert trois artistes de variété des années soixante, Johnny, Hardy, Dutronc, leur offrant un premier enregistrement. Il n'a pas choisi leur art, mais des personnalités. Il a su distinguer leurs ressources fussent-elles faibles, et leur donner de l'éclat.

Wolfsohn a médité sur le destin de Buddy Holly, un plouc sorti tout droit de son Texas natal, dont un producteur[29] a fait la star des *teenagers*. Dents cassées, haleine de fox-terrier, lunettes en fil de fer, il ne payait pas de mine en descendant du bus Greyhound. Il avait une voix et composait de futurs tubes, mais exigeait de les interpréter en personne. Son manager l'a re-conditionné. Dentition publicitaire, haleine mentholée, cheveu lisse, larges montures en écaille noire, pulls d'étudiant preppy. Holly a été transformé en ado ordinaire. Le talent ne suffit pas, il faut l'emballer. Les tubes se sont alignés, la gloire a été foudroyante quoique brève car Buddy Holly est mort à vingt-deux ans. Son manager, lui, avait compris comment manufacturer les vedettes.

Sur le modèle de Holly, Wolfsohn invente Hally... day. Le jeune gars a du potentiel. Excellent comédien, il rêve d'être James Dean, il a vu plus de cent fois *La Fureur de vivre*. La qualité de sa voix importe peu, les techniques d'enregistrement permettent de la manipuler. Wolfsohn s'applique à lui fabriquer une biographie séduisante. Du jeune Belge nommé Jean-Philippe Smet interprétant des chansons de cow-boy au music-hall, Wolfsohn fait un « Américain de culture française » qu'il rebaptise Johnny Hallyday avec deux « Y ». Le petit joue le jeu. Il faut le voir imiter Elvis le 15 avril 1960 lors de son premier concert à Laroche-Migennes. L'ersatz de chanteur américain séduit le public. Il adore raconter des histoires, invente des mensonges inouïs à l'usage des échotiers. Ses paroliers lui écrivent des textes « autobiographiques » qui lui permettent de chanter « sa vie » et consolident son personnage. Le premier artiste que le public français va identifier à l'image du rocker, mélange de blouson noir, de James Dean, de Marlon Brando et d'Elvis, est né rue d'Haute-ville. Il deviendra même, quelques années plus tard, un grand chanteur. L'ère des « idoles » est en train de naître.

Wolfsohn a fait la même chose avec Françoise Hardy. « La conjoncture fit que cette personne devint un personnage : alors que chacun rivalisait avec les autres de furie yéyé, chantait ses joies frénétiques, elle a redécouvert la mélancolie : jeune fille triste, sœur Anne qui attend l'amour et ne voit rien venir, elle faisait à Johnny Hallyday un pendant nécessaire », a dit Emmanuel Berl, qui a observé la métamorphose au premier rang grâce à Mireille, sa femme.

Ne comprenant rien aux goûts des *teenagers*, Wolfsohn s'en remet aux choix des jeunes talents qu'il produit. Intervenant peu sur les enregistrements, il fournit le studio, l'ingénieur du son et un orchestre maison. Ensuite, qu'ils se débrouillent. Il sent leur potentiel, pas leurs chansons ; sur le premier disque de Hallyday comme sur celui de Hardy, le titre qu'il a mis en avant n'est pas celui qu'a aimé le public. Il les a laissés enregistrer des morceaux à leur goût avec lesquels ils ont connu le succès[30].

Les quatre textes écrits par Lanzmann sont enregistrés à toute berzingue par un Dutronc plus chahuteur que chanteur, toujours retranché derrière une distance protectrice. « Dutronc, un chansonnier moderne et cool », dit Rebecca Manzoni[31]. *Et moi, et moi, et moi* devient un des hymnes de l'été 1966 : le titre rentre au hit-parade le 8 août pour y rester jusqu'en décembre. Le petit guitariste complexé est désormais sur le devant de la scène. La maïeutique involontaire de Wolfsohn a transformé en marque de fabrique ce qui, au départ, n'était qu'une pantalonnade, un masque camouflant une anxiété, une dérobade.

La réussite de Dutronc laisse Hardy indifférente. Sur le tournage de *Grand Prix*, elle n'a de pensées que pour Peter McEnery. Malgré son succès, Dutronc ne drague guère, remarque sa copine Zouzou. Complexé par sa taille et sa myopie, il n'aborde jamais une fille, et lorsque l'une d'elles lui tourne autour, il se retranche derrière son rempart de potes dont il ne s'éloigne guère[32]. Ultra-timide, il dissimule son embarras sous les traits d'esprit. Les sarcasmes sont sa carapace. Jacques Lanzmann lui aussi est surpris par les rapports sadiques qu'il entretient avec ses amis : « Des inconditionnels prêts à s'esclaffer à la moindre connerie comme à ses plus belles trouvailles linguistiques. » Jean-Marie Périer est sur la même ligne : « Des connards ».

Dutronc, c'est une attitude. Raillant la vogue beatnik, il opte pour le cheveu court et le costume-cravate étriqué de petit employé, qu'il accessoirise, toujours avec ironie, d'un cigare qui deviendra son fétiche. Le commandant Cousteau se reconnaît à son bonnet rouge, Jacques Dutronc à son Cohiba. Comme Françoise Hardy, il propose un style de vie différent de celui de ses aînés.

Puisant dans la panoplie mods sa cuirasse, il a adopté leur chic cool et clean, cette allure nette de fils de famille, polo boutonné ou col roulé sous la veste ajustée, pantalon immaculé. À l'automne, le succès de son premier 45 tours[33] lui permet de s'offrir une Bentley d'occasion pour partir en tournée avec ses « supporters », ainsi qu'il baptise ses copains, béquilles dont il ne peut se passer.

La carte du Tendre se redessine. Le 31 décembre 1966, Jean-Marie Périer dîne seul au buffet de la gare de Lyon. Il a égaré son sourire en croissant de lune. Trois jours avant la cérémonie, Dutronc a décommandé son mariage. Françoise Hardy pleure, toujours et encore, le beau Peter McEnery. Jacques Wolfsohn divorce. Son épouse, prétend-il, l'a quitté pour un marchand de marrons : ne travaillant pas l'été, il s'occupe des femmes volages.

Sous des dehors rigolards, il est très affecté par le départ de la mère de ses enfants. Trois célibataires à Paris, trois compères qui courent ensemble les night clubs. La compagnie des deux Jacques, Dutronc et Wolfsohn le caustique, amuse Hardy. Dutronc devient une petite vedette. Après *Et moi, et moi, et moi*, tube de l'été, il enchaîne les succès, *Les Play Boys*, *Les Cactus*, *J'aime les filles*... Ses cheveux ont repoussé, il s'est remplumé. Il a abandonné les lunettes, transformant en arme troublante son regard bleu de myope. Wolfsohn ne s'est donc pas trompé. Pour interpréter *Les Play Boys*, le chanteur commande un costume chez Renoma, 129 bis, rue de la Pompe, et des chaussures anglaises chez Church's. On commence à le photographier lorsqu'il apparaît en public. Un magazine le qualifie même de « sex-symbol » ! La notoriété fait des miracles.

Un soir, chez Castel, les éclats de rire du trio attirent l'attention d'un acteur anglais en tournage à Paris. Peter McEnery surgit devant la table des acolytes et s'installe près de Françoise. « C'est lui que tu devrais choisir, pas moi », lui glisse-t-il à l'oreille. Elle le regarde, interloquée. Dutronc la fait rire mais elle n'est pas séduite. S'il y en a un qui partage l'avis de l'Anglais, c'est leur directeur artistique.

Françoise Hardy Blues

Le couple Hardy-Dutronc a été configuré par Wolfsohn avant même qu'ils se connaissent vraiment. Elle est fiancée à Jean-Marie Périer, lui à Ghislaine, lorsqu'il les pousse ensemble sur scène. Françoise Hardy est alors l'égérie de Jean-Christophe Averty, virtuose du divertissement télévisé des années soixante-dix. Un brin épris d'elle, le réalisateur met à son service ses audaces formelles, ses surprises poétiques, ses collages, sa fantaisie loufoque. « Hardy, c'est un étage au-dessus », dit-il[1]. Une fois de plus, un sigisbée sublime son image. À l'automne 1966, il lui offre un show, *Françoise Hardy Blues*[2]. Non seulement Wolfsohn en profite pour placer son poulain Dutronc – « la révélation de l'été 66 » –, mais il le fait chanter en duo avec Françoise Hardy. « L'amour est une sorte de hérisson, qui s'y frotte s'y pique »…

La vraie héroïne de l'émission, c'est Françoise Hardy filmée de façon toute bressonienne : un signe qui nous transporte et non une vedette, une marchandise à faire vendre du vinyle. « Un perpétuel enchantement visuel », écrit le critique du *Monde* qui range Hardy du côté du romantisme et Jacques Dutronc du côté de la raillerie et de la bonne santé[3]. Sur une photo étonnante, on découvre une Madeleine Hardy en grande tenue « bonnes œuvres », surveillant le tournage dans un coin du plateau.

Wolfsohn continue à jouer les marionnettistes. Dans l'émission de variété « Dim Dam Dom[4] », il fait interpréter à ses deux vedettes un nouveau duo signé Lanzmann. « On s'est trouvés, rien n'est perdu, nous sommes éperdus, on va le prouver[5] », dit la chanson baptisée *Har-Dy Du-Tronc*. Avec ses paroles ambiguës qui tricotent habilement leurs deux patronymes, le texte suggère l'idylle.

Cette fois, Dutronc est présenté comme un type relax qui ne prend rien au sérieux, Hardy comme la déesse de la Mélancolie[6].

Désormais, Françoise remorque en mondanité le jeune chanteur et planqué trois pas derrière elle. En novembre 1966, lorsque deux mille huit cents personnes sont conviées par le quotidien *Le Figaro* à fêter son centenaire à l'Opéra de Paris, elle se fait accompagner par la révélation de l'année. Elle se réjouit d'assister au premier ballet parisien de Rudolf Noureev et Margot Fonteyn. Une semaine plus tôt, à la Royal Opera House de Londres, le couple l'a enchantée dans *Roméo et Juliette*. « Pendant le long entracte, tandis que le champagne coule, prétexte à un défilé de célébrités, Mme Pompidou, vêtue d'une robe du soir faite d'un assemblage de pastilles vertes, et Mademoiselle Françoise Hardy, serrée dans un smoking noir, eurent droit, plus que quiconque, aux éclairs électroniques[7]. » Le fourreau de Mme Pompidou, épouse du Premier ministre entamant un troisième mandat après la réélection du général de Gaulle, est signé Pierre Cardin. Taillé par Yves Saint Laurent, le smoking stupéfiant provient de la boutique Rive Gauche ouverte en septembre rue de Tournon. Le couturier vient de lancer sa première gamme de prêt-à-porter. Dans cette ancienne boulangerie où se mêlent le métal brossé et les vieilles pierres, Hardy est comme chez elle. Sylvie Vartan ayant commandé le même smoking, elle s'est empressée d'obtenir le sien avant sa blonde copine. Si Vartan a choisi un modèle en haute couture, Hardy, que sa plastique idéale dispense du sur-mesure, a opté pour le prêt-à-porter. Elle porte l'ensemble avec des Chelsea boots en satin noir. Elle consomme de plus en plus de vêtements de haute couture ou de prêt-à-porter de luxe. On l'a vue chez Nina Ricci, où elle a adopté les créations du délicieux Gérard Pipart, chez Jean Patou, où elle apprécie celles d'Angelo Tarlazzi[8]. Chez Roger Vivier, elle s'offre des cuissardes en cuir verni noir. À l'Opéra, sa silhouette effilée provoque la stupeur. Sur une image de presse, on voit les reporters se pousser du coude en l'examinant. C'est la première fois qu'à Paris, dans une soirée officielle, une femme se montre en smoking. Avec Mme Pompidou, elles sont les reines de la soirée et posent côte à côte dans le foyer de l'Opéra. Pas de Dutronc sur les photos, ou alors dans l'ombre de la chanteuse, anonyme escorte éblouie par sa belle compagne. Sa notoriété est si récente qu'en juin, lorsque *Salut les Copains* a publié « la photo du siècle » de Jean-Marie Périer réunissant la fine fleur de la variété française, Dutronc n'y figurait pas. Elle est plus à l'aise que lui, quatre années de célébrité ont été son université de la mondanité. Même si elle est loin d'être la major de la promotion, elle connaît les codes, sa gaucherie gracieuse en guise de sauf-conduit.

Le jeune couple retrouve ses places pour la seconde partie du spectacle. Comme le reste de la salle, fort policée jusque-là, ils se lèvent pour ovationner Rudolf Noureev et sa partenaire. Dans l'enthousiasme, à chaque rappel, les roses du décor floral se transforment en projectiles lancés vers la scène. Après le spectacle, le couple dîne au *Figaro*. « C'est qui ce travelo en face de nous ? » chuchote Dutronc. Claude Pompidou, à leur table. Ses pitreries ravissent la chanteuse, elle répète volontiers ses blagues.

« Vers quinze ans, vous aviez envie de faire quoi ? demande un journaliste à Dutronc.

— C'était pas une envie, je faisais déjà. Et je tirais la chasse ».

Ou à un journaliste qui l'interroge sur une décision politique.

« Des prises de position, je n'en ai pas vraiment. Ma position est souvent couchée[9]. »

En février 1967, Dutronc et sa délégation, Zouzou comprise ainsi que Jacques Wolfsohn, ont accompagné Françoise à Monticello où elle inaugure sa maison. Le service de presse en a profité pour envoyer un reporter du magazine *Marie-Claire*. Dutronc et Hardy seront les vedettes d'une nouvelle rubrique du journal, intitulée « Venez donc prendre un verre », qui fait l'apologie de l'apéritif avec des amis, une minicollation où sont conviées des relations. Sur la photo, un duo moderne trinque devant les étagères d'un bar généreusement approvisionné : Jacques Dutronc et Françoise Hardy, comme s'ils étaient en couple. Françoise Hardy porte une robe de cocktail à pois. Résolu à ne pas se prendre de veste, Dutronc a gardé la sienne : un Perfecto de cuir noir sur un col roulé blanc. Celui que photographiera Patrick Swirc, trente ans plus tard, pour illustrer le portrait de Hardy dans *Libération ?* Un trompe-l'œil, en tout cas. Avant même qu'ils aient échangé un baiser, la presse apparie les deux artistes du label. Les médias et le public voient eux aussi cette union d'un bon œil.

Plus tard, la maison de disques ira jusqu'à annoncer le mariage de Hardy et Dutronc alors qu'il n'en est pas du tout question. « Le mariage avec Jacques Dutronc a été totalement inventé par l'attachée de presse. Je n'étais pas au courant, au départ. Après, il valait mieux en rire qu'en pleurer[10]. » Au même moment, un autre journal annonce que son projet d'union avec Peter McEnery bat de l'aile, et un troisième qu'elle se languit de Jean-Marie Périer. Selon un quatrième, elle a noué une idylle avec le photographe Jean-Jacques Bugat qui l'a rejointe à New York après le lancement de son film.

Grand Prix hisse Françoise Hardy au Walhalla des *fashion icons*. Après lui avoir offert deux pages en noir et blanc dans le numéro de janvier,

Diana Vreeland dépêche Richard Avedon pour la photographier sur quatre pages en couleur dans le numéro de mars du *Vogue* US. La légende : « Françoise Hardy à la vitesse de la lumière[11] ».

Le mois suivant, elle présente la nouvelle collection Courrèges dans l'émission « Dim Dam Dom »[12]. Jacques Dutronc est invité avec elle. « Un partenaire qu'elle trouve aussi gentil que drôle », selon le magazine *Jours de France*. Dans un magazine italien, elle rétablit la vérité. « Je suis très amie avec Jacques Dutronc, que j'admire, qui m'amuse et dont le talent s'appuie sur une réserve de gaieté, d'optimisme, de santé morale dont on ne trouve que de rares exemples dans notre profession. Oui, j'aime bien Jacques, mais de là à l'aimer d'amour, il y a une marge[13] ! »

Une personne dont on peut s'éprendre, c'est Dutronc le musicien délicat (parfois). Dans l'enveloppe du titi gouailleur bat un cœur raffiné qui peut lui dicter des mélodies émouvantes, pas seulement des chansonnettes. Cet être réceptif, même s'il ne le montre... qu'à contrecœur, signe quelques chansons tendres des plus chouettes. *La Métaphore*, sérénade psychédélique, *Proverbes*, ballade dont le spleen baroque égale celui d'un Michel Polnareff, *Amour toujours, tendresse caresse*, fondante bossa nova, peuvent figurer sur la liste des meilleures aubades masculines, selon Françoise Hardy[14]. Et l'exquise *La Paresse*, à la voix satinée... Un aspect que Dutronc n'a pas montré très souvent, pourquoi ? Chanteur de charme, il peut surprendre avec des chansons hyper-sentimentales.

Il possède une innocence, aussi. *L'Homme et l'Enfant*, c'est du Sinatra quand celui-ci se montre juste et sincère. Et bien sûr, il y a la mélodie ailée qu'enlève un simple solo de flûte traversière improvisé par un musicien classique présent par hasard, le grand flûtiste Roger Bourdin, *Il est cinq heures, Paris s'éveille*, une voix qui s'emballe au rythme de la pulsion cardiaque après une nuit sans sommeil tandis que la ville déroule ses sortilèges. Une des chansons favorites des Français. À la demande de Jacques Wolfsohn, Jacques Lanzmann et sa compagne Anne Segalen ont adapté un poème de Marc-Antoine Desaugiers datant de 1802, « Tableau de Paris à cinq heures du matin ». Dans ses compositions les plus subtiles, Dutronc démontre un talent d'arrangeur capable d'insuffler à sa mélodie les plus fines bulles, de la surprise pétillante, flûte ou piano classique, pointe d'orgue Hammond, vibraphone… Avec cette grâce sensible et imparfaite, Dutronc pourrait devenir un grand rocker blanc, mais le cinéma va l'en détourner.

Le 11 avril, Françoise Hardy l'emmène écouter les Stones à l'Olympia. Le groupe ouvre avec le très chaud *Paint It Black*, sorti un an auparavant. *Lady Jane*, *Under My Thumb*, les fiévreux morceaux se succèdent. Le public, d'abord assis, ne résiste plus et se lève. « Oh, très chaud », dit Jagger, en sueur dans une veste en brocart et une chemise à jabot. Son français hésitant déclenche un délire fanatique. La salle couvre sa voix. À *Let's Spend the Night*

Together, des filles se hissent sur la scène et l'une escalade le dos de Mick Jagger lequel repousse l'attaque de chimpanzé sans cesser de chanter, tandis que les autres membres du groupe jouent, impassibles. « Je vous remercie au fond de mon cœur », dit le chanteur. Après leur dernier morceau, *Satisfaction*, le show-business français défile dans la loge des Stones et pose avec Jagger pour les photographes. On y croise Johnny Hallyday, Sylvie Vartan, Richard Anthony et, bien sûr, Françoise Hardy et son ami. A-t-elle relaté à Dutronc ce qui s'est passé quelque temps auparavant lors de son dîner avec Jean-Marie Périer et Jagger, lorsqu'il lui a fait des avances sous la nappe ?

Le mirage McEnery se dissipe. Qui deviendra le nouvel « Objet de mes tourments » ? La campagne de recrutement a démarré. Bon garçon s'abstenir. Lorsque le désir amoureux devient impérieux, l'imagination peut parer l'objet le plus proche d'un plumage chatoyant jusque-là invisible. Le désir précède l'objet du désir. On imagine d'abord, on rencontre ensuite. « Est-ce qu'on aime l'autre ou les projections qu'on fait sur lui, l'idéalisation ? » se demande Françoise. De temps à autre, la belle petite gueule du blondinet myope lui trotte dans la tête. Jacques Wolfsohn n'est pas mécontent. La romantique et le ricaneur. Cela fera un couple épatant. Recourant à la ruse employée avec Jean-Marie Périer, il convainc Dutronc que Françoise en pince pour lui tandis que l'attachée de presse révèle à Françoise que le chanteur n'est pas indifférent à ses attraits. On devient amoureux parce qu'on se croit aimé. « La chenille s'était transformée en papillon. Le succès attire le succès », dit le musicien Claude Puterflam, proche de Dutronc et témoin de l'idylle. En devenant une vedette, le jeune homme a embelli, même aux yeux de Françoise Hardy : « Être amoureux de quelqu'un de célèbre, c'est propice à l'idéalisation car la célébrité enjolive tout », dit-elle. Elle a beau être avertie, elle se laisse prendre au mirage. En un mot, elle ne s'éprend pas seulement d'un homme, mais du personnage célèbre, tout aussi virtuel que celui qu'elle incarne. Bien placée pour ne rien ignorer du monde séparant les photos sublimées de l'image publique et la réalité, elle tombe dans le panneau. À dire vrai, il faudrait être drôlement intelligent pour sans cesse se rappeler que la photo est truquée.

À la fin de l'été 1967, rien ne s'est encore déclaré entre les deux coincés. Alors que Jacques Dutronc donne quelques concerts en Corse, Françoise Hardy l'invite à Monticello avec Jacques Wolfsohn et sa garde rapprochée, les musiciens Hadi Kalafate et Claude Puterflam qui l'accompagnent sur scène et dans la vie. Zouzou est de la partie. Retrouver l'agréable maison est un plaisir qui ne se boude pas. L'ample baie vitrée, découpant un paysage marin, tient le village à distance. Rien d'ostentatoire dans la grande bâtisse à flanc de colline suspendue au-dessus de la mer, mais de beaux matériaux et des meubles contemporains. À l'inverse du hangar à bateau de Saint-Tropez que Brigitte Bardot a transformé en décor champêtre, le fortin corse de Françoise Hardy est un showroom colonisé par les best-sellers de Knoll, de Mobilier International ou de Formes Nouvelles. Tables Saarinen, lounge chairs Eames, lampes Poulsen, elle a coché toutes les cases des catalogues 67[15]. Des tapis en peau de vache réchauffent le sol et des lampes en plastique assorties à la vodka-orange qui remplit les verres égaient les pièces avec bonne humeur, le plastique, c'est chic[16]. Joyeuse et hospitalière, Françoise prépare des cocktails acidulés au dosage incertain. Les têtes tournent, les rires fusent, la gaieté est générale. Subjugué par la jeune femme, Dutronc est paralysé. Il redoute de se prendre une veste. Rien ne se passe entre eux. Ses copains le coachent. « Qu'est-ce que t'en as à foutre, fais-le ! » lui dit Claude Puterflam. « Qu'est-ce que t'en as à foutre, vas-y ! » renchérit Wolfsohn. L'argument irréfragable a fait ses preuves. « C'est ce soir ou jamais », insiste Puterflam. Après d'innombrables drinks, les copains s'éclipsent en convenant d'un signal. « Si j'ai le pull rouge sur les épaules, c'est que ça s'est bien passé », propose Dutronc, quêtant encore les encouragements.

Les deux victimes boivent et parlent une partie de la nuit avant qu'enfin quelque chose survienne. Relaté d'innombrables fois avec des variantes, le signal rouge est parfois une écharpe, d'autres fois une chemise, ou encore un chandail. Un demi-siècle après cet épisode, les différents acteurs de ce minuscule événement sont même conviés à témoigner en personne dans un documentaire télévisé[17]. Le récit s'arrête au seuil de la chambre. Écrin bleu nuit – pavage d'ardoise et murs tapissés d'un papier peint à fleurs bleues Arts and Crafts assorti au dessus-de-lit –, la chambre de la star est un lieu idéal pour cacher deux timides.

En mai 1968, alors qu'elle chante une nouvelle fois au Savoy, Jacques Dutronc lui fait porter dans sa loge cent quarante-quatre brins de muguets. Elle se produit dans une spectaculaire combinaison en métal de Paco Rabanne. Venu l'applaudir, Serge Gainsbourg lui offre deux nouvelles chansons, *L'Anamour* et *Comment te dire adieu*[18]. À Paris, les étudiants manifestent. « Je me suis sentie peu concernée. » Le 15 mai, chez le joaillier Clerc, place de l'Opéra, elle inaugure l'exposition internationale du diamant dans « la minirobe la plus chère du monde », conçue par Rabanne avec neuf kilos d'or et incrustée de trois cents carats de diamants. Salvador Dalí est venu avec sa muse Amanda Lear, un sosie de Françoise Hardy. Les slogans étudiants laissent la vedette de marbre. Fille d'une mère célibataire, Françoise a fait sa révolution sexuelle il y a longtemps, s'offrant en guise de galop d'essai une liaison sans lendemain et, de temps à autre, trompant sans culpabilité ses partenaires avec qui lui chante et avec d'autant moins de remords qu'elle a été une pionnière de la contraception. Pour fuir l'agitation parisienne, elle se réfugie avec son nouvel amoureux à Monticello, où la lune de miel se poursuit.

Sur les photos de cet été-là, beaux et solaires, Jacques Dutronc et Françoise Hardy se ressemblent. Jean-Marie Périer les a photographiés sur un muret de la terrasse. Dos à dos, ils sont radieux. Elle porte une ravissante minirobe en maille de soie d'Emilio Pucci, lui un polo et des jeans blancs. Cheveux blond vénitien, regards clairs, visages étroits et pommettes hautes, minceur, la photo souligne leur gémellité.

De retour à Paris, la chanteuse consulte son astrologue André Barbault. La parenté de leurs thèmes le trouble : tous deux partagent la même conjonction Vénus-Saturne. Si Dutronc est un Taureau ascendant Poisson, ils souffrent de la même problématique, un complexe abandonnique qu'il règle par la boulimie affective et elle par l'anorexie affective... « Vous, vous le déclinez sur un tableau froid : je n'aime pas, je ne veux pas aimer, je ne m'implique pas, donc je ne souffre pas. Plus sensuel, plus charnel, Jacques Dutronc papillonne. C'est un Don Juan, un collectionneur... »

En outre, leurs Vénus respectives sont en opposition, souligne-t-il : un signe très défavorable aux relations amoureuses. L'astrologue ne laisse à sa consultante aucun espoir, d'autant qu'il décèle une pointe de sadisme dans le thème de l'élu. Tout amour est potentiellement dangereux, mais remettre son cœur entre des mains féroces est une imprudence. Homme entier, André Barbault la met en garde énergiquement. « Ne choisissez pas l'être le moins fiable et le moins sécurisant qui soit ! » Jacques Dutronc n'est pas un homme pour elle. Cette relation ne peut lui apporter qu'insatisfaction et détresse. « C'est perdu d'avance ! » Furieuse,

Françoise Hardy quitte la maison des Buttes-Chaumont sans un sourire.

Les deux artistes se ressemblent. Leur origine sociale est la même. Issus du IXe arrondissement, ils ont grandi dans un milieu petit-bourgeois catholique et pratiquant. L'un et l'autre ont fréquenté des écoles religieuses. Avec leurs mères toutes deux prénommées Madeleine, ils entretiennent un lien fusionnel. Chacun possède des parents ecclésiastiques : Victor, l'oncle de Françoise, mort en déportation, mère Marguerite, la tante dominicaine de Jacques, prieure du couvent de Monteils (Aveyron), et son oncle Paul, jésuite, enseignant à l'Institution Notre-Dame Saint François d'Évreux[19]. Dutronc et Hardy sont de la même paroisse.

Selon Freud, on ne rencontre que ce qui existe déjà dans son propre inconscient. « Une relation amoureuse, c'est un puzzle. On est attiré par les pièces qui vous font défaut », dit Hardy. Leurs névroses s'emboîtent, elle aime souffrir, il aime faire souffrir. L'amoureux transi, le gentil garçon admiratif va se transformer en « bourreau » du cœur. « Mon attitude a induit ce que je redoutais chez l'autre », dira-t-elle des années plus tard. Si Françoise Hardy avait choisi Jésus comme boy friend, il l'aurait crucifiée pour ne pas décevoir ses attentes. « Chaque personne est dans la prison de ses conditionnements, de ses limites, de ses souffrances », écrira-t-elle. Avant de partir en cavale, de nombreuses années vont s'écouler.

À cœur ouvert

Dans l'imaginaire collectif, le couple Hardy-Dutronc a occupé pendant près de trente ans un espace réconfortant, celui du couple qui dure. Il a symbolisé une sorte de félicité conjugale que ses protagonistes n'ont pas cherché à démentir, tenant dans l'ombre leurs accrocs. Un couple, ça peut donc marcher ? Les unions de longue durée fascinent, pas seulement à cause de leur rareté : elles semblent posséder le secret de longévité. Bien qu'ils se soient peu à peu éloignés l'un de l'autre, qu'à partir de 1996 Jacques Dutronc ait partagé sa vie avec sa compagne Sylvie Duval, que les uns vivent en Corse, l'autre à Paris, Hardy et Dutronc ont continué à paraître époux. Eux-mêmes ont alimenté l'ambiguïté. « Avec Jacques, ça fait quarante ans qu'on vit ensemble », déclare-t-elle dans le magazine *Elle* en 2007. « Françoise Hardy, son message personnel à Jacques et Thomas Dutronc », titrait encore le magazine *Paris Match* en mars 2021, vingt-cinq ans après leur séparation…

Un couple… intermittent, pourtant. « Jacques m'a dressée à la solitude. Les vingt années où j'ai été très amoureuse de lui, je l'ai peu vu… » Les sept premières années, ils vivent chacun de leur côté, se retrouvant au rythme d'une à deux fois par mois[1].

Le 16 juin 1973, Françoise Hardy rencontre le grand amour de sa vie, son fils Thomas. Dutronc arrive à l'Hôpital américain après la naissance[2]. Un mois plus tard, il part tourner son premier film sous la direction de… Jean-Marie Périer[3]. Dès lors, il va enchaîner les tournages.

Françoise élève seule le bébé (avec sa mère) sur l'île Saint-Louis, au sein d'un bel immeuble XVIIe, pourvu d'une cour pavée où s'épanouissent les branches d'un cerisier du Japon. Lorsque l'enfant a un an, Madeleine la pousse à vivre avec le père. Une fois de plus, elle décide pour sa fille ou lui donne l'impulsion. Hésitant, Dutronc évoque sa Madeleine à lui : « Je ne peux tout de même pas abandonner ma mère ! » À presque trente ans, il habite dans l'immeuble de ses parents. « Jacques, que dirais-tu si ta mère t'expliquait qu'elle a refusé de vivre avec ton père pour ne pas quitter ta grand-mère ? » Françoise Hardy, ensuite, s'étonnera d'avoir aussitôt trouvé la repartie. L'un et l'autre ont bien du mal à se passer de leur Madeleine.

En 1974, Hardy s'installe avec père et enfant dans la maison de la rue Hallé qu'elle vient d'acheter. Elle croit exaucer son rêve, Dutronc s'apprête à enchaîner quinze films en cinq ans. Il sera absent, creusant un trou noir. Excellent au cinéma dans les rôles de taiseux, il entame une carrière à succès. Cette année-là, sur le tournage de *L'important c'est d'aimer,* il a une liaison avec sa partenaire Romy Schneider, qui l'impressionne car elle a tourné avec les plus grands, Luchino Visconti, Otto Preminger, Orson Welles, Joseph Losey[4]... Le film vaut à Dutronc une réputation de vrai comédien. L'idylle prend fin avec le tournage. Femme fragile, blessée, l'actrice utilise ses partenaires comme des sextoys réconfortants, mais aucun n'est de taille à consoler une détresse qui vient de loin. Durant le tournage, Françoise Hardy apprend son infortune de la bouche de Zouzou, une nuit dans une boîte parisienne[5]. Son affliction est démesurée, elle redoute d'être quittée pour ce prototype de « vraie femme », une séductrice dangereuse, elle qui se sent une jeune fille peu séduisante. Elles ont tourné ensemble dans *What's New Pussycat ?* en 1966. Romy Schneider avait le rôle féminin principal, Françoise n'apparaissait qu'en guest-star lors d'un caméo si rapide qu'elle n'est pas créditée au générique. « Vous ne seriez pas la proie d'un blocage sexuel ? » lui demande Peter Sellers.

L'image du couple n'est pas entamée par l'idylle avec Romy Schneider, le public n'apprendra cet épisode que vingt-cinq ans plus tard. Le mythe reste entier.

Une amitié amoureuse

Le mariage est une institution (psychiatrique).
Julian BARNES

En 2008, Françoise Hardy, dans son autobiographie, *Le Désespoir des singes*, s'attaque à la réécriture du synopsis et rectifie la narration. Elle ne laisse rien dans l'ombre. Orages et accalmies, doutes, pleurs et amertume, récriminations domestiques, trahisons conjugales et désillusions, elle tient la chronique d'une vie conjugale somme toute… banale. « Jeune, on consacre trop de temps à l'amour. On est égocentrique, on souffre… Une fois qu'on est débarrassé de cela, on peut regarder autour de soi : la nature », conclut-elle, désenchantée[1]. Chose étonnante, elle ignorait l'alcoolisme ou les nombreuses aventures extraconjugales de son compagnon. On ne connaît jamais l'autre que par conjectures. En 1980, alors qu'elle console un Serge Gainsbourg plaqué par sa compagne Jane Birkin, celui-ci lui demande abruptement : « Mais vous, Françoise, comment faites-vous pour supporter les tromperies de Jacques[2] ? » Découvrant le donjuanisme de son compagnon, elle lui offre un pendentif Pinocchio[3].

« Heureusement je n'ai pas su pendant longtemps qu'il s'amusait ailleurs[4]. » Distraction ? Manque de curiosité ? Méconnaissance de l'autre ? Un an plus tard, le 30 mars 1981, ils se marient à Monticello. Une semaine auparavant, ils faisaient la une de *Paris Match* sur... le concubinage. Au fil des années, le récit de leurs épousailles par Françoise Hardy, d'interview en interview, s'est transformé en épisode cocasse. Il a oublié d'acheter les alliances. Il refuse de laisser les invités venus de Paris les accompagner à la mairie. Chacun passe le reste de la journée avec ses propres copains. Pourquoi se sont-ils mariés ? Pour des raisons fiscales, prétendra-t-elle. « Des femmes préfèrent la prison de leur souffrance amoureuse, même si l'autre ne leur laisse que des miettes, elles préfèrent les miettes à rien. J'ai longtemps été comme ça. Les femmes un peu maso sur les bords sont légion. » Elle s'est lassée.

En 1988, à son tour, elle s'éprend secrètement d'un jeune homme. Dans ses mémoires, elle le présente comme un étranger[5]. Non partagée, la passion va la ravager durant trois ou quatre années. L'été, elle délaisse Monticello dans l'espoir d'apercevoir son amoureux à Paris. L'homme réussit à la faire souffrir plus encore que Dutronc. En 1991, elle avoue à son mari cet envoûtement dont elle n'est pas encore libérée. Un autre amour impossible, une fièvre cérébrale à la Peter McEnery qui l'a laissée défaite.

L'onde de choc est plus forte que prévu. Elle inflige à son bel indifférent d'époux une commotion. Il ne s'est douté de rien et, en dépit de sa propre liberté de conduite, vit fort mal son aveu. Jamais, a juré Dutronc, il ne l'a trompée puisqu'il s'est toujours arrangé pour ne pas tomber amoureux, lui[6] ! En composant les paroles de *J'comprends pas*, histoire d'un clown plaqué, un des chagrins d'amour les plus tristes du répertoire français, son parolier semble avoir eu une prémonition :

Je l'ai fait rire,
C'est pas pour dire,
Presque tout le temps,
J'étais marrant,
Toujours un croche-pied,
Toujours un pied de nez,
L'almanach Vermot
est sur le piano[7].

Jalousie, larmes, détresse, le clown ne rit plus. Bientôt il lui oppose froideur et météo précambrienne. Il n'a même plus le pouvoir de la faire souffrir… « À force de faire partie des meubles, grâce à une rencontre, j'avais fini par me détacher de lui[8]. » Sans rompre avec Françoise, il la tient désormais à distance. Prétextant la préparation de son prochain album, il a obtenu de Columbia, sa maison de disques, qu'elle lui loue une maison à… Plaisir, dans les Yvelines, où il travaille avec ses copains musiciens et l'écrivain Linda Lê, qui lui donne trois textes. Délaissant la veine goguenarde des années Wolfsohn, Dutronc chante des textes plus lyriques servis par un gros rock cogneur. Il vit une passion avec une jeune femme intelligente et douée qu'il meurtrit faute de s'engager.

Bien qu'ils ne soient plus épris l'un de l'autre, Hardy et Dutronc continuent à se croiser rue Hallé, où ils font chambre à part depuis longtemps. Des ennuis de santé leur fournissent un prétexte pour quitter la maison où ils ont élevé leur fils : elle a des problèmes de genoux, lui de hanche. Sans s'infliger la violence d'une rupture, ils s'habituent à vivre l'un sans l'autre, tout en conservant le plaisir de se voir parfois.

La situation nouvelle laisse de l'espace pour de nouvelles aventures. En 1997, Jacques Dutronc se lie avec Sylvie Duval, une ravissante jeune femme de quinze ans sa cadette. Jolie brune à tête de chat, elle est sa maquilleuse sur le tournage de *Place Vendôme*, un film de Nicole Garcia dans lequel il joue. Elle devient sa compagne à Plaisir. « J'étais heureuse pour lui. J'étais arrivée à une sorte de détachement », dit Hardy[9].

Et lui, quelle est sa version ? Il laisse son ex-compagne l'écrire. De leur relation, il dira laconiquement un jour : « Françoise et moi, trente ans de vie peu commune. » Et de son œuvre : « Je n'ai jamais pu écouter une de ses chansons. Ça me fout le cafard. »[10] Pleure mon cœur imbécile[11].

Le bassiste Hadi Kalafate, un des plus anciens complices de Jacques Dutronc, rédigera une épitaphe tranchante : « Il l'admirait plus qu'il n'était amoureux[12]. »

En 1998[13], Hardy et Dutronc déménagent dans des étages séparés au 50, avenue Foch, adresse qui permet à Dutronc de rejoindre rapidement Plaisir. « Elle c'est en haut, moi c'est en bas. Je ne monte jamais chez Françoise. Au-dessus ou en dessous, l'important c'est qu'elle soit là. » Une cohabitation, en somme. Pour parler, ils se téléphonent. C'est l'amour en triplex (avec ascenseur). Elle porte son alliance autour du cou. Attachés l'un à l'autre, ou à l'idée de leur amour, ils ne sont pas tout à fait prêts à se passer l'un de l'autre. Jacques Dutronc s'installe en Corse avec Sylvie Duval, dans la maison de Monticello où Françoise Hardy les rejoint l'été. En public, elle continue à appeler Dutronc son mari tandis que Sylvie est présentée comme l'« assistante personnelle de Jacques Dutronc », sa « secrétaire », son « personal manager », son « aide-soignante », sa « nounou », son « chauffeur », sa « cuisinière »[14]. Sans douleur, sans divorcer, Hardy et Dutronc se sont séparés. « Il est infiniment rare qu'on se quitte bien, car si on était bien, on ne se quitterait pas », a dit Proust. Disons qu'ils ne se quittent pas trop mal. Le temps passant, elle devient sa « meilleure amie », selon ses propres termes : la plus belle chose qu'on puisse attendre d'une relation. La réussite d'un mariage, c'est peut-être cela : la passion qui se transforme en amitié.

Le couple est moins une histoire d'amour qu'une construction sociale. C'est vrai de tous les couples, et plus encore des couples célèbres, qui mettent en synergie leur notoriété. Comme dans les mariages dynastiques, la mise en scène de la vie conjugale et familiale offre de nouvelles possibilités d'images et de récits. Signoret-Montand. Keith Richards-Anita Pallenberg. Bacall-Bogart. Taylor-Burton. Piaf-Cerdan. Gabin-Dietrich. Gainsbourg-Birkin. Dans le show-business français des années soixante, le magnétisme du couple Johnny Hallyday-Sylvie Vartan a fait la preuve de son efficacité publicitaire : leur union augmente leur aura. Non seulement le public rêve sur chacun, mais il peut rêver sur le duo, spéculer à l'infini sur ce qu'ils sont dans la vraie vie. Trois miroirs virtuels s'offrent alors à lui, sa curiosité est démultipliée. Un couple, c'est romanesque.

« Tu leur tends un miroir, disait Romy Schneider. Ils ne voient qu'un cliché. Ils contemplent leur projection, pas l'humain que tu es. C'est douloureux[15]. » Françoise Hardy et Jacques Dutronc ont, d'une certaine façon, incarné la beauté de leur époque. Le public a créé le couple mais lui refuse le divorce. Qu'importe son alchimie intime, comme celle des autres elle reste un mystère. Qui peut défaire les nœuds et les entrelacs de liens tissés entre deux êtres ? S'aventurer dans le labyrinthe ? Les stars alimentent en fiction, le public voit toujours en Hardy et Dutronc le couple élu du show-business. Leur roman-photo conjugal l'emporte sur la réalité : un couple d'éternels adolescents, elle en figure romantique, une Pénélope tissant des chansons, lui en infatigable fêtard auquel elle pardonne ses écarts.

Françoise Hardy elle aussi entame une nouvelle vie. « Le premier soir où je me retrouvai seule à ma table de travail devant la baie vitrée donnant sur le ciel et la verdure, j'étais heureuse mais épuisée d'avoir pour la première fois un espace à ma convenance. » Un quart de siècle donné à sa mère, un autre quart à son mari, et s'appartenir enfin. Avec, bien sûr, la bestiole dont la liberté s'assortit, l'angoisse de la mort, de la solitude, du vide. Un animal qu'elle est de taille à apprivoiser. Le bonheur, ce n'est pas confortable.

La Petite Sirène

Lors de notre première rencontre rue Hallé, je demandai à Françoise Hardy le titre de son conte favori, enfant. *La Petite Sirène*, répondit-elle sans hésiter. Le contre cruel d'Andersen (1837), pas la version américaine de Disney (1989). Un amour absolu, faute de réciprocité, qui finit par se sublimer. Que font les sirènes d'Homère ? Elles chantent pour attirer les marins au fond de la mer. De toutes ses sœurs, la Petite Sirène est celle dont le chant est le plus apprécié. Dans l'océan comme sur la terre, elle possède la plus belle des voix. Pour rejoindre le jeune prince aux yeux noirs qu'elle a sauvé de la noyade et qu'elle aime, elle fait le sacrifice de sa voix délicieuse qu'exige la sorcière pour prix de deux jambes, avec en prime une douleur effroyable. Funeste pacte, car sans paroles, comment se faire aimer du prince et lui révéler qu'il lui doit la vie ? Il s'éprend d'une autre. Plongeant dans les flots, l'ondine se transforme en écume.

Si, dans son ouvrage fameux *Psychanalyse des contes de fées* paru en 1976, Bruno Bettelheim n'a pas étudié *La Petite Sirène* (1837), d'autres psychanalystes ont complété son travail[1].

Selon eux, la problématique de *La Petite Sirène* serait celle de la séparation – ou de l'impossible séparation – entre mère et fille lorsque cette dernière choisit un compagnon. *La Petite Sirène* habite l'univers sous-marin, territoire utérin des femmes. À quinze ans, curieuse du monde extérieur, elle s'intéresse à la vue des humains. Pour prendre le large (et son pied), il lui faut consentir de terribles sacrifices : perdre la voix, supporter un entrejambe blessé. Afin de ne pas trahir la mère, elle choisit un compagnon en creux, en retrait, incapable de la séparer d'elle. Un partenaire qui ne prend pas de place.

L'interprétation psychanalytique peut séduire. Françoise Hardy a grandi en cellule : une mère toute-puissante qui l'a surinvestie, un père à éclipses. Pas de mâle rue d'Aumale. La frustration, ce grand motif de sa vie amoureuse, elle l'a subie ou cultivée tout au long de son existence. Dans ses interviews, elle s'est plainte de l'absence de ses hommes.

Ses grandes histoires d'amour, en tout cas les plus célèbres, ont pour héros un prince en retrait. Jean-Marie Périer, Peter McEnery, Jacques Dutronc ou « l'Étranger ». Eux, qu'en pensaient-ils ? Et pourquoi choisissait-elle ce type d'hommes ? Par masochisme, répond-elle dans ses mémoires. Un petit fauve, à l'intérieur d'elle, exigeait sa dose de mortifications, sa ration de flèches. Et d'ajouter : « Les quelques hommes qui ont vraiment compté valaient la peine[2]. »

La peine, le chagrin ? L'opposition Saturne-Vénus, selon ses astrologues...

Le premier amour, dit-on, est la matrice de tous les autres. L'amour maternel fait le lit de la vie amoureuse. Il laisse une empreinte. Les amours suivants creusent la feuillure. La mère de Hardy lui a appris à aimer dans l'absence. Elle l'a marquée de son sceau. En laissant pleurer le nouveau-né sans consolation, sans le bercer dans ses bras, Madeleine a préparé sa fille à la solitude. Seule face à l'angoisse, l'enfant a ravalé ses larmes.

Tu es ma question sans réponse
Mon cri muet et mon silence[3]

Quelque chose en elle s'est tu. Et quelque chose a fait d'elle une chanteuse.

« Ma passion pour ma mère, je l'ai reportée sur les quelques hommes que j'ai aimés. » Réduite au silence avec eux aussi. Trop entravée pour exprimer ses sentiments. Empêchée. Muette, en somme, comme la Petite Sirène. Sauf en chanson.

« Les mots que je ne dirai pas, je voudrais vous les dire, et je voudrais les vivre, je ne le ferai pas, je veux, je ne peux pas[4]. » Le texte de *Message personnel* dévoile sa fragilité. Écrite en 1973 au 10, rue Saint-Louis-en-l'Île où, seule, elle attend un enfant, la chanson est destinée au père. Chez Hardy, l'homme n'est pas un compagnon, mais le héros d'une cantilène sans fin.

« À chaque fois qu'elle a une peine de cœur, ça lui fait une chanson », selon son ami l'astrologue

Jean-Pierre Nicola[5]. Chacune ou presque est un message intime, chargée de reproches, une supplique ou une déclaration. Beaucoup sont des complaintes, à commencer par la première, *Tous les garçons et les filles*.

On peut découvrir le chant de la Petite Sirène dans « La Question », selon moi le plus bel album hardyesque (et un des deux préférés de Françoise Hardy). La chanson intitulée *Mer* prend une résonance étonnante[6].

Le ventre de la mer
Vous garde pour vous jeter
Dans un monde desséché
Qui n'est fait que de terre
Où je n'ai jamais
Su ce qu'il faut faire[7]

Si on remplace le mot « mer » par « mère », c'est un autoportrait de Françoise Hardy, la femme qui vit dans sa tête.

Je voudrais que la mer
Me reprenne pour renaître
Ailleurs que dans ma tête[8]

Muette, la musique la délie. En m'expliquant comment elle écrivait ses textes, Françoise Hardy m'a ouvert les portes de sa fabrique. Elle commence par sélectionner une mélodie inspirante parmi celles proposées par des compositeurs. « Si elle me fait de l'effet, assurément les paroles vont venir. » Elle écoute sans relâche la maquette. La musique la déverrouille et libère une émotion sur laquelle elle fredonne des mots qu'elle teste, comme si elle se parlait à elle-même. Elle note les bribes sur un cahier. Elle peut partir sur un mot insignifiant, peu importe. Ensuite elle enrichit, retouche, épure. Elle recherche la concision. Sa récompense, une phrase qui se tient bien nette sur la page, qui sonne vraie à l'oreille. Elle invente le langage de ses émotions, celles qu'elle ne sait exprimer. Elle la recopie sur son ordinateur. Le cahier la suit partout, jusque sur la table de nuit. Parfois un texte est achevé en deux jours, parfois en six mois, le plus souvent en quinze jours. Ce travail de haute précision demande minutie et patience. Elle écrit ses paroles. Elle accède à la parole.

Fille du peuple, elle crée des chansons populaires. De simples lieds. Aucune affectation, pas de trace de perversité ou d'intellectualisme. Nulle emphase. Son écriture est simple, simplifiée même, concise, sans ornementation ni lyrisme. Sans salive. Elle ne supporte pas les envolées lyriques. Le vocabulaire est naturel, quotidien, sobre. La tonalité de sa voix, dépassionnée. Comme une ligne japonaise, une épure, une sculpture minimale, ses couplets sont écrits avec modestie, sans esbroufe. Un Japonais qualifierait son style de *wasi-sabi :* quelque chose de l'ordre du rien, une simplicité pauvre avec laquelle on crée de la beauté[9].

Hardy les cœurs (le miracle Tuca)

Si vous me demandez pourquoi j'aime Françoise Hardy, je vous réponds à cause de ses chansons. Il y en a au moins vingt que j'apprécie après les avoir écoutées un nombre incalculable de fois au cours des années. Elles me font toujours de l'effet. Souvent, j'écoute la même plusieurs fois de suite. Je n'abuse pas, cultiver la mélancolie est dangereux. Mon Top 5 ? *L'Amitié. Voilà. Tous les garçons et les filles. Et même. Pourtant tu m'aimes*. Et un album tout entier, douze chansons, douze titres parfaits, « La Question ». Pour moi c'est tout simplement un grand album. La pop musique a été le plus beau cadeau de mon adolescence. Les choses étaient alors confuses autour de moi mais, grâce à la musique, je savais qu'elles étaient en train de s'améliorer. J'avais découvert les garçons et leur musique. Chanel a dit qu'une femme sans parfum n'a pas d'avenir, eh bien un homme sans musique ne laisse guère de souvenirs. Mon premier amoureux avait les deux, un parfum sexy, Calandre de Paco Rabanne qui sentait « la liberté et la vitesse » et toute la musique du moment. La somptuosité de l'Evernyl, une molécule nouvelle extraite de la mousse de chêne naturelle – je suppose qu'elle est interdite aujourd'hui – contenue dans Calandre n'était pas le seul philtre qui m'agitait. Partager l'écoute d'une musique en osmose avec un être aimé démultiplie l'émotion. Les mêmes sentiments nous traversent (croit-on, mais je n'avais que quinze ans). Mon petit ami me faisait découvrir des nouveautés, et de la nouveauté, Dieu sait qu'il y en avait en cet âge d'or, des voix singulières, des arrangements inouïs, une diversité inépuisable. Un véritable Jardin des Délices. Longs et raides comme ceux de Françoise Hardy, ses cheveux étaient d'un blond très pâle. Disquaire, il empruntait les albums dans la boutique où il travaillait. La musique était notre oxygène, pas un fond sonore. Nous écoutions chaque titre avant que mon petit ami ne remette le disque en rayon, le lendemain. Ces trésors édéniques devenus des classiques de la pop, nous les avons cueillis un à un, les savourant comme s'ils étaient éclos pour nous seuls. Avant de goûter le fruit, il fallait éplucher la pellicule cellophane. La jaquette, une promesse de plaisir. La grande variété des pochettes carrées, 31,5 × 31,5 cm, reflète l'esprit inventif de ces années. Graphisme, illustrations – photos ou dessins –, couleurs, la pochette s'inventait et annonçait l'atmosphère de l'album. Nous l'écoutions plusieurs fois. Parfois la nouveauté était déroutante, mais elle finirait par devenir familière. Un soir, mon amoureux a rapporté le dernier album de Françoise Hardy. Son choix était surprenant. À de rares exceptions près – Léo Ferré, Jacques Higelin période Pierre Barouh, Brigitte Fontaine période Areski, Valérie Lagrange avec Alpes –, nous étions trop snobs pour écouter de la chanson française. Les artistes comme Serge Gainsbourg, Johnny Hallyday, Dalida ou Françoise Hardy étaient jugés « commerciaux », qualificatif alors suprêmement péjoratif. Les disques de mon ancienne idole ne m'intéressaient plus et les magazines de mon enfance avaient disparu sans que je m'en aperçoive. J'entendais parfois à la radio un de ses nouveaux titres, *Comment te dire adieu*, *L'Anamour*, mais seuls les groupes anglo-saxons avaient ma faveur (et surtout celle de mon amoureux, qui validait mes choix).

De tous ses albums, « La Question » est le plus vivant, le plus libre. Je l'ai réécouté de nombreuses fois depuis – sans l'effet Evernyl –, et plus je l'écoute, plus il me plaît. Un chef-d'œuvre d'équilibre, de douceur et de sensualité : Françoise Hardy a enregistré un album érotique. Sa voix suspendue, bien sûr, et la guitare raffinée de Tuca me font toujours de l'effet. Réussir, en 1971, un album pareil, ce n'est pas rien si l'on songe à la profusion d'alors.

Derrière « La Question », il y a une petite personne miraculeuse, une grande artiste, une fée du solfège, une femme généreuse et dodue qu'un régime amaigrissant a zigouillée trop jeune. Durant quelques semaines de l'année 1971, Valeniza Zagni da Silva, dite Tuca, met au service de Françoise Hardy ses talents de productrice, de compositrice, de musicienne et d'arrangeuse pour fabriquer un bel objet musical. Un album, c'est un travail d'équipe. On ne parle que de l'interprète mais, pour le réaliser, il faut un directeur artistique ou un producteur, un arrangeur, des musiciens, un compositeur, des auteurs… De cette alchimie naissent parfois de belles choses.

Rue Hallé, lors de la première interview, Françoise Hardy a parlé longuement de Tuca et de son amie Lena, qu'elle considérait comme un membre de sa famille. Pour Tuca, elle avait éprouvé une passion musicale instantanée.

En octobre 1968, Charley Marouani l'emmène une nouvelle fois à Rio pour représenter la France au Festival international de la chanson populaire organisé par TV Globo. Le 6 octobre, en palazzo pyjama blanc d'Yves Saint Laurent, la représentante de la France interprète la chanson *À quoi ça sert* accompagnée par André Popp et l'orchestre de Franck Pourcel. Contre elle concourent son ancienne idole Paul Anka (États-Unis) et Jimmy Cliff (Jamaïque)[1].

Cette année-là, elle fait la connaissance de cette femme dont elle m'a parlé à chaque fois : « La meilleure amie que j'aie jamais eue. » Maria Helena Fleury, dite Lena, hôtesse et interprète, lui fait découvrir la ville. « Une petite bonne femme rondelette, d'une extrême gentillesse[2]. » Avec la jeune Brésilienne, elle explore les restaurants, goûte la cuisine locale, fait du shopping, prend le soleil, consulte des médiums. Elle sort de sa chambre, en somme.

Au Brésil, les choses ont changé depuis son premier voyage quatre ans auparavant[3]. Pour échapper aux arrestations, Lena s'enfuit à Paris, où elle retrouve Françoise à la fin de l'année 1968. Vendeuse dans une parfumerie de l'avenue de l'Opéra, la jeune femme habite chez l'écrivain Auguste Le Breton, auteur de *Du rififi au Brésil*, dont elle a été l'interprète. La chanteuse l'engage comme secrétaire et l'installe dans son studio de la rue du Rocher qu'elle a quitté pour s'installer sur l'île Saint-Louis. Les deux jeunes femmes deviennent inséparables alors que la relation avec Jacques Dutronc se détériore, ou plutôt prend le pli qu'elle va conserver, faite d'attente et d'amertume. Depuis que Françoise a le cœur tremblant, il la tourmente, annule leurs rendez-vous à la dernière minute, devient injoignable ou s'affiche avec des créatures attrayantes. Parmi elles, Nathalie Delon[4]. La prestigieuse conquête de Hardy a fait flamber sa côte auprès des autres femmes. Elle le hisse en catégorie supérieure. Lena aide son amie à traverser cette période et l'apaise : Dutronc la place si haut qu'il la fuit, dit-elle. À ses yeux, Françoise est une déesse trop imposante.

Un jeune écrivain à la mode les escorte durant cette époque troublée, Patrick Modiano, auteur de chansons de Françoise Hardy et d'un premier roman qui vient d'être publié chez Gallimard, *Place de l'Étoile*. Le trio va écouter Barbara à l'Olympia et Delphine Seyrig au théâtre Antoine, où elle joue dans *La prochaine fois, je vous le chanterai*. Elles trouvent Modiano sympathique, drôle, bavard, un brin mythomane[5]. Le futur prix Nobel de littérature a écrit les paroles de *Étonnez-moi Benoît*[6], inspirée de la phrase de Diaghilev à Cocteau. Les paroles sadiques de la chanson, « coupez-vous les oreilles, avalez des lames de rasoir, des abeilles[7] », rencontrent le succès. « Encore aujourd'hui, je l'adore », dit Françoise Hardy[8].

Les mystifications de cette longue chose maigre et gauche l'ont toujours intriguée. « Patrick était déconcertant. On ne savait jamais s'il affabulait ou non. Il laissait planer des doutes. Je le revois devant ma porte, mimant un geste de poitrinaire. » Avec des airs mystérieux, il insinue qu'il est tuberculeux. Alors qu'un show allemand l'invite à venir avec un partenaire rencontré de manière pittoresque, Modiano improvise un bobard pour l'accompagner : « Nous avions fait connaissance à l'enterrement de notre nounou commune. » Ni l'un ni l'autre n'a jamais eu de nounou, seulement des mères problématiques. « Depuis, Patrick me signe ses dédicaces "ton frère de lait". » Un demi-mensonge, au fond, car ils ont eu pour baby-sitter la même fée Solitude, même s'ils sont loin de l'avoir enterrée. Elle juge son écriture « envoûtante » et me cite de mémoire la fin de *Rue des Boutiques Obscures* : « Elle a déjà tourné le coin de la rue, et nos vies ne sont-elles pas aussi rapides à se dissiper dans le soir que ce chagrin d'enfant ? » En cette matière, ils s'y connaissent l'un et l'autre.

Pas mal de gens ayant fréquenté Modiano à cette époque se sont brouillés avec lui pour une raison ou une autre, sauf Françoise qu'il invite même un jour à faire de la barque au bois de Boulogne. Mener les filles en bateau, c'est son truc. Car bientôt, elle découvre qu'entre sa chère Lena et Modiano s'est nouée une relation qui l'exclut. Patrick a le cœur innombrable. Bientôt il épouse Dominique, la fille de l'architecte Bernard Zehrfuss, que Françoise considérera comme une sœur[9].

Un soir, Lena emmène son amie dans un restaurant portugais du quai de l'Hôtel-de-Ville, La Feijoada, écouter sa compatriote Valeniza Zagni da Silva, dite Tuca. Exilés à Paris, les musiciens brésiliens gagnent leur vie comme ils peuvent. Tuca a enregistré plusieurs albums dans son pays. Elle chante en s'accompagnant à la guitare, un spectaculaire collier de dents Tupinamba autour du cou. Le contraste entre son physique et la délicatesse de ses mélodies est frappant. Coup de foudre musical. « Avec une gueule à la Brando, Tuca possédait un grand charisme », dit Françoise Hardy[10]. Un écrasant charisme, même, 120 kilos pour 1,60 mètre. Ses mélodies, Tuca les compose sur le clavier de ses émotions. Ce cœur tendre et tempétueux peut chuchoter avec abandon ou mugir comme un camionneur. Possédant un don très personnel pour les percussions vocales, les onomatopées bigarrées, les halètements sans équivoque, elle en use avec tact. Grande artiste, elle se donne et bouleverse sans jamais tomber dans le pathos. Elle chante de tout son cœur, de tout son corps, et avec légèreté. Françoise est particulièrement émue par une chanson qu'elle interprète en français, *Même sous la pluie :*

Même sous la pluie, dans le vent,
Mon amour, je t'attends, mon amour
Je t'attends, mon amour, je t'attends[11]

Dans un petit documentaire sur YouTube, on voit Tuca jouer la chanson devant quelques amis brésiliens à La Feijoada[12]. Tuca s'abandonne. Sa voix fait fondre. Derrière la fumée des cigarettes, les regards s'embuent. À la fin, elle marque un silence, quelques secondes. Puis éclate de rire, un beau rire chaud, amical, qui rompt le sortilège. Chanter est un acte d'amour, songe-t-on en l'écoutant.

Après son récital, Lena présente Françoise Hardy à la musicienne. En cette année 1971, Tuca produit un album de la chanteuse brésilienne Nara Leâo, égérie de la bossa nova, elle aussi en exil à Paris[13]. La Française lui propose aussitôt d'enregistrer *Même sous la pluie*, mais elle l'a déjà promise. Les deux femmes se rencontrent au moment où Françoise quitte sa maison de disques pour créer sa propre société de production[14]. Chez Vogue, rarement comblée par les réalisations hâtives destinées aux adolescents, elle a sorti quatre titres tous les trois mois pendant près de dix ans. Sous l'ère Wolfsohn, ses disques étaient enregistrés directement en studio sans préparation. Elle arrivait, posait sa voix sur la musique, à elle de s'adapter aux musiciens. Jamais elle n'a travaillé avec le compositeur des mélodies ou exploré diverses pistes avant d'enregistrer.

Libre de choisir ses partenaires, elle offre à Tuca de produire son prochain album. La Brésilienne lui fait vivre une expérience inédite. Composant toutes les chansons de l'album sauf une, elle le construit autour de la voix de Françoise Hardy. Et lui propose un nouveau mode de fabrication. Tuca commencera par enregistrer sa voix seule en l'accompagnant à la guitare. Ensuite, aux autres instruments de s'adapter. Ensemble, elles choisiront les arrangements donnant à l'album sa couleur. Pour commencer, un mois avant d'entrer en studio, elles répéteront les chansons. Savourant sa chance, Françoise acquiesce. Un album sur mesure !

La préparation commence. Chaque matin la Brésilienne rejoint la Française rue Saint-Louis-en-l'Île. Traverser la Seine, remonter la rue étroite qui traverse l'île de part en part, écouter le tintinnabulement des tasses de café dans l'évier du café à l'angle, lequel vend aussi de savoureux sorbets (et s'offrir ni vu ni connu un triple cornet fraise des bois), s'aventurer dans la grande église sombre pour allumer un cierge, pousser la monumentale porte de bois, traverser la cour où le cerisier en fleur illumine les façades noircies, grimper au quatrième étage. Tuca est heureuse de vivre à Paris. Elle n'a pas la nostalgie du Brésil qui a inspiré à Chico Buarque sa *Samba de Orly*. « Va mon frère, monte dans cet avion, pour fuir ce froid... »

Il ne fait pas froid à Paris, au contraire, c'est le printemps, le temps est doux[15].

Françoise Hardy l'attend avec la provision de Coca-Cola dont son invitée fait large usage. Murs blancs, moquette noire, mobilier moderniste. Brasilia-sur-Seine. Au calme, sans pression, la Brésilienne lui fait répéter une à une les chansons de l'album. Elle a fini par lui offrir *Même sous la pluie*. En s'accompagnant à la guitare, elle commence par chanter chacune pour Françoise[16]. Lorsque vient le tour de Françoise, Tuca l'accompagne en caressant les cordes de la guitare d'une manière sophistiquée[17].

C'est la meilleure direction artistique jamais proposée à Hardy. Tuca entre en osmose avec elle. Composant avec la substance intimiste, peinée, flottante de son chant, elle le sublime. Comme Tom Jobim, elle a reçu une formation classique au Conservatoire de São Paulo tout en assumant l'héritage populaire des musiques brésiliennes. Les compositions de Ravel, Debussy, Stravinsky lui sont familières, mais aussi la capoeira, la samba, la bossa-nova… Elle a composé pour Françoise des mélodies inventives et excitantes, empruntant à l'harmonie européenne comme à la sensualité tropicale.

Rue Saint-Louis-en-l'Île, elle fait plus que l'accompagner à la guitare. La voix et l'instrument semblent converser comme lorsque, pendant les pauses, elles se racontent leur vie. Désespérément amoureuse de Léa Massari – éprise, elle, d'un pilote –, Tuca a versé son amour impossible dans ses mélodies. Quant à Françoise, la tête retournée par les jeux cruels de Dutronc, elle soigne ses tourments en signant les paroles de quatre chansons, dont trois lui sont destinées. Le désir est d'autant plus vivide que l'objet est absent. « Une belle chanson justifie tout le malheur qui l'a inspirée », a répété Françoise Hardy. *Doigts*, une douce chanson érotique, est sa préférée[18]. « Quand je t'apprends sur le bout de mes doigts ah ! que ne suis-je mes doigts qui jamais ne se lassent[19]. » En fond sonore, le murmure vocalisé de Tuca. La quatrième, c'est *Mer*, chavirante complainte…

Le soir, la fêtarde entraîne Hardy et Lena chez Castel ou bien au New Jimmy's où Régine l'accueille comme une reine. Dans son sillage, un aréopage piquant de beautés en exil, comme Vera Valdez, muse et mannequin de Coco Chanel, née à São Paulo[20]. Lorsque sur la piste la Brésilienne propulse sa masse bondissante, son gabarit suscite d'abord l'inquiétude mais elle s'accorde si bien avec son corps que sa grâce élastique et légère se communique alentour. Elvis aérodynamique, elle est une métaphore de la joie. Ce qui stupéfie le plus Régine, c'est de voir Françoise se lâcher. Celle qui passe ses nuits vissée à la banquette découvre le plaisir de la danse. Devant l'exubérance de sa complice, ses résistances fondent au point qu'elle s'aventure hors des murs familiers. « Il faut que les gens s'ouvrent, tout gentiment ou tout violentement[21] », répète Tuca.

Un mois plus tard, lorsqu'elles entrent au studio CBE de la rue Championnet, Françoise est parfaitement préparée. Pas d'improvisation, pas d'anxiété. Toutes les chansons sont enregistrées en prise directe avec Tuca à la guitare acoustique et Guy Pedersen à la contrebasse. La liberté est telle que Hardy se détend, renonçant à utiliser le texte prévu pour *Chanson d'O*[22], à laquelle elle préfère une version sans paroles... Elle déploie 3'16 de trilles extatiques célébrant les vagues expirantes du sexe, la guitare illuminant de ses cordes d'or ses soupirs, lalilououah oia aoui... La Petite Sirène chante le trouble érotique. La performance est magique et audacieuse. Après tout, les filles bénéficient maintenant de la merveilleuse invention de Gregory Pincus, la pilule, et la fête ne fait que commencer. Sur *Le Martien*, ce sont les onomatopées vocales de Tuca qui font l'ambiance psychédélique d'un titre à la grâce dépouillée.

Ajustant les riches nuances de ses compositions à la voix de la chanteuse, Tuca l'amène à déployer son talent avec... hardyesse. Chacune renforce la confiance en elle de l'autre. Elles s'inspirent mutuellement. En quelques jours, les choses sont pliées. Puis elles s'envolent pour Monticello profiter de la félicité estivale. Caressées par le souffle enveloppant et sec du maquis, elles se baignent chaque jour, longuement, loin, dans les eaux turquoise de la Méditerranée dont Tuca découvre la transparence. Est-ce alors qu'elles composent les paroles de *Mer*, l'élégie de la Petite Sirène, que Hardy aime tant ?

Au retour, les deux musiciennes décident d'ajouter des arrangements orchestraux aux compositions de Tuca et à la contrebasse de

Pedersen. Françoise vient de faire la connaissance d'une violoniste de l'Orchestre de Paris, Catherine Lara[23]. Elles choisissent donc d'habiller de cordes les mélodies. Rue Saint-Louis-en-l'Île, Tuca ébauche différentes propositions de motifs pour colorier chaque morceau et, ensemble, elles les sélectionnent. Si la voix et la mélodie constituent la trame d'une chanson, les arrangements sont les broderies musicales qui l'étoffent et l'enluminent. Les cordes sont enregistrées par l'Orchestre de Paris sous la direction de Raymond Donnez. Dans cet album luxuriant, le talent de Françoise Hardy s'épanouit. Douze chansons, douze belles chansons. Chacune différente, chacune savoureuse, chacune émouvante. L'album ne sonne ni comme de la musique brésilienne, ni comme de la musique européenne, il a quelque chose d'organique et de vivant. Traitant la texture de la voix comme le son d'un instrument, Tuca l'invite à décliner toutes les nuances de la douceur, fredonner, murmurer, chantonner, chuchoter, vocaliser, user d'un souffle quasi évanescent, déployer le phrasé sonore et clair de la langue française, haleter. Le miracle de cette voix ? Pas de miracle. Hardy fait de la musique avec ce qu'elle a. Elle a peu ? Elle fait avec. Et c'est miraculeux.

Un même mot a primitivement désigné la magie et le chant, c'est *carmen*, le charme, ode et formule magique à la fois. La chanson primitive est une incantation, un mot répété à l'envi, le nom du mort qu'on tente de ressusciter, ou celui de l'amant infidèle. Elle n'est pas alors un art d'agrément, un divertissement, mais le rituel qui concilie les esprits.

« La Question », onzième album de Françoise Hardy, est un flop. L'esprit du hit-parade n'a pas été séduit. C'est un des trois albums dont « je tire le plus de fierté », selon ses paroles notées dans mon carnet[24]. « La Question » est son « Sgt Pepper's », l'album inventif sur lequel elle a décidé de n'en faire qu'à sa tête. Sa facture presque expérimentale a-t-elle dérouté des adolescents attachés aux chansons plus accessibles qui ont rythmé leur enfance ? L'échec commercial est peut-être amplifié par un manque de diffusion. Françoise Hardy passe plus rarement à la télévision. Elle ne fait plus de scène depuis trois ans[25]. Parfois railleuse envers son interviewer, elle décourage les invitations. À « Radioscopie », une émission radiophonique dont elle est la marraine, elle met l'animateur Jacques Chancel en boîte. Tout au long de l'émission, la chanteuse tourne en dérision les questions – un brin absurdes ou maladroites, il est vrai – de l'interviewer. Mordante et drôle, elle lui dame le pion durant les cinquante-cinq minutes d'enregistrement :

Q – « Vous avez une voix très faible, est-ce une timidité ou un snobisme ?

Hardy – C'est la conjonction des astres.

Q – Vous êtes comment dans la vie ?

Hardy – Je suis absolument déchaînée, je parle très fort je ris encore plus fort que les messieurs et puis je passe mon temps à faire des choses démentes et inattendues.

Q – On vous fait la réputation de quelqu'un qui n'a rien à dire. Enfin on parle depuis une minute trente, vous avez des choses à dire ?

Hardy – Remarquez, vous en avez dit plus que moi.

Q – Quel genre de femme êtes-vous ?

Hardy – Eh bien je mesure 1,20 mètre, je pèse 150 kilos… Et je suis très expansive. »

Humilié, l'animateur finit par se montrer belliqueux. « Vous avez un côté très timide qui est férocement agressif. » Est-ce l'influence de Dutronc, expert en sarcasmes et brimades ?

Il n'est pas le seul à se sentir parfois mal à l'aise. « Avec Françoise Hardy, on a toujours l'impression d'avoir posé une question stupide », a dit un journaliste allemand. Résultat, « La Question » passe peu à la radio.

L'album divise ses fans : si les uns ont appris à l'aimer, pour d'autres c'est une « erreur inexcusable ». Attachés à sa période Vogue, ils rejettent la plupart des albums ultérieurs. Plus que Françoise Hardy, ils aiment peut-être leur adolescence. « J'ai détesté ce qu'elle fait avec Tuca, excepté quelques accords de guitare », dit Marie-Hélène Taphorel[26], qui préfère son répertoire de la période 62-68 ou les derniers albums de Hardy, « L'Amour fou » surtout.

Consciente de la réussite de cet album rare, Françoise Hardy, elle, ne s'y trompe pas : la rencontre avec Tuca a été une chance unique. Elle, si prompte à se déprécier, aime « La Question » sans réserve. Conservant la faculté de se surprendre, elle a pris des risques, quitte à ne pas correspondre à des attentes qui l'étouffaient.

« Malgré l'échec de "La Question" – j'ai toujours préféré enregistrer des bons albums qui ne marchent pas que de mauvais disques qui cartonnent –, j'avais un peu changé de statut, en m'élevant au-dessus de la variété dans laquelle j'étais alors confinée[27]. »

Parce qu'il est un peu méconnu, quelques-uns le citent par snobisme comme leur album favori. D'autres, en particulier des mélomanes étrangers, appréciant cet album sensuel, en offrent des analyses lumineuses. « Un très bel album qui dégage un climat indescriptible, quelque chose qui évoque le crépuscule, la brume et la contemplation », dit l'un, après l'avoir chroniqué en détail. « Un grand album discret », dit un autre. Se distinguant du « grand album accrocheur » qui enjôle à la première écoute, cette variété-là se révèle avec le temps.

Un demi-siècle plus tard, j'écoute l'album au casque, comme souvent les chansons de Françoise Hardy dont les confidences pudiques, les aveux feutrés exigent le tête-à-tête. L'enregistrement est d'une telle fraîcheur, d'une telle clarté qu'il me semble y assister dans un coin du studio. Équilibrés à la perfection, la voix, la guitare et les arrangements tissent des motifs d'une finesse inattendue. À chaque écoute, des nuances nouvelles surgissent. Plus je tends l'oreille, plus il se révèle intéressant.

Avant de rentrer au Brésil, Tuca a enregistré son album « *Drácula I Love You*[28] » au château d'Hérouville, où David Bowie venait de produire « Pin Ups[29] ». Sa liberté expressive, presque expérimentale, sa renversante complexité déroutèrent d'abord le public. Semblable à ces végétaux tropicaux qui ne fleurissent que des années après la plantation, son album a exigé du temps pour éclore. Il a été réédité au Brésil en 2020, où cette musicienne si douée est devenue un auteur-culte. À São Paulo, deux rues portent le nom de Valeniza Zagni da Silva.

Haute-fidélité... à soi-même

You're caught in a prison
Of your own device
Jim MORRISON, *Unhappy Girl*

C'est un quartier d'ambassades à la lisière de Paris, sur le maussade boulevard des immeubles Walter qui abritèrent le haut commandement de la Kriegsmarine durant l'Occupation, puis le contre-espionnage français. Dans cette concession modianesque, Françoise Hardy a reconstruit ses quartiers, ou plutôt sa cellule d'éternelle jeune fille. « Je me suis installée ici à cause des arbres à hauteur de fenêtre », dit-elle en désignant des ramures qui se déplument derrière la baie vitrée. C'est la première fois que je la visite dans son appartement du boulevard d'A. où elle vit seule depuis 2011. Elle a la nostalgie de sa vie rue Saint-Louis-en-l'Île, lorsque son fils venait de naître, la nostalgie de la rue Hallé. La nostalgie de la saison disparue que les Japonais nomment *Nagori*.

La silhouette frêle vêtue d'une doudoune lui matelassant un abdomen de cigale me précède dans une grande pièce vide et s'installe sur un long canapé posé dans la diagonale de la pièce. Étonnée par son éclat, je la dévisage. Même amaigrie par une grave maladie, elle est plus belle que sur les photos ou à la télévision. Plongée dans un coma artificiel à la suite d'une glissade dans une douche savonneuse de l'Hôpital américain, elle a failli rendre son âme musicale. Pudique à mort, elle avait voulu se passer de l'appui des aides-soignantes. Son délicat squelette s'est fracassé sur les carreaux comme une porcelaine précieuse. « Après trois semaines d'inconscience, on me dit morte et je ressuscite, que s'est-il passé ? » Dans son entourage, deux groupes de prières l'ont remise sur pied, leur énergie positive l'a réparée, dit-elle. L'hématologue a tempéré son enthousiasme : perdue pour perdue, il lui a administré une chimiothérapie de cheval. Aussitôt, Hardy, dont tous les amis soulignent le sens de l'humour, de songer à Woody Allen, « les mots les plus doux ne sont pas "je t'aime", mais "c'est bénin" ».

Un imposant Bouddha de bois doré surplombe la conversation. « Un bel objet mais un objet seulement », dit-elle, le bouddhisme est trop éloigné de sa culture. À côté du canapé, une colonne de livres neufs, les œuvres du physicien Étienne Klein, dont elle a découvert les conférences sur YouTube, et ceux de l'astrophysicien Trinh Xuan Thuan. Elle a décidé de leur consacrer une pleine année sabbatique. « Je suis comme sur un nuage. » Ses longues mains blanches de gisant se joignent comme pour une oraison. « Cela excite le peu d'intelligence que j'ai. » Je songe à Jacques Wolfsohn, qui voyait en Françoise une éternelle étudiante. Assoiffée de connaissances, elle a tour à tour étudié l'allemand, l'astrologie, la graphologie, la méthode Mézières, le bouddhisme, la psychologie (un peu), les tarots de Marseille, et maintenant la physique quantique... Si elle s'intéresse à quelque chose, c'est compulsivement.

Sa vie n'a pas changé depuis la rue d'Aumale, même si l'appartement est plus vaste, plus cossu. Deux chambres, un salon traversé par une monumentale cuisine, œuvre du précédent propriétaire et qui ne sert jamais. « Sauf pour un steak haché bio de temps en temps, quand le G20 de la porte d'Auteuil n'est pas en rupture de stock. » Le matin, elle écoute la radio, curieuse de découvertes, de nouveaux artistes. L'après-midi, elle adresse de longs mails à de multiples correspondants, amis, éditeur, fans, journalistes, gens de sa maison de disques, admirateurs, courtisans, à tous ceux qui lui écrivent sur son mail personnel. Elle est très entourée. Son ami Marc Maréchal, qui fut son attaché de presse chez Virgin, lui livre des repas, les deux Jean-Noël (Mirande le chroniqueur et Chaléat le compositeur), et Olivier Frébourg, son éditeur, forment autour d'elle une garde rapprochée admirative et tendre.

Avec son ex-compagnon, les choses sont apaisées : « Jacques, je ne me suis jamais dit "si j'avais su". Maintenant je ne lui en veux de rien. » Ils s'envoient de brefs messages pour prendre des nouvelles l'un de l'autre. Et puis elle lit, beaucoup.

Jean slim et tennis Bensimon, elle caracole sur le canapé de cuir, souple et franche comme une collégienne – âge qu'elle n'a jamais quitté, solitaire, maladroite, introvertie. Plus d'un demi-siècle a passé depuis ses débuts, les Français lui restent fidèles. Quelle est la nature de cet attrait ? Il reste insaisissable. Étendard d'une génération, Hardy n'a pas trahi son adolescence, leur adolescence. Sans bruit, elle a occupé une place dans le paysage français. Elle reste digne de leur admiration. Ce qui est remarquable, dans sa discographie, c'est l'homogénéité désolée de sa ligne musicale. Un long lamento amoureux. Elle fait chanter la tristesse. Elle appartient aux veilleurs de chagrin dont parle Paul Éluard. C'est sa passion. Avec régularité, elle a sorti des disques accueillis par une critique de plus en plus respectueuse. Plusieurs ont été des disques d'or. Elle n'a jamais été hors jeu. Son livre de souvenirs a été un best-seller[1]. Des sites à elle dédiés ont fleuri sur le Net, entretenus avec une ferveur d'encyclopédiste. Elle est devenue une « idole » populaire : une figure stéréotypée, un objet de piété.

Familière et distante, elle vient parler de ses bobos à la radio ou à la télévision. On l'invite à exposer ses opinions politiques (un individualisme de droite) ou économiques (non à l'impôt sur la fortune et aux droits de succession). Oui au président (un centriste). Non au président (un socialiste). Les commissaires politiques s'indignent ? Elle se fiche de paraître réac. « Les petites gens subissaient deux conditionnements : recevoir une éducation catholique, voter à droite. J'ai été conditionnée ainsi, comme Johnny et Sylvie (Vartan). » Dans une démocratie, toute opinion est légitime. L'interroger sur ses options politiques est bizarre. Une star est sans cesse invitée à faire usage de sa célébrité pour influencer ses contemporains ou la vie politique. Ce qui est intéressant, c'est de l'entendre parler de ce qu'elle connaît, son métier, son art, son univers artistique, son personnage. Là, elle a quelque chose à nous enseigner[2].

Pleure mon cœur imbécile
Les lettres ouvertes du temps
Oh, cueille mon cœur dans ces lignes
Les fleurs fanées dans les blancs[3]

Je l'ai suivie de loin en loin. J'écoute ses disques et, lorsque je tombe sur une interview d'elle, je la parcours. Je prends des nouvelles. J'ai ainsi appris qu'elle aimait le *Concerto pour piano n° 2* de Rachmaninov et les aiguillettes de poulet mariné au citron de Picard Surgelés. « Quand, en 2015, tout le monde a cru que je mourais, on m'a rapporté que Jacques avait été bouleversé au point de dire à la personne qui vivait avec lui que j'étais la femme de sa vie. Ça m'a profondément émue[4]. » Une distorsion infligée au réel ? La mémoire reconfigure le passé. La capacité de stockage diminue, on efface les photos ratées. In extremis, elle écrit un happy end. La part sombre s'est diluée dans le compost des souvenirs, comme dit Julian Barnes : seul reste le terreau. Dutronc, lui, est plus cohérent : « Plus ça allait, plus elle me filait le caviar… pardon, le cafard », déclare-t-il au même moment[5]. Sur ce plan, il n'a pas varié. Françoise Hardy ne parvient toujours pas à prononcer le nom de Sylvie Duval, compagne de Jacques Dutronc depuis un quart de siècle. « La personne qui vit avec lui » : on dirait qu'elle parle d'une auxiliaire de vie.

Il y a en elle un mystère qui me résiste, et certaines de ses chansons continuent à m'émouvoir. Un attrait ineffable se dégage toujours d'elle, quelque chose d'indéchiffrable. Je songe à ce nom, Hardy. De son nom, elle a fait sa demeure, son principe et son destin. Elle se l'est approprié, elle en a fait son nom propre. Elle a vécu de sa plume et de sa voix. Ce n'est pas rien. Depuis combien de temps parle-t-elle ? Une bourrasque secoue l'arbre devant la fenêtre. Les jours de grand vent, boulevard Montmorency, elle s'accroche aux grilles des immeubles pour ne pas s'envoler : « Une nouvelle chute serait fatale. » La pièce fond doucement dans le soir.

Je n'ose l'interrompre. Les derniers photons poudrent son extraordinaire visage d'un éclat velouté. Un mirage ? Sa beauté paraît irréelle. Je baisse les yeux sur mon carnet, me ressaisis. Le phénomène persiste. Dans l'ombre, son teint pâle possède un éclat opalin. Est-ce une image que je poursuis ? Je revois des photos de Jean-Marie Périer dans *Salut les Copains*, d'autres en noir et blanc publiées dans *Jours de France* ou *Match*. Sa perfection hiératique captivait l'enfant que j'étais. Ce visage aux traits impassibles et lisses était mon miroir magique, la page nacrée sur laquelle je projetais mes songes, ces trucs vagues qui me permettaient d'attendre la fin de cette enfance qui s'éternisait.

Au club nautique où mes parents me déposaient avec un ticket à échanger contre un soda à l'heure du goûter, après avoir nagé jusqu'à en avoir les doigts fripés, je m'installais en bordure du bar de la piscine, observant les grands frères d'une amie qui dansaient avec des filles. Moi aussi un jour je danserais. M'élançant dans le futur, je quittais ce bar et ces garçons radieux pour leur substituer des images générées par ma propre fabrique mentale, espace glamour dans le pays de Françoise Hardy. Le réel était moins séduisant que l'imaginaire qui se déployait. Elle avait tracé un chemin où des guéridons Knoll virevoltaient comme des champignons de Paris…

La nuit envahit la pièce, elle ne songe pas à éclairer. Le Bouddha, tout tourné vers l'intérieur, et la cuisine surdimensionnée ont disparu. Il ne reste qu'elle sur le sofa et l'ondoiement souple de ses mains.

Croit-elle en Dieu ? Oui, dit-elle. Pas en celui de son enfance, ce Dieu de la religion catholique dont la rigidité lui a fait tant de mal, mais elle croit en un principe créateur. C'est son père qui avait voulu pour elle une éducation chrétienne. « Je l'aimais bien, car il m'a toujours manifesté de l'affection. » Il rejetait Madeleine et Michèle. « Il ne voulait pas de ce dernier enfant. Ma mère a hésité jusqu'à la dernière minute avant de le garder. » Elle se remémore, encore une fois, les frais de scolarité qu'il ne payait pas ou avec retard. Un site de généalogie lui a appris qu'il était né à Blois, ce père étrange. Il a même laissé des textes. « Il a écrit sur les années de guerre. Il parle de tout sauf de ma naissance. » Ses deux filles, reconnues en 1977 à la demande pressante de Madeleine, ont hérité de lui. Il possédait encore la maison qu'il avait rachetée au pianiste Arthur Rubinstein, rue Ravignan, sur la butte Montmartre, au coin de la rue d'Orchampt.

« C'est extraordinaire que j'aie eu la révélation de son homosexualité sur le tard. J'allais le voir de temps en temps. » À force de bonds sur le canapé, elle en a atteint le bord et reste là, avec la verticalité d'un hippocampe flottant entre deux eaux. « Assommé par un jeune homme qu'il avait racolé, il a été victime d'un vol. » On l'a retrouvé chez lui inconscient, gisant dans ses déjections. L'argent semblait le mobile de l'agression. Dans son appartement, rue Boileau, des bas résilles et des joujoux érotiques. « C'était un personnage douteux. » Acheter des faveurs sexuelles, elle trouve ça moche. Ça lui fait honte pour les deux personnes, celui qui paie et celui qui a besoin de ça pour vivre. Elle sait, bien sûr, qu'elle est puritaine. « Transporté à l'hôpital de Boulogne, il est mort le 6 février 1981. » Ce jour-là, elle devait lui rendre visite. « Ça me coûtait. J'étais soulagée de ne pas le voir. » Avec sa brutale franchise, elle l'assassine une seconde fois. Comme une jeune fille bien élevée, elle aime les phrases exactes, la syntaxe de haute précision, même lorsqu'elle dit l'inavouable. Elle a employé le même mot, à la mort de sa mère. Ni peine, ni tristesse, un délestage.

Certains géniteurs sont si pesants que leur disparition allège.

L'obscurité rameute les fantômes. « J'ai tendance à fonctionner en circuit fermé. » Sauf pour entrer en studio, autre monde clos où se fabriquent les chansons sensass... En 1994, Françoise Hardy, qui n'avait pas vu sa sœur depuis une vingtaine d'années, a appris par l'administration allemande que Michèle allait être internée pour schizophrénie paranoïde ; elle s'est donné la mort en 2004. Selon son fan Jean-Pol Hillard, elle n'a pas assisté à ses obsèques. Elle n'a pas non plus assisté à celles de Jacques Wolfsohn, mort à Calvi pendant l'été 2014[6]. Ni elle, ni Jacques Dutronc, ni Johnny Hallyday n'ont rendu un dernier hommage à l'homme qui les avait placés sur orbite. « La dernière fois que je l'ai vu, c'était à Calvi, à la Villa, où mon fils jouait. » Il se déplaçait en fauteuil roulant et est mort quelques jours plus tard dans la même ville[7].

Dans un angle, la phosphorescence bleutée d'un écran palpite devant une chaise vide. Son monde d'anachorète, celui où elle passe ses journées.

Depuis combien de temps parle-t-elle ? Je n'ai pas de montre et n'ose sortir un téléphone de mon sac. Le temps, elle-même semble en avoir perdu la notion. Comment s'exfiltrer en douceur ? Je m'entends dire que je dois partir. « Je ne vous ai même pas proposé un verre d'eau ! » Elle se lève, allume deux petites lampes rouges.

Dehors, la nuit est froide, venteuse, hostile. Engourdie comme à la descente d'un vol long-courrier, je regarde l'heure. Dans quel archipel me suis-je donc égarée ? Je remonte à grandes foulées le boulevard désert. Qu'est-ce qui m'a retenue à l'autre bout de Paris ? Sa mélancolie peut-être, qui réveille une peine très ancienne. En me hâtant vers la chaussée de la Muette, je me laisse posséder par le glorieux saxophone de *Fin d'après-midi.*

Notes

Musique de chambre

1. Montrouge, le fief de la famille Dutronc. Le père et la grand-mère de Jacques Dutronc y sont nés.

2. La maison du 14, rue Hallé, a été achetée quelques mois après la naissance de son enfant. Françoise Hardy y a vécu de 1974 à 1999 avec son mari Jacques Dutronc. Le couple a ensuite déménagé avenue Foch, avant que Françoise Hardy ne s'installe boulevard Suchet fin 2011, et Jacques Dutronc en Corse.

Sage comme une image

1. Jean-Marie Périer, *Mes années soixante*, Éditions Filipacchi, 2002.

2. Jean-Marie Périer, entretien avec l'auteur, 30 novembre 2016.

3. Entretien avec Ermes Alesi, 26 mars 2021.

4. Europe 1 a été créée en 1959.

5. Entretien avec Jean-Marie Périer, 30 novembre 2016.

6. De l'âge de cinq ans au bac, Françoise Hardy a fait toute sa scolarité chez ces religieuses coloniales trinitaires.

7. Jean-Marie Périer, *Enfant gâté*, XO éditions, 2010, p. 83.

Radioactivity

1. De 9 millions d'auditeurs en 1955, elle était passée à 3 millions au début des années soixante.

2. Entretien avec l'auteur, 30 novembre 2016.

3. À la demande de Dominique Blanc-Francard, Hardy a enregistré en 2016 *True Love Ways*, de Buddy Holly, en anglais. Album « It's a Teenager Dream ».

4. *Travellin' Light*, 1961, joué à la Stratocaster.

5. Keith Richards, *Life*, James Fox, Robert Laffont, 2010.

6. Frédéric Vitoux, *Les Désengagés*, Fayard, 2015.

7. Rue d'Aumale, il y a un tourne-disque offert à Madeleine par un de ses amoureux. Une petite valise de voyage dont le couvercle contient un haut-parleur. Sa taille réduite et son prix abordable font du tourne-disque un appareil répandu depuis que le disque en vinyle supplante les anciens 78 tours en gomme-laque. La révolution dans le format coïncide avec une révolution musicale, la naissance du « rock'n'roll ».

Le brevet du disque vinyle a été déposé en 1946 aux États-Unis. Le premier fut pressé aux États-Unis par Capitol en 1949 et en France par Pathé-Marconi en 1951, dans son usine de Chatou. Quant aux premiers tourne-disques, ils furent importés des États-Unis avant d'être fabriqués en France ou en Europe.

8. Johnny Hallyday et Jacques Dutronc étaient des habitués de ce disquaire.

9. Entretien avec Françoise Hardy, 16 novembre 2016.

10. Des années plus tard, elle cite de mémoire les titres qu'elle a le plus aimés. *I'm Sorry*, de Brenda Lee, *Living Doll* et *Travellin' Light* de Cliff Richard, *So Sad* et *Don't Blame Me* des Everly Brothers. Entretien avec l'auteur, décembre 1996.

11. Les Beatles, les Beach Boys ou les Bee Gees ont revendiqué la même influence.

12. Le 20 novembre 1955.

13. Bo Diddley était luthier. Aux Rolling Stones, qui s'en réclament comme d'un père spirituel, il a enseigné ses tours dès 1964. Avec succès, comme le démontre leur reprise de *Not Fade Away*, le tube de Buddy Holly, qu'ils

interprètent à la manière chaude et nerveuse de Diddley et ses musiciens, de la batterie aux maracas de Julien Green...

14. La chanson est arrangée par Mark Linett, qui a façonné le « Pet Sounds » des Beach Boys, des albums de Brian Wilson seul et des Red Hot Chili Peppers.

Tambour battant

1. Interview Madeleine Hardy, *Femmes d'aujourd'hui*, juin 1963.

2. Françoise Hardy, *Je chante donc je suis*, collection « Voici », 10/ 18, 1964, p. 48.

3. Roger Lanzac, *Télé dimanche*, 13 novembre 1966.

4. Dans son Conservatoire ouvert en 1955, Mireille a découvert Françoise Hardy, mais aussi Jean-Max Rivière, Michel Berger, Serge Lama, Alice Dona, Alain Souchon, Véronique Sanson, Yves Duteil, Hugues Aufray, Sapho, Jean-Jacques Debout. Les auditions sont retransmises à la télévision. Jean Cocteau, parrain de l'émission, en a dessiné le sigle. Mireille est avec Jean Nohain l'interprète de *Si vous partez en voyage*, tube que Françoise Hardy et Jacques Dutronc reprendront. Résistante, Mireille était la femme d'Emmanuel Berl.

5. Depuis octobre 1960, selon *Je chante donc je suis*, Françoise Hardy, *op. cit*.

6. Ce n'est pas la meilleure chanson de Bobby Lee Trammell. Plus sauvage, *Tollie Frollie* aurait sans doute mieux convenu à un Johnny Hallyday.

7. La réverbération est la persistance d'un son dans son milieu après l'interruption de la source sonore. Dans une salle de concert, on perçoit le son direct, et le son réverbéré.

8. *24 000 baisers* (adaptation de *24 000 baci*, de P. Vivarelli et L. Fulci), paroles Lucien Morisse, Carroussel Éditions (DU).

9. Michel Leydier, *Jacques Dutronc, la bio*, Seuil, 2010.

10. Entretien avec Françoise Hardy, 16 novembre 2016.

11. Entretien avec l'auteur ; et Marie-Dominique Lelièvre, *Gainsbourg sans filtre*, Flammarion, 1994 ; J'ai lu, 2016.

12. Selon Serge Doll, ancien directeur de Vogue, qui lui a fait passer des tests auditifs, il atteint le seuil de 21 000 hertz quand la moyenne de l'oreille humaine est de 17 000 hertz. Lucie Servin, *La Maison de disques Vogue*, mémoire d'Histoire contemporaine, Paris-VIII, octobre 2010.

13. Entretien avec l'auteur, 30 novembre 2016.

14. Entretien avec Françoise Hardy ; et Marie-Dominique Lelièvre, *Gainsbourg sans filtre, op. cit.*

15. Entretien avec Françoise Hardy, 16 novembre 2016.

L'âme en peine

1. *Tous les garçons et les filles*, paroles F. Hardy, Alpha Éditions musicales.

2. Daniel Lesueur, *Françoise Hardy, Catch A Rising Star*, éditions Camion Blanc, 2016, p. 12.

3. Interview Valérie Lemercier, *L'Express*, 1er avril 2010.

4. Entretien avec l'auteur, 4 août 2000.

L'air du temps

1. Entretien avec l'auteur ; et Marie-Dominique Lelièvre, *Gainsbourg sans filtre, op. cit.*

2. Entretien avec Françoise Hardy, 16 novembre 2016.

3. Paroles françaises de *Jil et Jan*.

4. La Société des auteurs, compositeurs et éditeurs de musique.

5. Le même jour, elle dépose huit chansons. *À côté de toi baby je suis assise, J'ai le cœur qui bat, Je sais bien que j'ai tort, L'Autre, Ma fenêtre, Pense à moi, Rien ne dure toujours, Si tu m'avais dit ce soir-là*.

6. « Elle a une façon de s'exprimer, elle m'a d'ailleurs énormément appris de choses, je ne comprenais pas ce que voulaient dire, yéyé, yaya, ces choses, mais depuis que je connais Françoise Hardy, j'ai découvert énormément de poésie à ces mots que j'ignorais. Ça veut dire quelque chose pour la jeunesse et pour les jeunes auteurs. Et maintenant Françoise Hardy, depuis qu'elle a enregistré, on

l'entend toute la journée à la radio, je ne sais même plus si elle va me reconnaître », dit Mireille.

7. La France comportait 3 794 téléviseurs en 1950, contre 2 millions en 1960. Les appareils sont fabriqués par une soixantaine de fabricants français.

8. Une rediffusion de l'émission télévisée « Toute la chanson », programmée le 8 octobre 1962 et enregistrée dans un studio de la Maison de la Radio. Son producteur, le journaliste André Salvet, est aussi un parolier. Proche de Europe 1, le réalisateur de cette séquence en noir et blanc est Pierre Badel.

La petite silencieuse

1. Et le compositeur Jean-Max Rivière.

2. Pierre Marie Étienne Dillard est né à Blois le 15 décembre 1899.

3. Entretiens avec l'auteur, décembre 1996, et *Libération*, 4 août 2000.

4. Adrien Dillard était né à Rouen, sa femme Anna Dubosc était née à Fécamp.

5. « Le 24 juin 1942, prêchant à l'église Saint-Louis à Vichy où il tentait inlassablement d'infléchir nos dirigeants, il s'éleva en chair contre le statut des juifs et le port de l'étoile jaune. Victor Dillard était le père spirituel de Maurice Schumann, porte-parole de la France Libre, qui se convertit à la religion chrétienne en 1942. » Maurice Schumann, « L'Église pendant les années noires », *Revue des Deux Mondes*, 1992.

6. Sur les cent cinquante-six prêtres français détenus à Dachau, dix moururent.

7. Victor Dillard, *Au Dieu inconnu*, éditions Beauchesne, 1938. L'ouvrage connut un certain succès, ouvrant un renouveau spirituel et théologique autour de l'Esprit Saint. Ce dernier est compris comme un hôte intérieur offrant notamment sagesse, conseil et force, entité insaisissable et méconnue que les chrétiens prient peu, préférant s'adresser au Père et au Fils.

8. Il s'était marié une première fois le 21 novembre 1925 à Anne-Marie Dupont, à Blois. Puis il a épousé Renée

Hélène Alexandrine Clotilde de Bacounine le 25 octobre 1938, dont il divorcera en 1967.

9. Elle avait avorté une première fois avant de vouloir un enfant, selon le récit qu'elle fait à sa fille aînée.

10. Entretien avec Françoise Hardy, rue Hallé, décembre 1996.

11. Françoise Hardy, *Je chante donc je suis*, *op. cit.*, p. 22.

12. À Montmartre, Dillard vit dans l'ancienne maison du pianiste Arthur Rubinstein, qui la tenait de l'acteur Pierre Fresnay. Le pianiste polonais était lié à Renée de Bacounine, la seconde femme d'Étienne Dillard. Lui-même musicien, Étienne Dillard jouait du piano. Y a-t-il un lien avec la vocation de sa fille ? Elle n'en a jamais parlé.

13. À la demande répétée de Madeleine Hardy, selon sa fille. À la naissance de Françoise, Dillard était marié à Renée de Bacounine, elle aussi fille naturelle. Cette dernière eut plus de chance que Françoise Hardy car son père, un aristocrate russe de la famille de l'anarchiste Bakounine, vint la reconnaître en mairie quelques jours après sa naissance au Tréport. Renée sut-elle jamais que son mari Étienne Dillard, dont elle divorça en 1967, avait deux enfants d'une autre femme ?

14. *Le Nouvel Observateur*, 10 octobre 2012.

15. Entretien avec Françoise Hardy, rue Hallé, décembre 1996.

Anonyme

1. Entretien avec Françoise Hardy, décembre 1996.

2. Jeanne Milot, 1887-1974.

3. Claude-Alexandre Hardy, 1883-1973.

4. Entretien avec Françoise Hardy, 16 novembre 2016.

5. *Der Spiegel*, 28 juin 2010.

6. Françoise Hardy, *Le Désespoir des singes… et autres bagatelles*, Robert Laffont, 2008 ; J'ai lu, 2009.

7. Françoise Hardy, *Je chante donc je suis*, *op. cit.*

8. « Comment te dire Hardy », France Inter, série en neuf épisodes de Didier Varrod, 2 juillet 2016.

9. Entretien avec Françoise Hardy, décembre 1996.

10. Interview Madeleine Hardy, *Femme d'aujourd'hui*, juin 1963. « La mémoire d'une mère est infaillible », dit-elle.

11. Elle était née le 23 juillet 1945.

12. Plus tard, elle veillera sur les études de son petit-fils Thomas, qui obtiendra le bac à dix-sept ans.

13. Françoise Hardy, *Je chante donc je suis*, *op. cit.*, p. 48.

14. *Ibid.*, p. 50.

Premier amour

1. Jean-Marie Périer, *Le Temps d'apprendre à vivre*, XO éditions, 2004.

2. *Hurt*, paroles Jimmie Crane et Al Jacobs, Emi Miller Catalog INC.

3. Entretien avec Françoise Hardy, 16 novembre 2016.

4. Joel Bills, Guy Laurie, Jacqueline Dulac, The Drywel's, Jean Harold, Jacques Holmes, Françoise Hardy accompagnée par Marcel Hendrix et Richard Anthony, qui à lui seul assure une centaine de galas par an.

5. Eve Babitz, *Eve à Hollywood*, Seuil, 2021.

6. Dont Jean-Claude Bouvarel, dix-huit ans, à la guitare, Louis Rossi, un batteur, un contrebassiste.

7. 5 janvier 1963. Photo Willy Rizzo. L'année 1963, elle fait deux fois la une de *Paris Match*, la première en janvier, la seconde en mars, à l'occasion du lancement du premier numéro comportant trente-deux pages en couleur.

8. *Paris Jour*, 24 janvier 1963 ; *Marseille Magazine*, 15 février 1963, http://mon-amie-hardy-rose.blogspot.com

9. Mail à Marie-Françoise Henderyckx, 17 mai 2017.

10. La mère de Colette Piette, première épouse de Marcel Hendrix et future Clodette.

11. Entretien avec Marie-Françoise Henderyckx, 6 novembre 2020.

12. Entretien avec Haydée et Marie-Françoise Henderyckx, 5 et 6 novembre 2020.

13. Entretien avec l'auteur, 10 novembre 2020.

14. « Le faux est intransformable », ajoute-t-il.

15. Claude, site internet « Totally Hardy », 24 janvier 2007, par exemple.

16. Interview Yves Salgues, *Jours de France*, mai 1968.

17. *Marseille Magazine*, n° 141, 15 février 1963.

18. Le disque a été enregistré au printemps 1961. Filipacchi est producteur chez Decca et RCA Musique.

19. Pour paraphraser Christine de Pizan, la poétesse du XVe siècle, première femme à avoir vécu de sa plume.

20. Entretien avec Jean-Marie Périer, 30 novembre 2016.

21. *Le Monde*, 25 octobre 2020 ; et Jean-Marie Périer, *Enfant gâté, op. cit.*, p. 55.

22. Jean-Marie Périer, *Déjà hier. Une année sur Instagram*, Calmann-Lévy, 2020, p. 178.

23. Henri Pourrat, *Gaspard des montagnes*, Albin Michel, 1922-1931.

La fiancée du photographe

1. « À propos de Françoise Hardy », *Correio da Manhâ*, Rio de Janeiro, 19 septembre 1964.

2. Jean-Marie Périer, *Enfant gâté, op. cit.*, p. 156.

3. De 1960 à 1964.

4. Avec le temps, Bailey s'est à son tour embourgeoisé, devenant le photographe de la contre-culture puis de l'establishment.

5. *L'Amour d'un graçon*, paroles F. Hardy.

Youthquake

1. *Allons reviens danser* (reprise de *Dancing Shoes* de Hank Marvin et Bruce Welsh), paroles Maurice Philip, Elstree Music LTD.

2. *Allons reviens danser*, interprétée par Mike Shannon – un Toulousain qui se nomme en fait Michel Simonet –, tout juste dix-huit ans.

3. *Allons reviens danser, op. cit.*

4. Marie-Dominique Lelièvre, « Johnny Hallyday, Kazan et carottes », *Libération*, 13 octobre 2011.

5. En 1961, le premier Festival international de rock organisé au Palais des Sports s'est déroulé dans une telle exultation que des gardiens de la paix en pèlerine ont fini par évacuer le public à coups de sifflet. Emportés par la liesse, les jeunes fans de rock jubilaient sous les coups de matraque. Ce soir-là, le 24 février 1961, le documentariste François Reichenbach a filmé la salle et sa joie. Tourné en noir et blanc, avec un parti pris très fort – il ne filme pas les vedettes mais la salle –, c'est un élégant documentaire dans lequel on entrevoit Johnny Hallyday, Vince Taylor, Eddy Mitchell. « À la mémoire du rock », Les films de la Pléiade, accessible à la BNF.

6. Cité par David Buxton, *Le Rock, star-system et société de consommation*, La Pensée Sauvage, 1985.

7. Interview de Lucien David Langman par Guillaume Cadot, 2 mars 2021, les Hardis.com

8. Cf. David Buxton, *Le Rock, star-system et société de consommation*, *op. cit.*

9. *L'idole des jeunes*, paroles J. Lewis, Emi Mills Music Limited.

10. *D'où viens-tu Johnny ?*, film de Noël Howard sorti en 1963.

11. François Aubouard de son vrai nom.

12. Françoise Hardy, *Le Désespoir des singes*, *op. cit.*, p. 54. Le 3 février 1963, Françoise avait interprété quelques chansons dans le cadre d'un Musicorama organisé par Europe 1, en vedette américaine de Richard Anthony.

13. Sous la plume de Philippe Bouvard dans *Le Figaro*, 24 juin 1963.

14. Pierre Charpy.

15. Les 6 et 7 juillet 1963.

16. Diana Vreeland, *Vogue*, janvier 1965 : *"There is a marvelous moment that starts at thirteen and wastes no time. No longer waits to grow up, but makes its own way, its own look by the end of the week. The dreams, still there, break into action: writing, singing, acting, designing. Youth, warm and gay as a kitten yet self-sufficient as James Bond, is surprising countries east and west with a sense of assurance serene beyond all years…*

The year's in its youth, the youth in its year. Under 24 and over 90,000,000 strong in the U.S. alone. More dreamers. More doers. Here. Now. Youthquake 1965."

17. Entretien avec l'auteur, novembre 2016.

Hardy les cœurs

1. Entretien Christian Blondieau, dit Long Chris, avec Alain Dardenne, 12 novembre 2018.

2. *Comme tant d'autres*, paroles F. Hardy, Alpha Éditions musicales.

3. Françoise Hardy, *Je chante donc je suis, op. cit.*, p. 115.

4. Selon le magazine *Elle* en 1969, il a été recruté en 1967 mais des photos les montrent aux États-Unis ensemble en 1966.

5. Entretien avec l'auteur, 19 mai 2020.

6. Entretien avec Marie-Hélène Taphorel, 19 mars 2020.

7. *Le temps de l'amour* selon *Je chante donc je suis, op. cit.*, p. 89.

8. Entretien avec Marie-Hélène Taphorel, 19 mars 2020.

9. Avec une photo d'André Nisak, 17, rue Pigalle, ou de Jean-Marie Périer.

10. Françoise Hardy, *L'Amour fou*, J'ai lu, 2014.

11. Entretien avec Françoise Hardy, 15 août 2000.

L'astroflash

1. Seuil, 1961. Quelques années plus tard, André Barbault sera à l'origine des astro-portraits fournis par la boutique Astroflash dans la galerie des Champs-Élysées, proposant les premiers thèmes astraux par ordinateur. Délivrés sur du papier perforé, ces thèmes offraient une étude de caractère personnalisée à partir de la date et l'heure de naissance. Le projet avait été initié par Roger Berthier, un des fondateurs d'Euromarché. La maison d'André Barbault se trouvait au 44, rue du Général-Brunet, aux Buttes-Chaumont.

2. Entretien avec Martine Barbault, 8 janvier 2021.

3. Françoise Hardy, *Je chante donc je suis*, *op. cit.*, p. 99.

4. À la fin de l'année 1963.

5. En novembre 1963.

6. Françoise Hardy, *Je chante donc je suis*, *op. cit.*, p. 85.

7. *Ibid.*

8. *Ibid.*

9. Interview de Lino Rizzi, *Oggi*, juillet 1963.

10. Quelques années plus tard, elle reviendra dans ce bureau prendre des cours avec André Barbault, avant de devenir astrologue à son tour. Françoise Hardy a commencé à étudier l'astrologie seule, avec des livres. Puis elle rencontre une autre novice, Catherine Aubier, à l'occasion d'une fête de village à Monticello, en Corse. Apprentie astrologue, Catherine se forme auprès d'une vieille dame, avenue du Maine (Mme Godefroy ?). Françoise lui emboîte le pas, puis toutes deux prendront ensemble des cours particuliers avec André Barbault. (Entretien avec Catherine Aubier, 26 janvier 2021.) Elle a poursuivi ses études avec Jean-Pierre Nicola (Entretien avec Jean-Pierre Nicola, août 2000).

La fille « eau et savon »

1. Sophie Delassein, *Julien*, Calmann-Lévy, 2013.

2. Elle est arrivée à Rio de Janeiro le 12 septembre 1964.

3. Françoise Hardy, *Le Désespoir des singes*, *op. cit.*, p. 104-107.

4. *Dans le monde entier*, paroles F. Hardy, Alpha Éditions musicales.

5. *Ibid.*

6. Marcel Hendrix, Ermes Alesi, Serge Biondi et Jacky Giraudo étaient de la tournée.

7. Le 4 juin 1962, l'actrice Peggy Moffitt apparaît dans *Women's Wear Daily Vogue* dans le monokini de Rudi Gernreich, un nouveau maillot à bretelles qui laisse les seins nus. Il est adopté par des Tropéziennes l'été 1964.

8. *Jornal do Brasil*, 16 septembre 1964.

9. Simone de Beauvoir, *La Force des choses*, 1963. Du 11 août au 24 octobre 1960, Sartre et Beauvoir passèrent deux mois au Brésil. Dans une voiture mise à leur disposition par l'architecte Oscar Niemeyer, le couple visita Brasilia, à peine inaugurée. Beauvoir découvrait la ville nouvelle avec les œillères idéologiques d'une période préoccupée par la lutte anticoloniale et la guerre d'Algérie. Elle dépeignit une « maquette grandeur nature », dénonça « une inhumanité qui saute aux yeux », et regretta que la ville ne parvienne à réduire les inégalités sociales en dépit des intentions de son architecte communiste. Dans son roman *Les Belles Images*, un personnage évoque la ville nouvelle : « Brasilia, c'est très dépassé. »

10. *Jornal do Brasil*, 16 septembre 1964.

11. *Folha de S. Paulo*, 16 septembre 1964.

12. *Última Hora*, 14 septembre 1964.

13. Enregistré l'année précédente à New York (Verve Master Edition), il est aujourd'hui encore considéré comme l'un des plus grands albums de tous les temps.

14. À la grande consternation des *Cahiers du Cinéma*. Dans la sélection, cette année-là, *Les Quatre Cents Coups*, de François Truffaut, et *Hiroshima mon amour*, d'Alain Resnais.

15. *Le Monde*, 9 juillet 2005.

16. *Diário de Noticias*, 15 septembre 1964.

17. Entretien avec Ermes Alesi, 26 mars 2021.

18. Les paroles de *The Girl from Ipanema* sont de Vinícius de Moraes et la musique d'Antônio Carlos Jobim.

19. Cependant, Françoise Hardy dit vrai. En 1964, les Français boudent la bossa nova. Cette musique sera popularisée en France avec une décennie de retard. Pierre Barouh, qui l'a découverte lors d'un voyage au Brésil, enregistrera *Samba Saravah*, sa version française d'un morceau de Baden Powell, pour sa célèbre B.O. du film *Un homme et une femme* de Claude Lelouch, Palme d'or à Cannes en 1966. Puis en 1969, son documentaire *Saravah* popularisera la musique brésilienne, que de nombreux chanteurs français de variétés tentent alors de s'approprier. De son côté, Henri Salvador prétendait avoir inventé

la bossa nova avec sa chanson *Dans mon île*, qui est en fait un boléro. Diffusée au Brésil dans un film italien, en 1957, la chanson de Salvador aurait suggéré à Carlos Jobim l'idée de ralentir le rythme de la samba, donnant naissance à la bossa nova.

20. *The Girl from Ipanema*, paroles Vinícius de Moraes, Universal MCA Music Publishing.

21. Jean Cau, *Croquis de mémoire*, Julliard, 1985, p. 182.

22. *Les Inrocks*.

23. *Correio da Manhâ*, Rio de Janeiro, 19 septembre 1964.

24. *Jornal do Brasil*, Rio de Janeiro, 20 septembre 1964.

25. Mail de Françoise Hardy à Erik Doorme. Impresario légendaire, Charley Marouani s'occupait de Françoise Hardy depuis la tournée Richard Anthony, en janvier 1963.

26. Marcel Gautherot, engagé à Brasilia par l'architecte Oscar Niemeyer, mais aussi Jean Manzon, Pierre Verger, René Burri (Magnum), Mario Fontenelle, Peter Scheier et d'autres ont inondé la presse de leurs photos solaires.

27. Alexandre Puche, « Photographier le moment inaugural de Brasilia, 1959-1960, la genèse d'un patrimoine ? », mémoire de master, Panthéon-Sorbonne, 2013-2014.

28. En avril 1974, du 16 au 20, elle passe quatre jours au Japon pour enregistrer une émission de variétés à l'occasion de la sortie de son album « La Question ». Elle repart un jour plus tôt, sous prétexte que son fils a attrapé la rougeole : la presse la juge peu professionnelle et sinistre. Lors de la conférence de presse, elle se présente en jean et T-shirt rouge. « Est-ce bien Françoise Hardy ? » se demande un chroniqueur, surpris par la banalité de sa tenue et son absence de sourire. Du début à la fin du séjour, elle affiche une attitude morose. « Le Japon ne m'intéresse pas particulièrement, explique-t-elle. Je ne m'y rends qu'à la demande de ma maison de disques. »

29. Selon *La Semaine camerounaise*, après le concert pour le Rotary Club de Yaoundé, le 27 avril 1967.

30. *Diário de Notícias*, 17 septembre 1964.

31. « Hullabaloo Show », 13 avril 1965.

32. Dans une version écourtée, où la « girl » devient un « boy ».

48, avenue Kléber

1. C'est seulement l'année suivante que, bousculé par cette mode futuriste, Yves Saint Laurent lancera sa robe Mondrian inspirée par Courrèges. « Je m'enlisais dans l'élégance traditionnelle, Courrèges m'en a sorti. Sa collection est apparue comme une bombe ; après, plus rien n'était comme avant. » Yves Saint Laurent, 1965.

2. Françoise Hardy a-t-elle été influencée par les Beatles, qui au même moment adoptent une copie British du costume « cylindre » de Pierre Cardin – sous l'influence de leur manager Brian Epstein ? Pour l'une comme les autres, la quête est la même : élaborer une panoplie *arty* et flatteuse, un vestiaire alternatif dégagé des codes bourgeois.

3. Voir Marie-Dominique Lelièvre, *Saint Laurent mauvais garçon*, Flammarion, 2010 ; J'ai lu, 2011.

4. Olivier Saillard, *Le Bouquin de la mode*, collection « Bouquins », Robert Laffont, 2019.

5. Dès 1961, il a introduit le pantalon dans un défilé de haute couture. Il est le premier à oser. Certes, les femmes le portent depuis le paléolithique, mais à part Jeanne d'Arc et la reine Christine, l'usage s'en est perdu chez la femme d'Occident.

6. Comme ceux de son maître Balenciaga, les vêtements d'André Courrèges sont de petites armures.

7. « La pudeur est l'esprit qui rougit du corps ou la gêne ressentie par l'être d'esprit en nous, lorsqu'il pense qu'il est aussi un être de nature », dit le philosophe Éric Fiat. Une photo éloquente montre Françoise Hardy et Jane Birkin, prises à l'occasion d'un show télévisé de 1974. En duo, elles interprètent *Les Petits Papiers*, la chanson de Gainsbourg. L'une et l'autre sont affublées du même pyjama imprimé papier journal et de la même casquette gavroche. Birkin a ouvert la chemise, Hardy l'a boutonnée haut. Birkin a relevé ses manches au-dessus du coude, Hardy a boutonné les poignets. Birkin pose pieds nus, Hardy est chaussée

de boots. Birkin imprime à sa casquette un mouvement canaille, façon *The Kid*, Hardy la pose sur ses cheveux. L'une en montre le plus possible. L'autre en retranche le plus possible. L'une se met en scène, l'autre dédaigne les stratagèmes. Birkin est une coquette, Hardy une pudique.

8. *Message personnel*, paroles M. Berger et F. Hardy, Apache STE ARL.

9. Échange entre Christine Blanc et Courrèges en 1993. Entretien avec Christine Blanc, 21 mai 2020.

10. Roland Barthes, « Le match Chanel-Courrèges », *Marie-Claire*, septembre 1967. Jusqu'au XVIe siècle, une reine de France en deuil se vêt de blanc, d'où son nom de « reine blanche ». La mode du noir ne commence que vers 1500, lorsqu'on apprend à teindre une étoffe d'un beau noir profond. En Inde comme au Japon, le blanc reste la couleur du deuil. Il symbolise la lumière, le repos éternel, la pureté de l'âme.

11. Gilles Lipovetsky, *L'Empire de l'éphémère*, Folio Essais, Gallimard, 1987, p. 130-131.

12. Entretien avec Claude Berthod, *Elle*, janvier 1965.

13. Jo Slater, costume designer de *The One*, la série de Netflix, dans une interview à Olivier Adey, Get to text.com, 27 juillet 2021.

14. Françoise Hardy, *Avis non autorisés...*, Éditions des Équateurs, 2015 ; J'ai lu, 2016.

15. *Jours de France*, 12 novembre 1966.

Intermède mort de Courrèges

1. En 1993.

2. Entretien avec l'auteur, 21 mai 2020.

3. Éric Dumont, Françoise Hardy, *Notes secrètes, entretiens avec Éric Dumont*, Albin Michel, 1991, p. 108.

La Mutante

1. À sa muse et mannequin-vedette Victoire, transformée en vamp ultra-sophistiquée au regard noir, Yves Saint Laurent, le jeune couturier qui a succédé à Christian Dior, offre une garde-robe chanelisante. Dans

la journée, ses clientes portent des twin-sets, des jupes crayons, des talons aiguilles.

2. Marilyn Monroe est morte le 4 août 1962.

3. *J'suis d'accord*, paroles F. Hardy, Alpha Éditions musicale.

4. Entretien avec l'auteur, septembre 2011.

5. Sophie Chapdelaine de Montvalon, *Le Beau pour tous*, L'Iconoclaste, 2009. Il est vrai qu'au *Vogue* américain, Anna Wintour interdit encore le port du legging en 2021…

6. Avedon, la première fois, dans *Vogue* en 1963.

Dedicated Follower of Fashion

1. Gaston Bachelard, *L'Eau et les Rêves, Essai sur l'imagination de la matière*, José Corti, 1942, p. 101.

2. Farid Chenoune, *Des modes et des hommes, deux siècles d'élégance masculine*, Flammarion, 1993, p. 251.

3. Henri Mendras, *La Seconde Révolution française*, Gallimard, 1988.

4. Ce type connaît une troisième métamorphose, avec le nogender, variante politico-sociologico-économique de l'androgynie.

5. Conservé au Met, à New York. Printemps-été 1962.

6. Marianne Faithfull dans son autobiographie, *Faithfull*. Brian Jones et Anita Pallenberg se sont rencontrés à Munich en 1965, à la fin d'un concert des Stones. Pallenberg deviendra ensuite la compagne de Keith Richards, dont elle transformera aussi l'apparence.

7. Photo de Uberto Guidotti pour le magazine *Elle* en 1971.

8. Le poème continue encore…

9. Edgar Morin, *Le Monde*, 7 juin 1963.

10. Ou encore *Respect*, d'Aretha Franklin, en 1967, ou *What's Going On*, de Marvin Gaye, en 1971.

11. Qui deviendra numéro 1 des charts en décembre 1964.

12. Que la reine d'Angleterre vient d'anoblir.

13. Mick Jagger y a étudié jusqu'à l'automne 1963.

14. Automne 1963.

15. *Le Monde*, 19 décembre 1966.

16. Mick Jagger, compte Instagram, 11 mai 2020.

Françoise Hardy et Mick Jagger au Studio Pye

1. Chrissie Shrimpton, la sœur de Jean Shrimpton.
2. Mensuel *Extra* en 1975.
3. Le 16 octobre 1964.
4. « Une conscience professionnelle lui créa même du tort auprès des bookmakers français, jaloux de son charisme et qui finirent par le considérer comme une espèce de “marginal” », *Jump-Blues Guitar Killers of the 50's*, Phil Dubois/René Malines, 1er décembre 2003.
5. Entretien avec l'auteur, 4 août 2000.
6. Le 20 octobre 1964.
7. Zouzou-la-twisteuse, égérie de la Nouvelle Vague, sortait alors avec Michel Taittinger. Zouzou, *Jusqu'à l'aube*, Flammarion, 2003.
8. Dans ses mémoires, Zouzou indique que cette coiffure lui fut suggérée par un fiancé d'alors, Jean-Paul Goude.
9. « Continents sans visa », 1er juillet 1965, Archives RTS Pierre Koralnik.
10. Daniel Lesueur, *Françoise Hardy, Catch A Rising Star, op. cit.*, p. 44-45.
11. Quelques mois plus tôt, Jimmy Page a joué sur le *As Tears Go By* de Marianne Faithfull.
12. *Melody Maker Review*, 13 mars 1965. Daniel Lesueur, *Françoise Hardy, Catch A Rising Star, op. cit.*
13. *Je veux qu'il revienne* (adaptation de *Only You Can Do It* de C. Blackwell), paroles F. Hardy, Alpha Éditions musicales.
14. *Tell me (You're Coming Back)*, paroles Keith Richards et Mick Jagger, Peermusic LTD.

Frogs & Rosbif

1. Le 20 février 1964. Elle sera réinvitée le 22 mai 1964 et le 13 novembre 1964. Françoise Hardy a partagé l'affiche avec Dionne Warwick chantant *Walk on By*, les Yardbirds et Little Richard.

2. *Ready Steady Go!* a aussi popularisé en Grande-Bretagne les artistes américains les plus divers, James Brown, Martha & The Vandellas, Stevie Wonder, les Beach Boys, les Supremes… La fameuse émission « Top of The Pops » ne sera lancée que le 1er janvier 1964.

3. *Keith Richards: Under the Influence*, 81 minutes, film documentaire de Morgan Neville, 2015. Et pour l'interprétation, Rolling Stones Live, New Musical Express, 26 avril 1964, sur Youtube.

4. Interview Keith Richards, *Guitar Player Magazine*, 1992.

5. En 1995.

6. « Salvador Dalí croisé avec Abba et Tangerine Dream », selon Marianne Faithfull.

7. Interview Ray Davies, *Q Magazine*, 3 novembre 2016.

Decorama

1. Sophie Chapdelaine de Montvalon, *Le Beau pour tous*, *op. cit.*

2. C'est la quatrième fois (au moins) qu'elle fait la une du journal.

3. Selon Jean-Marie Périer, entretien avec l'auteur, 30 novembre 2016. L'appartement et le studio ont été choisis avec Madeleine Hardy en 1964.

4. Entretien avec Ermes Alesi, 26 mars 2021.

5. Prisunic était une chaîne de magasins proposant des produits bon marché, filiale des Grands Magasins du Printemps. Sa première directrice artistique fut Andrée Putman. La chaîne fut rachetée par Monoprix en 1997. Animée d'une foi humaniste, son successeur, Maïmé Arnodin, née Denise de Barrau de Muratel, centralienne et ex-rédactrice au *Jardin des Modes*, est une disciple du minimalisme fonctionnel prôné par le Bauhaus. Pour dessiner la première collection de meubles de la chaîne, elle fait appel à Terence Conran, à la fois designer et industriel.

6. « The responsive eye », exposition au MoMA le 25 février 1965, sur l'art cinétique. Op art, abréviation de Optical art. À Prisunic, l'entonnoir, la passoire, la boîte à

œufs, les assiettes, les verres, tout objet utile et quotidien est sommé de devenir « joli ».

7. David Buxton, *Le Rock, star-system et société de consommation, op. cit.*

8. Fabriqué aux États-Unis par Herman Miller et distribué par Mobilier International, ce fauteuil confortable actualise le traditionnel fauteuil club anglais.

9. Poul Cadovius est l'inventeur du Royal System, un système d'étagères murales modulable.

10. Jean-Marie Périer, *Françoise*, Éditions du Chêne, 2011, p. 24.

11. *Ibid.*, p. 28 ; et entretien avec Jean-Marie Périer, 30 novembre 2016.

12. Alors époux de la comédienne Micheline Presle.

Jean-Marie suite et fin

1. Entretien avec l'auteur, 30 novembre 2016.

2. *Et même,* paroles de F. Hardy, Alpha Éditions musicales.

3. Comme le bassiste Jean Sarrus, fondateur des Problèmes, futurs Charlots, avec Luis Rego à la guitare rythmique, Gérard Rinaldi au saxophone.

4. Jean-Marie Périer, entretien avec Denis Cosnard, *Le Monde*, 25 octobre 2020.

5. Jean-Marie Périer, *Le Temps d'apprendre à vivre, op. cit.*

6. *Noir et Blanc*, numéro du 1er au 7 septembre 1966.

Automania 66

1. Le 16 juillet 1966.

2. En mars 1965.

3. Du 7 au 19 juin 1965, Françoise Hardy donne son premier concert au Savoy, la salle londonienne dépendant de l'hôtel du même nom. Sa tenue de scène, deux mois auparavant, a été photographiée dans *The Observer*. L'édition du 7 mars 1965 consacre un grand papier à Courrèges, illustré d'une photo de l'Iranien Shahrokh

Hatami. Hardy a chanté quatre fois au Savoy, la dernière en mai 1968.

4. *Les Sept Samouraïs, Rashômon...*

5. Le lac de Tazenat.

6. Journal télévisé, 6 août 1966, Ina.fr

7. Il s'agit de Sydney Guilaroff, célèbre costumier de la MGM. Il avait été le coiffeur de Louise Brooks et de Grace Kelly lors de son mariage. Il était le styliste de Cary Grant, Clark Gable et Frank Sinatra.

8. Et aussi David Bowie.

9. St. George's Theatre, Tufnell Park, 1976.

10. https://erikdoorme.be

11. Jean-Marie Périer, *Déjà hier*, Calmann-Lévy, 2020.

12. Françoise Hardy, *Le Désespoir des singes, op. cit.*, p. 76-77.

13. Alors une jeune chanteuse française yéyé.

14. *Que c'est triste Venise*, paroles Françoise Dorin, Aznavour Charles Éditions Music (interprétée par C. Aznavour, 1964).

15. Halston ? Une marque milanaise ? Hollywood savait habiller ses actrices.

16. *Vogue* US, mars 1967.

17. *Si c'est ça*, paroles F. Hardy, Éditions musicales Alpha. Chanson écrite pour le beau Peter selon Françoise Hardy, in *Chansons sur toi et nous*, Éditions des Équateurs, 2020 ; J'ai lu 2022. Cette chanson est sortie en novembre 1966 sur l'album « La maison où j'ai grandi » et sur un 45 tours en décembre 1966.

18. *Oltre la pittura* (« Au-delà de la peinture »), exposition Marx Ernst au palais Grassi, 1966. Ce moment est relaté par Françoise Hardy dans ses mémoires.

Intermède Monticello

1. Jean-Marie Périer, *Françoise, op. cit.*, p. 138.

2. Michel Mallory, pseudonyme de Jean-Paul Cugurno, était né à Monticello en 1941. Chanteur et parolier, il avait connu Patachou dans son cabaret de Montmartre. C'est lui qui attira la chanteuse et son mari dans son village natal. Les autres suivirent. Michel Mallory a signé

de nombreuses chansons pour Johnny Hallyday, Sylvie Vartan, Michel Sardou.

3. Entretien avec l'auteur, 19 mars 2020.

4. Entretien avec Françoise Hardy, décembre 1996.

5. Le 6 juillet 1991, elle eut recours à l'euthanasie. Elle était née le 15 mai 1920.

6. *Les Cahiers conditionnalistes du Comac*, n° 28, 3e trimestre 2001.

7. Suzanne Chantal, *Le Cœur battant*, Grasset, 1976.

8. Au printemps 1961, le coupé a heurté un arbre sur une route nationale glissante. Vincent, dix-sept ans et sans permis, était au volant, dit-on. L'Alfa lui avait été offerte par sa maîtresse Clara Saint, riche héritière sud-américaine et future pilier de la maison Yves Saint Laurent. Les deux garçons rentraient à Paris passer leurs examens. Voir Marie-Dominique Lelièvre, *Saint Laurent mauvais garçon*, *op. cit.*

De tout son cœur

1. Mai 1963, francoise_hardy-collection sur Instagram.

2. Noire et blanche, selon elle. Entretien avec Françoise Hardy, 16 novembre 2016. Sur certaines photos, elle est au volant d'un modèle vert et blanc.

3. Un demi-siècle plus tard, il évoque avec humour la gêne que lui causait sa petitesse : « Je lui parlais sur le trottoir pour paraître un peu plus géant. Et je me démerdais pour qu'elle soit dans le caniveau. » (interview Michel Denisot, Europe 1, 19 juin 2021).

4. Il est rentré en février 1964.

5. Entretien avec Françoise Hardy, 16 novembre 2016.

6. Eddy Mitchell, *Galas, galères, souvenirs*, éditions Best, 1979.

7. La bande de la Trinité inclut aussi Hadi Kalafate, Long Chris et Jean-Pierre Huster.

8. Dutronc a accompagné Gene Vincent et Vince Taylor. Pour draguer les filles, il joue *Walk, Don't Run*, l'instrumental de Chet Atkins, génie multifacettes qui a influencé George Harrison et Paul McCartney, *Teen Scene*, 1963.

9. Le 9 octobre 1961. El Toro et les Cyclones : Daniel Dray au chant, Charles Benaroch à la batterie, Dutronc à la guitare, Hadi Kalafate à la basse.

10. Comme ses maîtres Chet Atkins et Ray Davies.

11. Autre groupe français inspiré des Shadows produit par Wolfsohn.

12. En 2020, Les Éditions Musicales Alpha ont été revendues à Universal.

13. Selon le batteur André Crudo, *in* Michel Leydier, *Jacques Dutronc, la bio*, *op. cit.*, p. 95.

14. *Ibid.*

15. D'octobre 1964 à la fin 1966, Zouzou fut la petite amie de Brian Jones avant qu'il ne rencontre Anita Pallenberg, qu'elle lui a présentée.

16. Charles Benaroch, short-edition.com

17. Zouzou, *Jusqu'à l'aube*, op. cit., 2003, p. 108.

18. Michel Leydier, *Jacques Dutronc, la bio*, *op. cit.*

19. Située dans une ancienne boucherie du VIIIe arrondissement, Mayfair appartenait à Jean Bouquin, un ancien tailleur de Renoma qui y vendait des costumes en velours mille raies et des chemises fantaisie. Il avait ouvert sa première boutique à Saint-Tropez dans un ancien hangar à bateaux. Devenue sa cliente, Brigitte Bardot le lança durant sa tournée mondiale pour la promotion du film *Viva Maria*, avec Jeanne Moreau. Greta Garbo, Marlene Dietrich, Mick Jagger ou Polnareff étaient ses clients. Dix ans avant Yves Saint Laurent, il a proposé sahariennes et smokings pour les femmes. Sur la couverture de *Mademoiselle Âge Tendre* en date du 14 décembre 1965, Françoise Hardy porte un costume-pantalon avec veste croisée en coton à rayures tricolore, acheté chez Mayfair.

20. Créé en 1963 par Daniel Filipacchi grâce aux bénéfices de *Salut les Copains*, sur le modèle du *Playboy* américain d'Hugh Hefner, *Lui* se veut un magazine de société alternant articles de fond confiés à des signatures et photos de jolies filles dévêtues – mannequins de l'agence Catherine Harlé, chanteuses, starlettes, stars. Beaucoup d'articles sont confiés à des écrivains.

21. Mort en 2000.

22. En dépit de *Un train*, un bon titre de beat-garage avec des arrangements de guitare fuzz signés Dutronc.

23. Chez Vogue, la chanteuse Petula Clark a adapté cette chanson sous le titre *Un jeune homme bien*, sur un texte de Frank Gerald, le parolier du *Premier bonheur du jour* de Françoise Hardy et de *La Fille de paille*, interprétée par Brigitte Bardot.

24. Selon Hadi Kalafate, l'ex-bassiste des Cyclones présent rue d'Hauteville ce jour-là.

25. Parmi les fondateurs de Vogue, Charles Delaunay, un des responsables du Hot Club de France fondé dans les années trente pour promouvoir cette musique. Sa mère, Sonia Delaunay, a conçu le logo coloré de la maison de disques.

26. Entretien avec l'auteur, 30 novembre 2016.

27. Marie-Dominique Lelièvre, *Gainsbourg sans filtre*, *op. cit.*

28. À écouter sur YouTube.

29. Lloyd Greenfield.

30. Le premier disque de Johnny Hallyday promouvait la chanson *T'aimer follement*, présentée sur la pochette avec un titre rouge, mais c'est *Laisse les filles* qu'a élue le public. Le succès de Johnny fut foudroyant. Six mois plus tard, il enregistrait *Souvenirs, souvenirs*, son premier tube. À dix-huit ans, Johnny Hallyday avait déjà enregistré trente-six chansons et vendu plus d'un million et demi de disques.

31. « Tube and Co », 13 mars 2015.

32. Zouzou, *Jusqu'à l'aube*, *op. cit.*

33. À la fin de l'année, Vogue en aura écoulé trois cent mille exemplaires.

Françoise Hardy Blues

1. « Hardy, c'est autre chose, c'est un étage au-dessus. C'est une fille qui a quelque chose dans le crâne. Elle l'a prouvé. Elle se passionnait d'ésotérisme, d'astrologie... Au lieu de l'épouser, j'ai fait la bêtise de lui présenter Dutronc, qui était un dragueur terrible et qui l'a embarquée (sourire). J'ai donc perdu comme ça l'amour de ma vie. J'étais

très amoureux de Françoise mais que ce soit clair, il ne s'est jamais rien passé entre nous. » Jean-Christophe Averty, *Platine*, n° 142.

2. 15 octobre 1966.

3. Jacques Siclier, *Le Monde*, 18 octobre 1966. Françoise Hardy a été une muse pour Averty, qui l'a invitée dans de nombreuses émissions, notamment le 28 janvier 1967, dans « Au risque de vous plaire ». Le 1er octobre 1967, Averty anime la première soirée télévisée en couleur.

4. 9 avril 1967.

5. *Har-Dy Du-Tronc*, paroles Jacques Dutronc.

6. *Télé Poche*, 13 novembre 1966 ; *Salut les Copains*, septembre 1967…

7. *Le Monde*, 19 novembre 1966.

8. Assistant de Michel Goma, D.A. de Nina Ricci.

9. Françoise Hardy, *Les Rythmes du zodiaque*, Le Cherche-Midi, p. 44.

10. Interview Françoise Hardy, « Radioscopie », Jacques Chancel, octobre 1968.

11. *Vogue* US, mars 1967.

12. Diffusion le 9 avril 1967 de 19 h 35 à 22 h 25.

13. *Jours de France*, 20 mai 1967.

14. Entretien avec l'auteur, 16 novembre 2016. Elle ajoute aussi, parmi ses œuvres préférées, *Comment elles dorment*, ou *À la Vie, à l'Amour*.

15. Le mobilier dit « Tulipe » a été conçu par l'architecte et designer finlandais Eero Saarinen entre 1954 et 1957 et édité par Knoll. Saarinen l'a baptisé la « Pedestal Collection », en référence au pied unique des meubles.

16. L'épopée fantastique des granules de polystyrène est célébrée en 1958 par le cinéaste Alain Resnais dans *Le Chant du styrène*, un court-métrage épatant.

17. « Françoise Hardy-Jacques Dutronc. Les coulisses de leur histoire d'amour », Émission 50 minutes Inside, TF1, 8 mars 2015.

18. Sur une mélodie d'Arnold Goland.

19. Alice Cécile Dutronc, née le 18 septembre 1911, s'était consacrée aux ordres après le décès de son frère jumeau Jacques, tué en 1940. Elle est entrée dans la Joie du Ciel en 2013. Né en 1899, Paul Dutronc avait pris le

même chemin en 1993. Jean-Marie Périer a photographié Marguerite en 2006. Jacques Dutronc a brièvement fréquenté l'Institution Notre-Dame Saint-François d'Évreux. Victor Dillard, l'oncle de Françoise Hardy, y avait également enseigné dans les années trente.

À cœur ouvert

1. Marc-Olivier Fogiel, « Le Divan », février 2016.

2. Françoise Hardy a également perdu une petite fille d'une fausse couche en 1978.

3. *Antoine et Sébastien.*

4. *Vanity Fair*, 19 janvier 2014.

5. *Le Nouvel Observateur*, 8 octobre 2008.

Une amitié amoureuse

1. Interview Françoise Hardy, *Berliner Morgenpost*, 11 mars 2007.

2. Entretien avec Françoise Hardy, 4 août 2000.

3. *Ibid.*

4. Entretien avec Françoise Hardy, 16 novembre 2016.

5. La relation avait commencé fin 1988, selon Françoise Hardy, et aurait duré jusqu'en 1991. Lorsqu'il s'est rétracté, elle a touché le fond du désespoir (Françoise Hardy, *Le Désespoir des singes*, *op. cit.*, p. 272).

6. *Ibid.*, p. 288.

7. *J'comprends pas*, paroles Jean-Loup Dabadie, Alpha Éditions musicales.

8. *Paris Match*, 18 mars 2021.

9. Entretien avec l'auteur, 16 novembre 2016.

10. Jacques Dutronc, *Pensées et répliques*, Le Cherche-Midi, 2000.

11. « *Les lettres ouvertes du temps / Oh cueille mon cœur dans ces lignes / Les fleurs fanées dans les blancs* », *Normandia*, paroles Julien Doré, Julien Doré Éditeur.

12. Frédéric Quinonero, *Jacques Dutronc l'insolent*, L'Archipel, 2021.

13. À l'automne.

14. Michel Leydier, *Jacques Dutronc, la bio*, *op. cit.*, p. 333.

15. Alice Schwartzer, *Conversations avec Romy Schneider*, documentaire de Patrick Jeudy.

La Petite Sirène

1. Michel Moral, revue *Dialogue*, n° 2, 2000.

2. Françoise Hardy, 2 décembre 2012, *in* Frédéric Taddei, « Le tête-à-tête », France Culture.

3. *La Question*, paroles F. Hardy et V. Zagni da Silva, Budde Music France / Kondalini Éditions.

4. *Message personnel*, paroles M. Berger et F. Hardy, Apache STE ARL.

5. Entretien avec l'auteur, août 2000.

6. Selon la Sacem, les paroles ont été écrites à deux mains par Françoise Hardy et Tuca, grande musicienne brésilienne tôt disparue. Dans son recueil de chansons, Françoise Hardy semble considérer qu'elle en est la seule parolière.

7. *Mer*, paroles F. Hardy et V. Zagni da Silva, Budde Music France / Kondalini Éditions.

8. *Ibid.*

9. Son répertoire a quelque chose de ce que les Japonais nomment *Mingei*. Le mot *Mingei* est une abréviation de *minshuteki kogeï*, qui signifie « l'artisanat fait par le peuple et pour le peuple ». Ses chansons sont faites par une fille du peuple pour le peuple. L'objet *mingei* doit être modeste mais non de pacotille, bon marché mais non fragile. La malhonnêteté, la perversité, le luxe, voilà ce que les objets *mingei* doivent au plus haut point éviter : « Ce qui est naturel, sincère, sûr, simple, telles sont les caractéristiques du *Mingei* », écrit le penseur et esthète Soetsu Yanagi dans *L'Idée du Mingei* en 1933. Telle une scène d'amour chez le cinéaste Ozu, d'une exemplaire sobriété.

Hardy les cœurs (le miracle Tuca)

1. C'est la chanson *Sabiá*, ensorcelante merveille interprétée par Cynara et Cybele, qui remporte la compétition.

De la musique de chambre populaire, selon Tom Jobim, son auteur avec Chico Buarque. La même année, Françoise Hardy l'enregistre sous le titre *La Mésange*. Elle aurait pu passer son tour. « La belle version, un peu monotone, de Françoise sur des paroles de Franck Gérald n'arrive pas à faire oublier le jeu aérien des voix des sœurs Cynara et Cybele », écrit son admirateur Erik Doorme sur son site.

2. Entretien avec Marie-Hélène Taphorel, 19 mars 2020.

3. Le 28 mars de cette année 1968, l'étudiant Edson Luís de Lima Souto est tué d'une balle en plein cœur alors qu'il manifeste avec ses camarades contre la hausse des tarifs du restaurant universitaire. Il a dix-huit ans. Après un coup d'État militaire soutenu par la CIA, la junte a pris le pouvoir. Pour échapper à la répression sanglante et à la torture, de nombreux Brésiliens, étudiants, artistes, journalistes, hommes et femmes politiques, syndicalistes, prennent la route de l'exil.

4. Françoise Hardy, *Le Désespoir des singes*, *op. cit.*, p. 123.

5. Peter de Jonge, *Harper's Magazine*, janvier 2017.

6. Avec Hugues de Courson, ainsi que *San Salvador*, *Je fais des puzzles*, *À cloche-pied sur la grande muraille de Chine*.

7. *Étonnez-moi Benoît*, paroles Patrick Modiano, Semi Société.

8. Entretien avec l'auteur, 16 novembre 2016. C'est Hugues de Courson, cosignant les chansons avec Modiano, qui les a apportées à Jacques Wolfsohn. Françoise Hardy, appréciant le caractère saugrenu d'*Étonnez-moi Benoît*, a enregistré le titre sans connaître les deux jeunes auteurs. En février 1969, enregistrant l'émission « Quatre temps » avec Michel Drucker, elle confie à l'animateur qu'elle n'a pas encore rencontré l'auteur du texte qu'elle va interpréter, *Étonnez-moi Benoît*. « Cette chanson m'a permis de rencontrer Patrick Modiano, un écrivain que j'admire. Nous étions si jeunes alors... Par la suite, Patrick m'en a écrit d'autres. »

9. « Une vraie sœur », *Le Figaro Madame*, 28 novembre 2004.

10. Entretien avec l'auteur, 4 août 2000.

11. *Même sous la pluie*, paroles Jean Pac de Marsoulies, Budde Music France.

12. Dont Vera Valdez et le cinéaste Carlos Diegues, époux de Nara Leâo. Radio Retro AM, Videos Raros incluindo Françoise Hardy, Youtube.

13. Proche de Carlos Jobim, qui à la suite de Tuca réalisera un de ses disques, Nara Leâo enregistre un double album de reprises de bossa-nova au studio Polydor.

14. Hypopotam, fondée à Monticello en même temps qu'une société d'éditions musicales, Kundalini.

15. Son travail pour l'album de Nara Leâo s'achève, les voix ont été enregistrées, l'album sera arrangé et mixé au Brésil. Avec des arrangements minimaux et sa guitare, Tuca donne un éclat neuf aux standards de la bossa nova. Admiré des spécialistes du genre, ce délicieux album mérite d'être découvert plus largement.

16. On peut écouter Tuca parler de son travail avec Françoise Hardy et chanter *La Maison* en portugais grâce à son ami Renato Winkler, qui a mis en ligne sur YouTube un enregistrement privé d'un entretien. « Certains mots sonnent mieux en portugais », dit-elle. Comme sur *La Maison*, écrite d'abord en portugais, où un certain portail *amaralo* est devenu un portail « décoloré ». Et puis la *casa*, cela sonne mieux que la « maison ».

17. Au Brésil, João Gilberto a rendu à la guitare, autrefois un instrument de pauvre, sa noblesse. L'apprentissage s'en est répandu, en même temps que son jeu syncopé. Tuca a retenu la leçon.

18. Entretien avec l'auteur, 4 août 2000.

19. *Doigts*, paroles F. Hardy, Kundalini Éditions.

20. Voir Marie-Dominique Lelièvre, *Chanel & Co, les amies de Coco*, J'ai lu, 2015.

21. Radio Retro AM, Videos Raros incluindo Françoise Hardy, YouTube.

22. Il était de Bob du Parc.

23. Elle était alors la compagne d'une amie de Françoise, Sylvie, l'ex-épouse de Claude Nougaro.

24. Les deux autres sont « Et si je m'en vais avant toi », son treizième album produit par l'Anglais Tony Cox en 1972, et bien sûr celui dont elle faisait alors la promotion. Les deux premiers ont la particularité d'avoir été produits et financés par elle et sur mesure pour elle. Sur l'album enregistré à Londres, elle signe toutes les paroles et compose la quasi-totalité des musiques. La société Sonopresse fut chargée de la diffusion.

25. Elle renouera avec le succès commercial deux ans plus tard en enregistrant *Message personnel* avec Michel Berger. Une nouvelle rencontre arrangée par son pygmalion Jean-Marie Périer.

26. Entretien avec l'auteur, 19 mars 2020.

27. Revue *Magic*, 8 avril 2010.

28. Avec François Cahen, ex-Magma.

29. Tuca chante un titre en français, *Oui, je suis heureuse*.

Haute-fidélité… à soi-même

1. Françoise Hardy, *Le Désespoir des singes, op. cit.*, 2008.

2. Limogée par les mêmes politrouks effarouchés par ses convictions, une star comme Brigitte Bardot a dû attendre l'année 2021 pour que le quotidien *Le Monde* lui consacre enfin une série. Et 2020 pour que France Culture se souvienne de son existence. Sur ce thème, voir Marie-Dominique Lelièvre, *Brigitte Bardot. Plein la vue*, Flammarion, 2012, p. 306.

3. *Normandia*, paroles Julien Doré, Julien Doré Éditeur.

4. *Paris Match*, 17 mars 2021.

5. Interview Michel Denisot, Europe 1, 19 juin 2021.

6. Il était né le 20 décembre 1927.

7. Le concert privé, au profit du Centre Hospitalier, s'est déroulé le 28 juillet 2014. Wolfsohn est mort le 10 août. Charley Marouani, l'ancien tourneur de Françoise Hardy, est lui aussi mort à Calvi en juillet 2017.

Remerciements

Dans la dernière ligne droite, cette chose informe qu'est un manuscrit prend forme à la suite d'une série d'interventions qui transforme l'épreuve solitaire qu'a été son élaboration en artisanat collectif.

Parfois, je me demande si je n'écris pas uniquement pour vivre ce moment euphorisant qui fera advenir un objet à tenir entre ses mains, un parallélépipède de papier dont on caresse la couverture veloutée comme les oreilles du lapin sorti d'un chapeau : la magique récompense du livre achevé.

Merci à Teresa Cremisi, sans laquelle je n'aurais pas entrepris ce travail. C'est à elle que j'ai d'abord présenté le projet, et elle l'a aussitôt accepté. Rapide, brillante, instinctive, Teresa est une éditrice de haut vol. En plus, elle est joyeuse.

À Anavril Wollman, dont la finesse et la clarté m'ont permis d'améliorer mon manuscrit.

À Catherine Lagardère pour la révision du manuscrit.

À François Durkheim, qui l'a habillé gaiement.

À Soizic Molkhou, fidèlement.

À Florence Robert, qui m'insuffle courage et ardeur d'un manuscrit à l'autre. Ses conseils me permettent de croire à ce que je fais.

À Marc Audibet, qui me prête son œil parfait, en plus de nos conversations irremplaçables, à Jean-Paul Kauffmann pour sa lecture éclairée du manuscrit et ses précieuses suggestions, à Philippe Lançon à plus d'un titre…

À Luc Le Vaillant, dont la page dans *Libération* continue à abriter mes portraits,

À Marie et Francis pour les heures délicieuses des quatre saisons,

Merci à Martine Barbault, à Catherine Aubier et à Jean-Pierre Nicola, dont les travaux m'ont permis d'écrire le chapitre « Astrologie ».

Merci à toutes celles et ceux qui ont accepté de me parler au fil des années, me prodiguant leur temps. Ce livre n'aurait pas été possible sans leur aide.

Bibliographie

Maïmé Arnodin, Denise Fayolle, *Le Beau pour tous*, L'Iconoclaste, 2005.

Jacques Baudrillard, *La Société de consommation, ses mythes, ses structures*, SGPP, 1970.

Leo Braudy, *The Frenzy of Renown, fame and its history*, Random House, 1986.

David Buxton, *Le Rock, star système et société de consommation*, La Pensée sauvage, 1985.

Françoise Hardy, *Je chante donc je suis*, Françoise Hardy, Éditions Voici, 1964.

Françoise Hardy, Anne-Marie Simond, *Entre les lignes, entre les signes*, RMC éditions, 1986 ; J'ai lu, 2009.

Françoise Hardy, *Notes secrètes*, Albin Michel, 1991.

Françoise Hardy, *Les Rythmes du Zodiaque*, Le Cherche Midi, 2003.

Françoise Hardy, *Le Désespoir des singes... et autres bagatelles*, Robert Laffont, 2008 ; J'ai lu, 2009.

Françoise Hardy, *L'Amour fou*, J'ai lu, 2014.

Françoise Hardy, *Un cadeau du ciel*, Les Équateurs, 2016 ; J'ai lu 2018.

Françoise Hardy, *Chansons sur toi et nous*, Les Équateurs, 2021 ; J'ai lu, 2022.

Jacques Lanzmann, *Le Voleur de hasards, Souvenirs*, Lattès, 1992.

Daniel Lesueur, *Françoise Hardy, Catch a rising star*, Camion Blanc, 2016.

Michel Leydier, *Jacques Dutronc*, Seuil, 2010.

Norman Mailer, *Hipsters ; Le nègre blanc, réflexions superficielles sur le hipster*, Le Castor Astral, 2017.
Anne-Marie Périer, *Alphabelle*, Denoël, 1968.
Jean-Marie Périer, *Enfant gâté*, XO éditions, 2010.
Jean-Marie Périer, *Françoise*, Le Chêne, 2011.
Jean-Marie Périer, *Loin de Paris*, Kéro, 2014.
Jean-Marie Périer, *Déjà hier*, Calmann-Lévy, 2020.
Yann Plougastel, *Hardy Dutronc*, Flammarion, 2004.
Frédéric Quinonero, *Françoise Hardy, un long chant d'amour*, L'Archipel, 2017.
Frédéric Quinonero, *Jacques Dutronc l'insolent*, L'Archipel, 2021.
Kristin Ross, *Rouler plus vite, laver plus blanc, modernisation de la France au tournant des années soixante*, Flammarion, 2006.
Gilles Verlant, *Françoise Hardy, ma vie intérieure*, Albin Michel, 2002.
Gilles Verlant, *Gainsbourg*, Albin Michel, 1992.
Zouzou, avec la collaboration d'Olivier Nicklaus, *Jusqu'à l'aube*, Flammarion, 2003.

SITES

Le site officiel de la chanteuse : http://www.francoise-hardy.com
https://erikdoorme.be : une mine d'or. Erik Doorme sait tout sur Françoise Hardy et partage son savoir avec générosité sur son site. Surtout consacré aux années Vogue, documenté, importante iconographie.
https://www.mon-amie-hardy-rose.com : un site hyper précis tenu par des fans qui partagent leurs découvertes. Photos, discographie, paroles.
http://www.geroki.de/index.html : site anglais avec une discographie impeccable.

Ce livre est également nourri de lectures au fil du temps, parmi lesquelles :

Gaston Bachelard, *L'Eau et les rêves*, Librairie José Corti, 1942, qui analyse le mythe d'Ophélie et la force

dynamique des images rêveuses que suscite la chevelure longue en mouvement.
Roland Barthes, *Mythologies*, Seuil, 1957, notamment la séquence consacrée au visage de Garbo, cet admirable « visage-objet ».
Vladimir Jankélévitch, *Fauré et l'inexprimable*, Plon, 1974, les pages sur le charme et le je-ne-sais-quoi, « le parfum de l'esprit autour de l'existence », et celles sur le Lied, stylisation immédiate des sentiments.
Okakura Kakuzo, *Le Livre du thé*, Picquier Poche, 2006.
Christopher Lasch, *La Culture du narcissisme*, Champs Essais, 2008, notamment les pages consacrées à la propagande de la marchandise, qui éduque les masses à ressentir un insatiable désir pour des produits, des expériences ou des accomplissements personnels.
Edgar Morin, *Les Stars*, Seuil, 1957, livre-pionnier sur la fabrique des célébrités. La sur-personnalité d'une star doit sans cesse se vérifier dans ses apparences, son élégance, sa toilette, ses propriétés, sa richesse... et dans son comportement. Elle se doit d'être bonne, ne peut se permettre d'être inattentive ou distraite à l'égard de ses admirateurs. Edgar Morin a montré le premier que la vie privée d'une star est publique, que sa vie publique est publicitaire, et sa vie réelle mythique. Concernant les lunettes noires des stars, il montre qu'elles soulignent leur incognito, ostentation suprême de la simplicité...
Pier Paolo Pasolini, *Écrits Corsaires*, Champs Art, 2009, notamment le « discours des cheveux ». Décodant le langage non-verbal des premières chevelures longues dans les années soixante, il déplore la perte de « l'antique dignité humaine » engendrée par la société de consommation qui assujettit les êtres à la mode.
Susan Sontag, *Sur la photographie*, Christian Bourgois, 1993, qui souligne l'idéalisation léchée des modèles dans le portrait photographique à visée publicitaire, auquel on peut rattacher le portrait de star, et la manière dont la photo transforme les gens en objets. Montrant le lien entre consumérisme et addiction

aux images, elle dénonce la pollution mentale qui en découle.

Germain Viatte et Ryu Niimi, *L'Esprit Mingei au Japon*, Actes Sud, 2008.

Soetsu Yanagi, *The Beauty of Everyday Things*, Penguin Classics, 2019. Dans les années vingt, Yang a forgé le néologisme *mingei* pour désigner la beauté des objets d'art populaire japonais et leur force spirituelle.

Je renvoie également à mes écrits antérieurs consacrés à d'autres stars des années soixante, en particulier trois biographies, *Gainsbourg sans filtre*, *Bardot plein la vue* et *Saint Laurent mauvais garçon*, tous édités en poche chez J'ai lu, ainsi qu'aux portraits de Françoise Hardy que j'ai signés à différentes époques dans le quotidien *Libération* et l'hebdomadaire *Le Nouvel Observateur*.

Table

13710

Composition
PCA

Achevé d'imprimer en Slovaquie
par NOVOPRINT SLK
le 8 janvier 2023

Dépôt légal : février 2023
EAN 9782290379257
L21EPLN003361-545301

ÉDITIONS J'AI LU
82, rue Saint-Lazare, 75009 Paris

Diffusion France et étranger : Flammarion